Hans Mendl (Hg.)

Konstruktivistische Religionspädagogik

D1729357

Religionsdidaktik konkret

herausgegeben von

Prof. Dr. Hans Mendl

Band 1

LIT

Hans Mendl (Hg.)

Konstruktivistische Religionspädagogik

Ein Arbeitsbuch

LIT

Titelbilder/Grafik: Rudolf Sitzberger/Hans-Peter Eggerl

Bibliografische Information Der Deutschen Bibliothek
Die Deutsche Bibliothek verzeichnet diese Publikation in der Deutschen
Nationalbibliografie; detaillierte bibliografische Daten sind im Internet
über http://dnb.ddb.de abrufbar.

ISBN 3-8258-8530-5

© LIT VERLAG Münster   2005
Grevener Str./Fresnostr. 2   48159 Münster
Tel. 0251–62 03 20   Fax 0251–23 19 72
e-Mail: lit@lit-verlag.de   http://www.lit-verlag.de

Inhaltsverzeichnis

D. Konstruktivismus und Lehrerbildung

E. Ausblick

Vorwort

Es gibt nichts Praxistauglicheres als eine gute Theorie. Wer andere in die Kunst des Unterrichtens einführt, verspürt die Gültigkeit dieses Satzes sehr bald im eigenen Denken und Handeln. Wenn über die Rahmenbedingungen und Zielhorizonte pädagogischer Diskurse und Situationen Einigkeit herrscht, erleichtert dies die Entwicklung konkreter Konzepte und die Vorbereitung von Unterricht. Von daher verwundert es nicht, dass gerade die Dozentinnen und Dozenten der zweiten Phase der Lehrerbildung nach einer bündelnden Grundlagentheorie Ausschau halten und sich im gegenseitigen Diskurs über die eigenen Standpunkte selbst zu vergewissern versuchen.

Dieses Buch entstand in einem solchen mehrjährigen Diskussionsprozess mit den Referentinnen und Referenten der bayerischen religionspädagogischen Seminare, die mit der Konferenz der Bayerischen Religionspädagogen (KoBayRep) über eine Plattform für einen intensiven Austausch verfügen.

Sehr bald wurde in den Diskussionen deutlich: das Theorienbündel des Konstruktivismus fasziniert, es erweist sich in vielfältiger Form als kompatibel mit der eigenen Vorstellung von wünschenswerten religiösen Lernprozessen, es verunsichert aber auch, wenn man es in die verschiedenen Felder der Praxis hinein durchdenkt.

Ein zweiter Beweggrund kommt hinzu. Zwar wäre es wünschenswert, wenn die Innovation unseres Bildungswesens mit dem nötigen Tiefgang und pädagogischer Sachkompetenz durchgeführt würde, leider müssen wir aber in den letzten Jahren erleben, dass Bildungspolitik zunehmend zum Spielball der unterschiedlichsten politischen, wirtschaftlichen und gesellschaftspolitischen Gruppierungen verkommt. Wenn Arbeitslosigkeit und Arbeitsplätze die moralischen Keulen der Wirtschaftspolitik darstellen, so sind das im Bereich der Bildungspolitik internationale Vergleichsstudien wie PISA und TIMSS. Dies führt in der Praxis zu einer ausufernden Bildungsbürokratie, der hemdsärmeligen Entwicklung neuer Konzepte, der zu wenig reflektierten Konstruktion neuer Lehrpläne, Schul- und Studienstrukturen. Auch dies bewegt die Seminarlehrer zuerst, weil sie sozusagen die Transmissionsriemen darstellen: Sie müssen Referendare mit den Rahmenbedingungen schulischen Lernens vertraut machen. Das bedeutet zunächst selber zu verstehen, welche Logik hinter verschiedenen bildungspolitischen Interventionen steckt oder stecken könnte. So verwirrt an den neuen bayerischen Lehrplänen das Element der „Grundwissenskataloge", welches diktatorisch vom Kultusministerium den Lehrplankommissionen verordnet wurde, tatsächlich aber lerntheoretisch kaum fundiert und dementsprechend unterschiedlich und wenig überzeugend in den einzelnen Lehrplänen verortet ist. Lassen sich Grundwissenskataloge und konstruktivistische Lerntheorie miteinander verbinden? Ähnliches gilt für die Diskussion um Bildungsstandards, die zur Zeit allerorts aufflammt und bearbeitet wird. Wie müssen religiöse Kompetenzen beschrieben werden, um einerseits subjektorientierte Lernwege zu ermöglichen und andererseits diese auch evaluieren zu können?

Der Vorschlag, die angesammelten Fragen konstruktiv zu bearbeiten und in einem Buchprojekt der Öffentlichkeit zu präsentieren, fand Anklang. Ich danke der Konferenz der bayerischen Religionspädagogen (KoBayRep) für den langen Atem bei der Fortentwicklung des Projekts – angesichts der Tatsache, dass die finanziellen Einsparungszwänge der Diözesen auch vor Schulreferaten nicht Halt machen und die Dozierenden in der Regel am Limit des Leistbaren und darüber hinaus arbeiten. Das gesamte Projekt kommt auf exemplarische Weise der Forderung nach einer stärkeren Vernetzung der verschiedenen Phasen der Lehrerbildung nach, wie es die KMK-Kommission formulierte (vgl. Terhart 2000).

Das Buch ist folgendermaßen konzipiert: In einem grundlegenden Teil zu Beginn versuche ich selber das Feld zu beschreiben, auf dem konstruktivistische Überlegungen zum Tragen kommen: Im ersten Beitrag erfolgt eine Einführung und Grundlegung, die schrittweise vom globalen Gedankengebäude des Konstruktivismus über den pädagogischen Konstruktivismus hin zur Bedeutung des Konstruktivismus für die Religionspädagogik führt (*Hans Mendl*, S. 9). Im zweiten Beitrag werden erste Anfragen formuliert und mit ersten Schritten beantwortet; teilweise handelt es sich um Antworten im Sinne einer „Ouvertüre", die in den folgenden Beiträgen dann weit differenzierter aufgegriffen werden (*Hans Mendl*, S. 29). Die Anfragen beziehen sich auf konkrete didaktische Konsequenzen, aber auch auf grundlegende lerntheoretische Reflexionen.

Im zweiten Bereich der „Konstruktivistischen Unterrichtskultur" stellen Dozierende der ersten und vor allem der zweiten Phase der LehrerInnenbildung Konsequenzen eines konstruktivistischen Ansatzes für unterschiedliche Ebenen der Unterrichtsplanung und -durchführung vor: *Hans-Peter Eggerl* (S. 51) beschreibt, wie Unterricht strukturiert sein muss, der nach konstruktivistischen Vorstellungen individuelle Lernprozesse unterstützen will, gleichzeitig aber nicht inhaltsleer vonstatten geht und sich der sozialen Situiertheit individuellen Lernens bewusst ist. *Hans-Peter Eggerl, Claudia Schäble und Thomas van Vugt* (S. 63) präsentieren die Reflektionen einer überdiözesanen Projektgruppe zur Frage, ob man von einem konstruktivistischen Ansatz her überhaupt noch von „Lernzielen" sprechen kann. *Rudolf Sitzberger* (S. 83) skizziert, wie schon bei der Planung von Unterricht Studierende und Referendare mit konstruktivistischen Elementen vertraut werden können. Der Beitrag von *Josef Kraus* (S. 105) wird vermutlich diejenigen entlasten, die eine völlige Umwälzung des Schulalltags durch den Konstruktivismus befürchten: Er zeigt nämlich über eine empirische Feldstudie auf, dass guter Religionsunterricht immer schon konstruktivistische Elemente enthält. Eine ähnliche Zielrichtung verfolgt ein Beitrag, bei dem ich die Ergebnisse einer Feldstudie von Studierenden bündle (*Hans Mendl*, S. 121); ihre Aufgabe bestand darin, Unterricht, Lehrende und Lernende zu beobachten und zu befragen und dadurch Erkenntnisse zu gewinnen, inwieweit in einem aktuell stattfindenden Religionsunterricht konstruktivistische Elemente vorzufinden sind. *Christian Herrmann* (S. 129) wendet sich dem schwierigen Feld der Evaluation zu und geht die Thematik von zwei Blickrichtungen her an: Lässt sich konstruktivistischer Unterricht überhaupt evaluieren? Und wie sieht dann eine konstruktivistische Unterrichtsevaluation aus? Die Würzburger Konstruktivismusgruppe um *Wolfgang Rieß* (S.151) veranschaulicht die Thematik schließlich an der handlungs- und subjektorientierten Erschließung des Themas Tod und Auferstehung.

In einem „Zwischenruf" gehe ich selber der Frage nach, ob der Konstruktivismus mit christlichem Glauben zu vereinbaren ist (*Hans Mendl*, S. 177). Konstruktivismus-kritische Veröffentlichungen lassen eine differenzierte Argumentation als hilfreich erscheinen; dieser Beitrag dient der eigenen Selbstvergewisserung und kann durch die vorgenommene Differenzierung entlasten.

Die abschließenden Beiträge interessieren vermutlich zunächst die Dozierenden: Resümierend werden die Folgen eines konstruktivistischen Ansatzes für verschiedene Felder der Lehrerbildung skizziert: *Irmi Heindlmeier* (S. 191) umreißt das eigene didaktische Handeln als Dozierende und reflektiert, inwiefern konstruktivistische Überlegungen hier einfließen. *Joachim Sailer* (S. 203) skizziert Perspektiven einer ressourcenorientierten Seminarausbildung. Ich selber bündle die Ergebnisse einer Briefumfrage an die Mitglieder der KoBayRep (*Hans Mendl*, S. 229) und entfalte gemeinsam mit *Rudolf Sitzberger* (S. 213) Elemente einer konstruktivistischen Studienkultur.

Das Buch wendet sich an alle, die den Dingen auf den Grund gehen möchten und eine Theorie hinter der Praxis benötigen, um eigenes didaktisches Denken und Handeln auf den Punkt zu bringen.

Außerdem stellt das Buch nicht nur das Ergebnis eines langjährigen Diskussionsprozesses dar, es ist zudem als Studienbuch angelegt. Dazu dienen vor allem die Impulse und Fragen nach jedem Kapitel. Sie regen den Leser zur

Reflexion, Bewertung und Weiterarbeit an. Damit eignet sich das Buch auch für die Lehrerbildung auf allen Ebenen – vom Studium über die Phase des Referendariats bis hin zur Lehrerweiterbildung.

Ich danke zunächst den MitarbeiterInnen an diesem Projekt, die den langen Atem hatten, die Herausforderungen des Konstruktivismus immer wieder neu zu bedenken, zu diskutieren und schließlich in Worte zu fassen.

Für die Sorgfalt bei der Manuskripterstellung danke ich Frau Elfriede Seitz-Rodatus und Herrn Rudolf Sitzberger.

Schließlich danke ich dem Katholischen Schulkommissariat in München und den Diözesen Augsburg, Passau, Regensburg und Würzburg für die großzügige finanzielle Bezuschussung, ohne die ein solches Projekt heute nicht mehr in die Tat umgesetzt werden kann.

Mit diesem Band wird eine neue religionspädagogische Reihe eröffnet:

„Religionsdidaktik konkret" präsentiert religionspädagogische Fachpublikationen, in denen fachdidaktische Horizonte erschlossen werden. Das Verständnis von Religionspädagogik als Theorie religiöser Lehr- und Lernprozesse impliziert die Reflexion konkreter Handlungsorte und Kontexte religiösen Lernens heute sowie die Formulierung konkreter Postulate für die pädagogisch und theologisch begründete Ausgestaltung religiöser Lernprozesse.

Fachkolleginnen und -kollegen, die in diesem Feld zwischen Theorie und Praxis forschen, sind dazu eingeladen, sich mit eigenen Projekten an der Reihe „Religionsdidaktik konkret" zu beteiligen.

Hans Mendl

A. Grundlagen und Anfragen

Hans Mendl

Konstruktivismus, pädagogischer Konstruktivismus, konstruktivistische Religionspädagogik. Eine Einführung

1. Motive für die Entwicklung einer konstruktivistischen Lerntheorie

Neue Theorien verunsichern. Sie nötigen uns dazu, „unsere Gewohnheit aufzugeben, der Versuchung der Gewißheit zu erliegen" (Maturana / Varela 1987, 20). Andererseits drängen sich manchmal neue Sichtweisen für die Deutung von Phänomenen (das sind „Theorien!") unmittelbar auf, weil sie als geeignet erscheinen, veränderte Situationen und ihre Wahrnehmung zu bündeln. Und gelegentlich muss man sich zwangsläufig, von außen motiviert, mit neuen Theorien beschäftigen.

All das gilt auch für die Theorie – besser: das Theorienbündel – des Konstruktivismus. Wenn sich Religionspädagogen in Theorie und Praxis damit beschäftigen, dann verbinden sich äußere und innere Argumente auf verschiedenen Ebenen zu einem komplexen Motivbündel. Die zentralen Motive sollen in diesem einführenden Kapitel vorgestellt werden – verbunden mit einer Darstellung wichtiger Eckdaten zur Herkunft und Gestalt eines pädagogischen Konstruktivismus.

1.1 Theorielosigkeit des didaktischen Diskurses

Wer Lernprozesse initiiert, muss diese auf der Grundlage einer entsprechenden didaktischen Theorie entfalten und gestalten. Nichts ist wichtiger für eine fundierte Praxis als eine gute Theorie! Dies gilt umso mehr für diejenigen, die andere in die Kunst des Unterrichtens einführen – Dozierende an Universitäten und Verantwortliche in der zweiten und dritten Phase der Lehrerbildung – der Lehreraus- und -fortbildung.

Für diejenigen, die seit den 60er Jahren in diesem Geschäft tätig sind, war die Curriculumtheorie in Verbindung mit dem Interdependenz-Modell der Unterrichtsplanung ein solches vermessendes Instrumentarium für die eigene Theoriebildung. Beides waren Quantensprünge für die Ausgestaltung eines professionellen Schulwesens im Nachkriegsdeutschland und bedeuteten ein „Ende der Beliebigkeit" für das, was im Unterricht geschehen sollte und durfte: SchülerInnen sollten Qualifikationen für ihr Leben erwerben; dazu war es nötig, die entsprechenden Lernziele zu operationalisieren und in einem interdependenten Prozess die Ziele mit Inhalten, Methoden und Medien zu verbinden. Auf dieser theoretischen Basis sollte Unterricht gestaltet und vor allem evaluiert werden. Generationen von LehrerInnen wurden auf dieses Denkmodell hin geeicht; sie lernten, ihren Unterricht zielorientiert auszurichten, differenzierten kognitive, affektive und psychomotorische Lernziele auf dem jeweiligen Anspruchsniveau und konnten sich darauf verlassen, dass sie in den curricularen

Lehrplänen und in den veröffentlichten Unterrichtsmaterialien dieselbe Logistik vorfanden.

Diese Gewissheit ist heute nicht mehr gegeben. Auf allen Ebenen fand seitdem eine implizit-unausgesprochene oder explizit-reflektierte Fortentwicklung und Entfernung von der „harten" curricularen Theorie statt. In der schulischen Praxis besonders der Grundschule wurden Elemente der Curriculumtheorie seit jeher in modifizierter Form umgesetzt; so formulierte man dort schon immer stärker prozesshaft angelegte Lernziele – ein Widerspruch zur behavioristisch ausgerichteten wissenschaftstheoretischen Fundierung der Curriculumtheorie, die sich gerade durch die überprüfbare Evaluation genau ausgeloteter Endprodukte des Lernens (Wissen, Können, Verstehen ...) auszeichnete.

Dass die Umsetzung der Curriculumtheorie in die entsprechenden Lehrpläne zudem zahlreiche Sollbruchstellen, Ungereimtheiten und Inkonsequenzen aufweist, hat Uto Meier in einer akribischen Studie aufgezeigt (Meier 1989). Was insgesamt nur wenig entwickelt wurde, war eine systematische empirische Überprüfung der Nachhaltigkeit curricularen Lernens – auch deshalb, weil Unterrichtsforschung ein sehr aufwändiges Geschäft ist (vgl. Mendl 2000).

In der Ausbildungspraxis vor Ort wurde eher hemdsärmelig evaluiert; die Kriteriologie für die Frage, ob ein Lernziel in einer Unterrichtsstunde erreicht worden sei, beschränkte sich häufig auf die Benennung entsprechender Aussagen einzelner Schüler, die innerhalb des intendierten Zielspektrums lagen.

1.2 Vom Lernziel zum lernenden Subjekt

Unterschwellig hat sich seit den 90er Jahren die Lernkultur von der Lernzielorientierung hin zum lernenden Subjekt geändert (vgl. Weinert 1997). Dies schlägt sich in den entsprechenden didaktischen „Hauptwörtern" nieder: entdeckendes, handlungsorientiertes, Individualisierung ermöglichendes, biographisches etc. Lernen.

Auch die „postcurricularen" Lehrpläne nehmen seit Beginn der 90er Jahre entsprechende Prinzipien auf: z.B. von der Lernprodukt- hin zur Lernprozess-Orientierung (Niederschlag: Lernziele in Verb- statt in Substantiv-Form), z.B. fächerübergreifende Lernstrategien, z.B. die Bedeutung individualisierten Lernens in verschiedenen Formen der Freiarbeit.

Das alles passt nicht mehr so recht zur Curriculumtheorie und zum Interdependenz-Modell, welche freilich in Studium und Ausbildung zusammen mit der didaktischen Analyse nach Wolfgang Klafki nach wie vor bei der Unterrichtsvorbereitung traktiert und angewandt werden (vgl. Schweitzer 2003, 12). So spielt das lernende Subjekt nach der curricularen Logistik nur insofern eine Rolle, als über dessen Lernvoraussetzungen (Interdependenz-Modell: anthropogene und soziokulturelle Voraussetzungen) reflektiert wird und die Ergebnisse von Lernprozessen (anthropogene und soziokulturelle Folgen) gemessen werden. Fragen, die in anderen Beiträgen dieses Buchs genauer entfaltet werden, lauten z.B.: Kann man heute überhaupt noch verantwortlich von übergreifenden Lernzielen (laut curricularer Terminologie!) für alle sprechen? Wie verhalten sich Individualisierung und Evaluation zueinander? Ist nicht das interdependente Input-Output-Modell viel zu statisch, um vielfältige Lernprozesse beschreiben zu können?

Die Theorie des Konstruktivismus erscheint vor diesen Anfragen her als geeignet, diese verschiedenen Veränderungsprozesse auch theoretisch zu fassen.

1.3 Konstruktivismus als neue Grundlagentheorie - bekannt, begriffen, akzeptiert, internalisiert?

Vor dem Hintergrund dieser Veränderungen hat man nun den im wissenschaftlichen Diskurs aufkommenden Konstruktivismus als viable (passende) Lerntheorie entdeckt und hält ihn für geeignet, eine neue Basistheorie zu bilden. In einem offiziellen bayerischen Dokument werden explizit im Jahresbericht des Staatsinstituts für Schulpädagogik und Bildungsforschung (ISB) von 1999 kontrastiv alte (instruktive) und neue (konstruktive) Lerntheorie einander gegenübergestellt (vgl. Schießl 2000): Die neuen Lehrpläne, die zum Teil schon in Kraft sind, gründen demnach auf dem Konstruktivismus. Wie immer erfolgt ein solcher Paradigmenwechsel in einer Abgrenzung zum Vorherigen, wie in der einfachen grafischen Gegenüberstellung gezeigt werden kann – ein nicht unproblematisches Vorgehen, weil

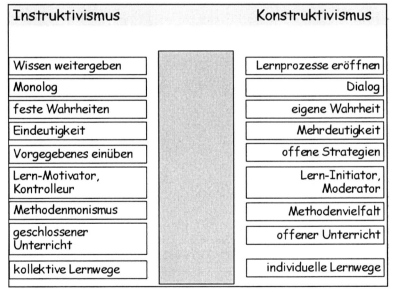

Instruktivismus	Konstruktivismus
Wissen weitergeben	Lernprozesse eröffnen
Monolog	Dialog
feste Wahrheiten	eigene Wahrheit
Eindeutigkeit	Mehrdeutigkeit
Vorgegebenes einüben	offene Strategien
Lern-Motivator, Kontrolleur	Lern-Initiator, Moderator
Methodenmonismus	Methodenvielfalt
geschlossener Unterricht	offener Unterricht
kollektive Lernwege	individuelle Lernwege

damit die evolutionäre Dimension bei der Weiterentwicklung lerntheoretischer Konzepte ausgeblendet wird und dies verständlicherweise Kritiker auf den Plan ruft (vgl. Linneborn 2000, 56).

Was am Vorgehen des Staatsinstituts für Schulpädagogik und Bildungsforschung als paradox erscheint: Eine neue Grundlage wird von oben her postuliert – nur kaum jemand kennt sie oder hat sich gar intensiv damit auseinander gesetzt! Das ist jedenfalls mein Eindruck von vielen Lehrerfortbildungen und Lehrplankommissionen. Es herrscht ein vager Eindruck vom

Konstruktivismus vor, durchaus mit Sympathie konnotiert, gelegentlich verbunden mit Vorbehalten und kritischen Anfragen („jeder lernt nur noch, was er will!"). Die Implikationen und Konsequenzen hat kaum jemand durchdacht.

Ein intensiver Diskussionsprozess entwickelte sich hingegen in der Konferenz der bayerischen Religionspädagogen (KoBayRep), die sich aus den ReferentInnen der diözesanen bayerischen religionspädagogischen Seminare zusammensetzt. Da dieser Personenkreis für die Aus- und Fortbildung der ReligionslehrerInnen an Grund- und Hauptschulen verantwortlich ist, wurde bezüglich der anstehenden Fragen (neue Lehrpläne, Konstruktivismus als leitende Theorie, Grundwissenskataloge in den neuen Lehrplänen) Handlungsbedarf angemeldet. In mehreren Tagungen fand über drei Jahre hinweg ein intensiver Austausch über Chancen und Grenzen einer konstruktivistischen Lerntheorie statt – die Ergebnisse dieses Weges werden in diesem Buch dokumentiert. In diesem einführenden Beitrag möchte ich einige Eckdaten zum Konstruktivismus entfalten, damit deutlich wird, von welcher Position aus die einzelnen Autoren argumentieren.

2. Eckdaten zum Konstruktivismus

„Sommer ist, was in deinem Kopf passiert" (Wise Guys)

2.1 Der Zweifel an der objektiven Erkennbarkeit von Wirklichkeit

„Wie wirklich ist die Wirklichkeit?" lautet Paul Watzlawicks Frage (Watzlawick 1976). Mit dieser erkenntnistheoretischen Irritation gelangt man zum Kernproblem der verschiedenen konstruktivistischen Theorien: Wie verhalten sich Wissen und Wirklichkeit zueinander? Von einem konstruktivistischen Blickwinkel aus wird die Entstehung von Wissen ins erkennende Subjekt gelegt. Die Bedeutung dieser Aussage wird erst deutlich, wenn man sie mit kontrastierenden Vorstellungen vergleicht: Die traditionelle Auffassung in der Erkenntnislehre geht von einer mehr weniger bildhaften Übereinstimmung von Wissen und Wirklichkeit aus (vgl. von Glaserfeld 1981, 19). „Die" Wirklichkeit erscheint hier auf objektive Weise vermittel- und lernbar. Nun gibt es aber in vielen Lebensbereichen – von der Physik (Materie als Teilchen oder Wellen?) und Biologie (grundlegend: Maturana / Varela 1987) bis hin zur medialen Konstruktion von Wirklichkeit (der Krieg im Irak als mediale Inszenierung), von der Alltagswahrnehmung (Kippbilder!) bis zu Gruppenprozessen (vgl. als Klassiker Morton Rhue, Die Welle) Zweifel an der objektiven Erkennbarkeit von Wirklichkeit.

Versuche, diesen Zweifel an der Objektivität von Wahrnehmung theoretisch zu fassen, reichen weit zurück. Sie lassen sich mit der erkenntniskritischen Linie der Geistesgeschichte verbinden. Ernst von Glasersfeld bezeichnet Giambattista Vico (1668-1744: „das Wahre ist dasselbe wie das Gemachte") als ersten radikalen Konstruktivisten (von Glasersfeld 1981, 26).

2.2 Wirklichkeit (ausschließlich) als Konstrukt des erkennenden Subjekts?

Infrage gestellt wird die „objektive" Wirklichkeit „zu Gunsten der Einsicht, dass unser Wissen von der Welt ein ‚Konstrukt' darstellt, das jedes erkennende Subjekt selbst herstellt" (Büttner 2002, 158). Eine solche Vorstellung liegt freilich insofern „im Trend" in einer Zeit, in der alle Sicherheiten und Wahrheiten brüchig sind und Individualisierung und Pluralisierung als Zeitsignaturen gelten (vgl. Siebert 1999, 5).

Was radikal-konstruktivistische Positionen von gemäßigten unterscheidet, ist die Verhältnisbestimmung von erkennendem Subjekt und der Wirklichkeit selbst. Radikale Konstruktivisten (Ernst von Glasersfeld, Heinz von Foerster) treiben die Erkenntniskritik auf die Spitze: Die Außenwelt bleibt uns epistemologisch verborgen. „Wir erzeugen daher buchstäblich die Welt, in der wir leben, indem wir sie leben" (Maturana 1982, 269) – diese radikale Aussage des chilenischen Biologen Maturana ist auch innerhalb des konstruktivistischen Spektrums umstritten. Vom neurobiologischen Blickwinkel aus stellt sich das Nervensystem als geschlossenes System dar; die Umwelt löst über Sinnesreize lediglich „Perturbationen" aus, welche keine unmittelbaren Informationen darstellen; Wirklichkeit entsteht also ausschließlich im Individuum (Prozess der Autopoiese). Über die so genannte Wirklichkeit erster Ordnung können wir keine Aussagen machen; wir bewegen uns immer im Feld der Wirklichkeit zweiter Ordnung. Fraglich ist, ob diese biologische Sicht auf die personale und soziale Seite des Menschen übertragen werden kann, ob also ein ontologischer Sprung von der materialen Realität zur kognitiven Wirklichkeit möglich ist (vgl. Krüssel 1993, 53f; Siebert 1999, 9) oder dies nicht vielmehr ein „naturalistischer Fehlschluss" (Janich 1996, 207; vgl. Siebert 1999, 9) ist.

Wie weiter unten noch erläutert werden muss, ist ein pädagogischer Konstruktivismus immer ein gemäßigter. Diese Positionsbestimmung hat auch Folgen für die Verwendung der konstruktivistischen Terminologie: Wir müssen uns darüber im Klaren sein, dass wir Begriffe wie „Autopoiese", „Selbstorganisation", „Strukturdeterminiertheit" und „Perturbation" nicht im biologischen Ursinn, sondern analog verwenden, wenn wir sie auf pädagogische Lernprozesse übertragen.

In gemäßigten Formen des Konstruktivismus verlagert sich die Fragestellung deshalb stärker auf die Problematik der Erkennbarkeit von Wirklichkeit und die vielfältigen Einflüsse, die für die subjektive Verarbeitung von Wirklichkeit verantwortlich sind: Die Existenz einer Wirklichkeit wird nicht bezweifelt – das verbindet diese Positionen mit dem radikalen Konstruktivismus, dem häufig zu Unrecht vorgeworfen wird, er leugne die Existenz der Wirklichkeit. Das stimmt so nicht; radikal bezweifelt wird lediglich deren auch nur scheinbare objektive Erkennbarkeit. Die Art und Weise ihrer Wahrnehmung erscheint freilich stark vom erkennenden Subjekt geprägt; dass diese Wirklichkeit zumindest partiell und subjektiv gefiltert erkennbar ist, unterscheidet den gemäßigten vom radikalen Konstruktivismus.

2.3 Verschiedene konstruktivistische Positionen

Wie bereits mehrfach angedeutet wurde, gibt es nicht „den" Konstruktivismus. Vieles spricht dafür, den Konstruktivismus nicht als eigene Wissenschaftsdisziplin aufzufassen, sondern vielmehr als interdisziplinäres Paradigma. Der gemeinsame Nenner der verschiedenen Ansätze besteht in einer Skepsis gegenüber ontologischen Wahrheitsansprüchen und in der Überzeugung, dass die Konstruktion von Wirklichkeit in hohem Maße vom erkennenden Subjekt abhängig ist (vgl. Siebert 1999, 7; Arnold / Harth / Schüßler 1999). Gemeinsam ist deshalb auch der hermeneutische Verdacht gegenüber einer objektiven Erkennbarkeit von Wirklichkeit im Sinne einer 1:1-Entsprechung. Einfache Kommunikationsmodelle, die von der Übertragbarkeit von Informationen ausgehen, sofern Sender und Empfänger über dieselben Codes verfügen, werden als defizient betrachtet.

Eine gute Zusammenfassung der verschiedenen konstruktivistischen Theorien findet man bei Horst Siebert (Siebert 1999, 5-15, hier 8, siehe Abb. unten): Neben den genannten neurobiologisch und kybernetisch ausgerichteten Forschern wie Huberto Maturana, Franciso Varela und Heinz von Foerster erscheinen für unsere stärker pädagogisch geprägte Fragestellung vor allem Erkenntnisse aus der Gehirnforschung (z.B. die Theorien von der

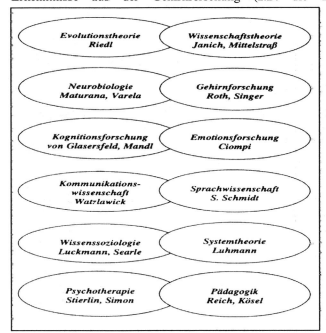

Doppelstruktur des Gehirns), der Kognitionsforschung (Heinz Mandl), der Sprachwissenschaft (Siegfried S. Schmidt), der Kommunikationswissenschaft (Paul Watzlawick), der Wissenssoziologie (Peter Berger, Thomas Luckmann und John Searle) und Systemtheorie (Niklas Luhmann) bedeutsam zu sein, um darauf Folgerungen für einen pädagogisch gelagerten Konstruktivismus ziehen zu können. Vom Denkansatz gilt auch Jean Piaget als Konstruktivist, der sich mit der Beschreibung der Modalitäten von Assimilation und Akkommodation als deutenden Zugriffen des Menschen auf die Wirklichkeit von einfachen Abbild- und Widerspiegelungstheorien entfernt hat.

2.4   Zusammenfassende Grundannahmen des Konstruktivismus

Auf der erkenntnistheoretischen Ebene stellt der Konstruktivismus also ein Modell dar, um zu erklären, wie sich das erkennende Subjekt zur umgebenden Wirklichkeit verhält. Dieter Wolff fasst den grundlegenden Blickwinkel des Konstruktivismus so zusammen: „Wahrnehmung, Verstehen und Lernen müssen in hohem Maße als konstruktive Operationen verstanden werden, die der Mensch selbständig auf der Grundlage seines jeweils vorhandenen individuellen Erfahrungswissens vollzieht. Die Ergebnisse der ständigen Auseinandersetzung mit der Umwelt sind deshalb für jeden Menschen verschieden: wir entwickeln und konstruieren, unabhängig und auf der Basis unseres sich beständig verändernden Erfahrungswissens, unsere eigene Theorie von der Umwelt, die selbst wieder kontinuierlich Veränderungen ausgesetzt ist" (Wolff 1994, 408).

Dies bedeutet, knapp auf den Punkt gebracht (vgl. in Anlehnung an Siebert 1994, 41):
- Zugänglich ist uns nicht die äußere Realität, so, wie sie ist, sondern so, wie wir sie mit unseren Sinnen wahrnehmen.
- Wir konstruieren unsere Wissenswelten nach je eigenen Modalitäten (Wahrnehmungs- und Filterprozessen, Voreinstellungen, Emotionen etc.).
- Objektivität des Erkennens ist nicht möglich, wohl aber Intersubjektivität, d.h. Verständigung mit anderen.
- Lernen bedeutet also nicht „Vorgegebenes abbilden", sondern „Eigenes ausgestalten".

Über die Sinnesorgane eingehende Impulse werden im erkennenden Subjekt nach verschiedenen Filterprozessen in bereits bestehende Konstrukte (vorhandenes „Weltwissen") eingepasst bzw. prägen diese auf je eigene Weise im Laufe von sich wiederholenden Erkenntnisprozessen. Unser Wissen von der Welt stellt also ein sehr individuelles Konstrukt dar, welches jeder Erkennende nach je eigenen Bedingungen herstellen muss.

Diese individual-konstruktivistische Sicht – sozusagen der erste Schub des Konstruktivismus in den 80er Jahren – muss durch einen stärker sozial-konstruktivistischen Blickwinkel ergänzt werden. Eine solche Ausweitung auf die soziale Konstruktion von Wirklichkeit ist auch aus pädagogischen Gründen angebracht; schließlich handelt es sich bei pädagogischen Prozessen im Klassenzimmer um eine „gesellschaftliche Konstruktion von Wirklichkeit" (Berger / Luckmann 1969). Lernen hat immer etwas mit Beziehungen zu tun (vgl. Husmann 2004, 74). Aus der Wissenssoziologie entstammen folgende Konstruktionsprinzipien (vgl. Lampe 1997), die auf die Fragen antworten: Wie kommt soziale, intersubjektive Wirklichkeit zustande? Wie entstehen gemeinsame Sinnkonstruktive? Wie wird individueller Sinn konstruiert inmitten von weiteren individuellen und kollektiven Sinnzusammenhängen? Die Antwort lautet:

Vier Evidenzquellen speisen auf je eigene Art die gemeinsame Konstruktion von Sinn.
- Zunächst die sinnliche Wahrnehmung von Phänomenen (d.h. neue Erfahrungen – individuell oder kollektiv),

- dann ihre soziale Bestätigung (oder Verleugnung!),
- die kognitive Konstruktion, die neue Impulse und bereits vorhandene Gedächtnisspuren und Konstrukte miteinander verbindet,
- und schließlich wird alles überlagert vom jeweiligen emotionalen Erleben des Ereignisses oder der Situation (vgl. Mendl 2000, 144f).

In einem vereinfachten Schema lassen sich beide Perspektiven (die individual-konstruktivistische und die sozial-konstruktivistische) so verbinden (oberes Schema aus: Siebert 1994, 43):

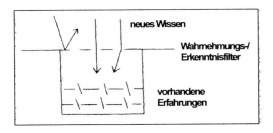

- sinnliche Wahrnehmung
- soziale Bestätigung
- kognitive Konstruktion

- emotionale Färbung

3. Grundannahmen des pädagogischen Konstruktivismus

3.1 Lernen nach dem Modell des Konstruktivismus

Überträgt man diese erkenntnistheoretische Grundvorstellung auf im engeren Sinne pädagogisch situierte Lernprozesse, so ergeben sich folgende Modell-Vorstellungen (vgl. Reinmann-Rothmeier / Mandl 2001, 626):

- **Lernen – ein aktiver Prozess**: Lernen ist ein aktiver Prozess des lernenden Subjekts. Wissen kann also nicht einfach von „außen" nach „innen" transportiert werden, sondern setzt ein Mindestmaß an geistiger Tätigkeit voraus. In der Pädagogik ist diese Erkenntnis nicht neu – sie hat sich in den bekannten reformpädagogisch inspirierten Slogans niedergeschlagen: Kinder sind keine Fässer, die gefüllt werden können; sie sind keine „tabula rasa" (leere Tafel), die vom Lehrenden erst beschrieben werden muss; Lernen funktioniert nicht nach dem berüchtigten Modell des Nürnberger Trichters. Die moderne Gehirnforschung unterstützt diese These mit der Beschreibung, wie im Prozess des Lernens durch aktive Vernetzung und Wiederholungen Verbindungen zwischen verschiedenen Nervensträngen und Gehirnarealen hergestellt werden (Prozess der Synapsenbildung). Regelmäßig zur Sommerzeit werden die entsprechenden Untersuchungen veröffentlicht, die von diesen Theorien aus plausibel nachweisen, dass eine ausgedehnte Urlaubzeit zu einer Rückbildung der Synapsenverbindungen führt („Urlaub macht dumm").

- **Lernprozesse – nicht völlig vorhersagbar:** Der Verlauf von Lernprozessen ist nicht völlig vorhersagbar, sondern vielmehr von individuellen Konstruktionen geprägt. Auch diese These ist einsichtig. Wenn je individuelle Bedingungen (z.B. auch die Bevorzugung bestimmter Lernwege!) und vorhandene Konstrukte (Vorwissen und Voreinstellungen zur Thematik) in Lernprozessen Bedeutung erlangen, dann führt dies auch zu unterschiedlichen Rezeptionen, Lernverläufen und Lernergebnissen.
- **Individuelles Lernen – auch beim Lernen im Gruppen:** Individuelles Lernen geschieht auch dort, wo kollektive Lernprozesse stattfinden, etwa im Klassenzimmer. Selbst im Kontext einer „als-ob"-Pädagogik (als ob alle zur selben Zeit am selben Ort mit derselben Geschwindigkeit dasselbe lernen würden) finden individuelle Lernwege statt. Die Vorstellung, ein gemeinsamer Hefteintrag oder ein bündelnder Tafelanschrieb genüge als gemeinsame Wissensgrundlage, gehört zu den Mythen traditionellen schulischen Lernens; letztlich wird hier die Verantwortlichkeit individuellen (Nach-)Lernens auf zu Hause verschoben, wo häufig das stattfindet, was seinen Platz in der Schule haben müsste: das Eingehen auf individuelle Lernschwierigkeiten, Wege, Fragen und Probleme.
- **Folgerung: Ausbildung individueller Lernlandschaften:** Lernen muss deshalb auf die Ausbildung je individueller Lernlandschaften abzielen. Wie weiter unten noch gezeigt wird, ist diese Forderung nicht neu und wird in entsprechenden Lern- und Schulformen bereits umgesetzt.
- **Kontextualität von Lernprozessen:** Eine Ausbildung individueller Lernlandschaften gelingt, wenn Lernprozesse kontextuell (situativ, lebensnah, komplex, sinnerfüllt, dynamisch) angelegt sind und Vorerfahrungen und Emotionen einbezogen werden.
- **Lerninhalte als „Perturbationen":** Lerninhalte werden also nicht bei beliebig vielen Lernenden identisch redupliziert, sie stellen lediglich Perturbationen dar, Angebote für die eigenständige Konstruktion durch die Lernenden. Diese zu fördern, ist Aufgabe eines konstruktivistischen Unterrichts. Zum Vergleich: das ist weit mehr, als „nur" eine angehängte Transferphase. Wie in verschiedenen Beiträgen in diesem Buch gezeigt werden wird, verschieben sich die Anteile „instruktivistischer" und „konstruktivistischer" Phasen und führen zu neuen Vorstellungen, wie eine Stunde aufgebaut sein muss und welche hermeneutische Prozesse dabei ablaufen.
- **Evidenz-Quellen:** Konsequent zum oben dargestellten einfachen Modell kann Lernen so erklärt werden: Der kognitive Konstruktionsverlauf im Unterrichtsprozess geschieht durch das In-Beziehung-Setzen von sinnlichen Wahrnehmungen (neue Inhalte / Erfahrungen) mit Gedächt-

nisprozessen (d.h. das Aktivieren vorhandener Strukturen; Vorwissen), beides verbunden mit emotionalen Färbungen (Einstellungen zum Thema, zum Lehrer, zur Lerngruppe, situierte Gestimmtheit).

- **Soziale Konstruktion:** Wenn ein Austausch über individuelle Konstruktionen (z.B. Unterrichtsgespräch, Diskussion, Präsentation von Lernprozess-Ergebnissen) erfolgt, so stellen die je anderen Konstruktionen eine Bestätigung bzw. Verunsicherung (Perturbationen) des je eigenen Konstruktionsprozesses dar, wirken auf ihn ein und verändern ihn gegebenenfalls. So ergeben sich sozial geprägte Konstrukte von Wirklichkeit.

3.2 Intentionalität und Konstruktivismus: die Reichweite des pädagogischen Konstruktivismus

Konstruktivistische Theorien als allgemeine Erklärungsmodelle für die Verarbeitung von Wirklichkeit sind deskriptiv, also einen Sachverhalt beschreibend, angelegt. Sie sind ein hermeneutisches Mittel, um die Konstruktion von Wirklichkeit modellhaft zu beschreiben.

Der pädagogische Konstruktivismus ist von seinem Gegenstand her (intentionales Lernen!) demgegenüber stärker normativ-konzeptionell angelegt. Die Grundfrage lautet: Welche Folgerungen ergeben sich von einem konstruktivistischen Gedankenmodell aus für die Ausgestaltung von konstruktivistisch orientierten Lernprozessen?

Vermutlich liegt in dieser Unterscheidung auch der Schlüssel dafür, wieso ein pädagogischer Konstruktivismus immer ein gemäßigter sein muss: Sobald der Konstruktivismus nicht nur ein Erklärungsmodell für die Entstehung autopoietischer Systeme darstellt, sondern im pädagogischen Kontext reflektiert wird, ergeben sich normative Setzungen:

- Es handelt sich nicht um völlig beliebige Lernlandschaften, sondern (geht man von fachspezifischen Reflexionen aus) immer um thematisch eingrenzbare „Gegenden". Bildung ist nicht beliebig; es gibt gesellschaftlich vereinbarte Bildungsgegenstände, zumeist fachlich organisiert, die als bedeutsam für Bildungsprozesse junger Menschen angesehen werden. – Das schließt in der Praxis nicht aus, dass sich Schüler diesen Lernlandschaften teilweise verweigern bzw. sich außerhalb derselben aufhalten, wenn sie beispielsweise im Unterricht vor sich hinträumen oder sich mit anderen Dingen beschäftigen. Die normative Setzung für den Schüler lautet aber: „Für einen gewissen Zeitraum befindest du dich in diesem konkreten Lernraum und findest Lerngegenstände vor, mit denen du dich (durchaus mit individuellen Konnotationen und Konstruktionen!) auseinander zu setzen hast."

- Schulische Lernprozesse sind also zielgerichtet. Es gibt Vereinbarungen darüber, was Kinder und Jugendliche in bestimmten Jahrgangsstufen an Wissen, Können und Einsichten hinzuzugewinnen haben. Eine solche Aussage stellt freilich bezüglich ihrer Vereinbarkeit mit einer konstruktivistischen Vorstellung von Lernprozessen eine Gratwanderung dar. Lassen sich individuelle Lernwege (methodische Herangehensweisen, unterschiedliche Lerntempi, verschiedene thematische Zugriffe) so gestalten, dass sich alle Schüler doch bis zu einem genauer beschreibbaren Zeitpunkt in bestimmten Kompetenzbereichen auf dem selben Niveau befinden? Oder setzt sich hier doch wieder die Selektionsfunktion von Schule durch, weil faktisch die Streuungsbreite in einer Klasse zu groß ist, dass alle Schüler die selben Standards erreichen? Das gilt in besonderem Maße für religiöse Lernprozesse, die stark entwicklungsabhängig sind.

- Lehrende müssen also zumindest den Anspruch haben, dass sich Lernende mit den vorgegebenen Lerninhalten aktiv auseinander setzen. Auch das ist eine normative Setzung mit Folgen: Rezeptionsverweigerung wird in unserem Schulsystem mit einer negativen Bewertung verbunden; so kann, wie kürzlich in der Tagespresse zu lesen war, ein Lehrer einem Schüler, der im Unterricht schläft und auf eine Lehrerfrage keine Antwort geben kann, durchaus die Note 6 erteilen.

Von einem konstruktivistischen Blickwinkel aus wird man sich aber nicht damit zufrieden geben, Bildungsnormen „nur" zu konstatieren. Das unterscheidet eine konstruktivistische Pädagogik von einer bildungstheoretischen Postulats-Pädagogik, wie sie sich beispielsweise in einer ausschließlich normativ gehaltenen Auflistung eines Bildungskanons (vgl. Schwanitz 1999) niederschlägt. Ein pädagogischer Konstruktivismus beschränkt sich nicht auf die Inhaltsebene („was" als Angebot für die Konstruktion zur Verfügung gestellt wird).

Dies muss deshalb mit Nachdruck behauptet werden, weil es durchaus auch Überlegungen gibt, die von einem konstruktivistischen Paradigma aus zu einem Verzicht von Didaktik führen: Wenn eh jeder nach eigenen Bedingungen lernt, wenn also Aneignung „sich so und so in den Köpfen der Kinder" (Ruster 2000, 201) ereigne, genüge es, Kinder und Jugendliche einfach mit komplexen fremden Welten (z.B. der der Bibel!) zu konfrontieren. Pädagogik beschränkt sich hier auf das Hoffen auf spontan auftretende Erkenntnisprozesse (= Emergenz). Das ist natürlich in didaktischer Hinsicht unakzeptabel (vgl. kritisch: Terhart 1999, 638). Das „Hoffen auf Emergenz" entbindet nicht davon, auch Lernwege auszugestalten, die konstruktive und emergente Prozesse ermöglichen und Destruktionen vermindern helfen. Nicht der Verzicht auf religionspädagogische Reflexion, sondern ihre konstruktivistisch durchdachte neue Ausrichtung ist das Ziel, will man nicht in längst überwundenen Zeiten landen: „Die Bitte um den heiligen Geist, der durch das Wort zum Glauben ruft, ist schlechthin wichtiger als alle Methodik" (Th. Heckel, Zur Methodik des evangelischen Religionsunterrichts, München 1933, 29).

Wenn es also um die Planung von Lernprozessen geht, dann interessiert auch unter einem grundlegenden konstruktivistischen Paradigma das „Wie": Dabei kommen sämtliche Elemente des Konstruktionsprozesses (vorhandene Strukturen: Gedächtnisprozesse, Vorerfahrungen, Emotionen; Perturbationen: Gestalt der neuen Inhalte, soziale Beeinflussung) als auch der Konstruktionsprozess selbst (Modalitäten für einen produktiven gegenseitigen Bezug der Elemente aufeinander, langfristig angelegte Strategien wie Wiederholungen und reflektierte Selbststeuerung) und auch die Beschreibung der pädagogisch erwünschten Lernlandschaften („Endprodukte") in den Blick.

3.3 Dilemma und Anspruch eines pädagogischen Konstruktivismus

Wie lassen sich nun Normativität von Bildungsprozessen und die Überzeugung, dass Lernen immer nach konstruktivistischen Modalitäten vonstatten geht, miteinander verbinden? Hier gilt es zunächst, die grundlegenden Dilemmata genauer zu beschreiben:

Das erste Dilemma eines pädagogischen Konstruktivismus ist also: pädagogische Lernprozesse sind qua Definition absichthaft angelegt; beschrieben wird, was mit konkreten Gegenständen beim Lernen zu geschehen hat. Konstruktivistisch betrachtet aber entziehen sich individuelle Lernprozesse gänzlicher Vorhersagbarkeit. Die pädagogische Kunst besteht nun darin, diesen Spagat sinnvoll zu beschreiben: Wie können übergreifende Bildungsziele so konkret auf Lehr- und Lernprozesse bezogen werden, dass trotzdem innerhalb dieses Rahmens genügend Spielraum für die Entwicklung individueller Lernlandschaften bleibt? Geklärt werden muss also, wie sich instruktivistische und konstruktivistische Phasen des Unterrichts zueinander verhalten. Das bedeutet aber auch: Innerhalb einer konstruktivistischen Vorstellung von Lernen spielen Lerninhalte sehr wohl auch eine Rolle. Es geht selbstverständlich auch um die Präsentation von Weltwissen. Nicht alles ist verhandelbar. Wie die weiteren Beiträge in diesem Buch veranschaulichen, müssen auch innerhalb eines konstruktivistischen Settings instruktivistische Phasen platziert werden; neben Unbestimmbarem gibt es auch Unentscheidbares: „Unter Lehrsätzen, Problemen, Fragen usw. gibt es jene, über die eine Entscheidung gefällt werden kann, und andere, die prinzipiell unentscheidbar sind" (vgl. Heinz von Foerster 1999, 28).

Und ein zweites Dilemma: Konstruktivistisch betrachtet funktioniert Lernen nicht als Weitergabe von kompletten Bildungspaketen, sondern als selbstständige Integration von Informationen in bestehende Konstrukte und die Anwendung der ggf. veränderten Konstrukte auf neue Zusammenhänge hin. Wie weit lassen sich unter diesen Vorzeichen Angaben über konkrete Lernwege machen? Von einem konstruktivistischen Blickwinkel aus wird man sich nicht damit zufrieden geben, Bildungsinhalte, -ziele oder -standards zu beschreiben; auch der Akt des Konstruierens selbst gerät als zu gestaltender und eventuell auch als zu evaluierender in den Blick. Das Postulat bestünde beispielsweise darin, die „Verstopfung" autopoietischer Systeme (= die mangelhafte Bereitschaft, sich konstruktiv mit neuen Informationsbausteinen zu beschäftigen) zu lösen und die Anbahnung neuer Konstruktionen als Leistungsbereich zu setzen – im Wissen darum, dass gerade bei diesem Prozess keine identischen Konstruktionen entstehen. „Überprüfbar" wäre jedoch die Fähigkeit, vorgegebene Bildungsangebote flexibel zu integrieren und sich mit verschiedenen anderen Konstruktionen auseinander zu setzen. Von einem christlichen Menschenbild aus entspricht dieses Postulat auf Konstruktions-Offenheit der Vorstellung des Menschen als „Person" gegenüber einem ausschließlich in sich gekehrten, monadenhaft angelegten Individuum.

4. Die Rezeption des Konstruktivismus in (Religions-)Pädagogik und Theologie

4.1 Blick über den Zaun

Zur eigenen Standortbestimmung ist es unerlässlich, zu überprüfen, inwiefern die Theorien des Konstruktivismus auch in anderen Wissenschaftszweigen und Fächern rezipiert werden.

In der Lernpsychologie (z.b. Gerstenmaier / Mandl 1995), allgemeinen Pädagogik und Didaktik (stellvertretend: Kösel 1993; Müller 1996; Reich 1996; Renk 1999; Siebert 1994; Siebert 1999; Voß 1999), aber auch in anderen Fächern (z.b. Deutschdidaktik: Meixner 1996; Meixner 1998; Renk 1998; Fremdsprachendidaktik: Wolff 1994; Wendt 1996; Mathematikunterricht: Wildt 1998; Wittmann 1999; Wirtschaftspädagogik: Dubs 1993; 1995; Sport: Cachay/ Thiel 1999) erfolgen längst intensive Auseinandersetzungen mit dem Konstruktivismus.

Interessanterweise gibt es auch in sogenannten „harten" Naturwissenschaften Studien zum Konstruktivismus (z.B. von Aufschnaiter u.a. 1992; von Aufschnaiter 1998; Breuer / von Aufschnaiter 1999; Duit 1995). Dies erscheint umso wichtiger, als damit der Vorwurf aus den Angeln gehoben werden kann, das konstruktivistische Paradigma könne nur in „weichen" hermeneutischen Wissenschaftszweigen Anwendung finden, weil hier selbstverständlich jeweils verschiedene Interpretationen geistesgeschichtlicher Phänomene möglich seien, es entziehe sich aber empirisch arbeitenden Naturwissenschaften.

Pädagogische Fachzeitschriften stellen Themenhefte zum Konstruktivismus vor (z.B. Zeitschrift für Pädagogik 41 (1995), H.6: Konstruktion von Wissen; Zeitschrift für Erziehungswissenschaft 2 (1999), H.4: Konstruktivismus in der Erziehungswissenschaft; Pädagogik 50 (1998), H.7-8: Konstruktivistische Didaktik) – religionspädagogische Fachzeitschriften, die sich ausführlicher mit einem Themenheft dem Konstruktivismus widmen, sind mir hingegen nicht bekannt; die religionspädagogischen Flaggschiffe auf evangelischer (Zeitschrift für Pädagogik und Theologie) und katholischer (Katechetische Blätter) Seite konnten sich bisher nicht dazu durchringen, einen umfassenden Heftschwerpunkt zum Konstruktivismus auszugestalten.

4.2 Noble Zurückhaltung oder Angst vor Neuem?

Die Frage, wie ist es nun um die Rezeption des Konstruktivismus in Theologie und Religionspädagogik bestellt ist, muss also recht zwiespältig beantwortet werden. Die erste Beobachtung: Der Konstruktivismus wird innerhalb der Theologie und der Religionspädagogik nur sehr verhalten rezipiert. Schon ein Blick in die Datenbank des Comenius-Instituts verdeutlicht eine eklatante Dominanz von Beiträgen aus Erkenntnistheorie, Sozialpsychologie, Wissenssoziologie und allgemeiner Pädagogik und Didaktik.

Explizite theologische Beiträge oder gar Monographien zum Thema sind noch selten. Lediglich die im Folgenden genannten Wissenschaftler aus verschiedenen theologischen Disziplinen haben sich intensiver mit konstruktivistischen Theorien auseinander gesetzt: systematisch: Etzold 1992; Schwager

1987; Weidhas 1993; biblisch: Lampe 1997; Bee-Schroedter 1998; Stimpfle 2001; praktisch: Stadlmeier 1989; Ammermann 1994; 2000; Büttner 2002; Mendl 2002; Husmann 2004; kirchenkritisch: Lay 1995.

Man tastet sich ansonsten vorsichtig an den Konstruktivismus heran, indem man ihn nicht systematisch im Sinne einer grundlegenden Theorie-Reflexion, sondern eher perspektivisch angehängt ins Spiel bringt.

Dies gilt auch für die Praktische Theologie; die religionspädagogische Theoriediskussion läuft hier ebenfalls äußerst zaghaft an. Und wo sie in Ansätzen vorhanden ist, fehlt eine gründliche Verzahnung mit einer entsprechend radikal umzugestaltenden Praxis. Fraglich ist aber, ob man ausgehend vom konstruktivistischen Paradigma weiterhin curricular (und damit behavioristisch-instruktivistisch!) geprägte Modelle von Zielformulierungen, Leistungsmessung und Unterrichtsplanung übernehmen kann und lediglich „ein bisschen alternativ" konstruktivistische Überlegungen anfügt (vgl. Hilger / Leimgruber / Ziebertz 2001, 97-101; 136-152; 260-270; 514f).

Angedeutet wird, was die jeweiligen Erkenntnisse aus religionspädagogischer Theoriebildung (Lehmann 1997; Ruster 2000, bes. FN 35; Ziebertz 2000, hier 37f; Kucher 2002), Erwachsenenbildung (Bornhauser 2000, 97-111) oder religionsdidaktischer Grundlegung (Schweitzer 2000, 248-249) mit konstruktivistischer Brille gelesen bedeuten könnten – gelegentlich noch recht zögerlich oder gar fundamental kritisch (Born 2003). Auch ich verfahre bislang nicht recht viel anders, wenn ich ein konstruktivistisch angelegtes Untersuchungsinstrumentarium im Rahmen der Empirie (Mendl 2000a) und Biographieforschung (Mendl 2001) austeste. Explizite religionspädagogische Beiträge, die in die Praxis des Religionsunterrichts führen, sind noch selten (Büttner 2000; Büttner 2002; Mendl 2002; Husmann 2004). Stellvertretend für diese Beobachtung und den derzeitigen Stand des „An-Denkens" ein Zitat von Friedrich Schweitzer (Schweitzer 2000, 248): „Neue, noch nicht in den Elementarisierungsansatz integrierte Impulse ergeben sich aus dem in der allgemeinen Didaktik neuerdings vielbeachteten Konstruktivismus. Dies führt zu einer Wende im Lernverständnis, deren religionspädagogische Bedeutung noch nicht ausgelotet ist."

Vermutlich sind wir selbst noch zu sehr Gefangene des Instruktivismus, den wir als Schüler am eigenen Leib erlebt haben und der nach wie vor hochschuldidaktisch dominiert; vielleicht fürchten wir uns auch vor den Folgen eines radikalen Umdenkens, denn, wie im Folgenden gezeigt werden soll, die Implikationen einer konstruktivistischen Religionspädagogik sind noch nicht völlig absehbar!

Auf die Initiative meines evangelischen Kollegen Gerhard Büttner fand im März 2005 erstmals eine Fachtagung zum Konstruktivismus statt, an der neben Religionspädagogen auch Exegeten, Kirchengeschichtler, Systematiker und sogar ein Mathematik-Didaktiker; die Beiträge werden in einem eigenen Tagungsband (Büttner 2006) dokumentiert.

Verschwiegen werden soll auch nicht, dass aus philosophisch-psychologischer (Nüse 1991), pädagogischer (bes. die beiden Aufsätze von Linneborn und Seifert 2000, in: „Das Seminar" 2000, Heft 3; Diesbergen 2000), theologischer (siehe hierzu: Kucher 2002), sozialethischer (Nass 2003) und religionspädagogischer (Born 2003) Sicht durchaus auch kritische Stimmen zum Konstruktivismus laut werden. Sie werden, soweit dies für die vorliegende Studie als sinnvoll erscheint, argumentativ einbezogen. Dies ist besonders für die fundamentale Frage nach der Vereinbarkeit von Konstruktivismus und Religion vonnöten.

5.   Konstruktivismus und Religion

Eine These, die im weiter unten platzierten „Zwischenruf" (siehe Mendl, S. 178 ff.) genauer reflektiert wird, lautet: Christlicher Glaube und Konstruktivismus sind unvereinbar, weil im Gegensatz zur Offenbarungsreligion mit ihrem Wahrheitsanspruch im Konstruktivismus gerade die Gültigkeit allgemeiner Dogmen, Wahrheiten und Gewissheiten geleugnet wird. Dieser Vorwurf darf nicht leichtfertig abgetan werden. Vorläufig jedoch soll als Gegenargument die berufliche Positionsbestimmung der Autoren dieses Buches ins Spiel gebracht werden: Wer tagtäglich mit lernenden Subjekten und Menschen, die diese „in Sachen Religion" unterrichten, zu tun hat, oder wer sich wissenschaftlich mit den Möglichkeiten und Problemen religiöser Lernprozesse beschäftigt, für den verschiebt sich das Erkenntnisinteresse von der Reflexion über objektive Wahrheiten an sich hin auf die Frage, ob und wie diese (paradox formuliert: egal ob es sie gibt oder nicht!) rezipiert werden können. An einem Beispiel verdeutlicht: Die jüdisch-christliche Tradition mag gebetsmühlenartig von „Abraham als Vater des Glaubens" sprechen. Für den Religionspädagogen reicht es nicht aus, eine solche Aussage als eine zu lernende oder gar zu glaubende zu postulieren. Er muss auch darüber nachdenken, wie eine solche Glaubensüberzeugung von Kindern verstanden wird; welche Verstehens-Brüche und -Möglichkeiten es gibt und unter welchen Bedingungen und mit welchen Texten und didaktischen Verfahren eine solche theologische Aussage thematisiert werden kann (vgl. dazu auch KatBl 130 (2005), Heft 2: Abraham und Isaak). In einem Forschungsprojekt zur Frage, wie Kinder und Jugendliche die schwierige biblische Erzählung von der Opferung des Isaak verstehen, wurde dies genauer untersucht (Mendl 1997; Mendl 2000) - mit ernüchternden Ergebnissen: trotz aller Bemühungen der Lehrenden, theologische Deutungsspuren zugrunde zu legen, die zur biblischen Glaubenserfahrung eines Abraham und damit zum jüdisch-christlichen „Abraham als Vater des Glaubens" hinführen, manifestiert sich in den untersuchten Unterrichtsstunden Unverständnis: In unteren Klassen deshalb, weil die in der Geschichte enthaltenen Deutungsebenen letztlich zu komplex sind, Kinder aber die Geschichte zunächst aus der Perspektive Isaaks, dessen Leben auf dem Spiel steht, interpretieren, in oberen Klassen wegen einer tiefen emotionalen Verweigerung einem Verhalten gegenüber, das in Verbindung mit medial bekannten Geschichten von Autoritätsmissbräuchen gedeutet wird, zur Schlussfolgerung eines Schülers führt: „Abraham – Vater des blinden Glaubens".

Der Religionspädagoge wird also jenseits einer Behauptungs- und Festsetzungs-Didaktik immer prozessdidaktisch argumentieren und sich nicht „nur" mit dem Postulieren von Positionen und Wahrheiten begnügen, wie an weiteren Beispielen erläutert werden kann: Die christliche Begründung der Menschenwürde (ein Thema in allen Lehrplänen) muss angesichts einer Mittelstufenklasse, die am Abend zuvor die entsprechenden Casting-Shows, Comedy-Serien oder Dschungelcamps vor dem Fernseher genossen hat, nicht nur behauptet, sondern auch didaktisch begründet und entfaltet werden. Ähnliches gilt für die Lehrplanthese, die Eucharistiefeier am Sonntag sei als wöchentliches kleines Osterfest zu betrachten, angesichts von SchülerInnen, deren Sonntags- und Feiertagskultur ganz anders ausgestaltet ist.

Vorläufig nochmals: Wir weichen der Wahrheitsfrage nicht aus, spannender aber: wie die Wahrheit einer Glaubensgemeinschaft zur persönlich verpflichtenden Wahrheit werden kann, wie Jürgen Werbick pointiert zum Ausdruck bringt: Es geht nicht um ein hermetisch-geschlossenes Verständnis von Wahrheit „an sich", sondern um die „Wahrheit für mich": „Glaubhaft ist nur die Wahrheit, die uns hat und von der wir mit guten Argumenten behaupten dürfen, daß sie uns zu Recht ‚eingenommen' hat", formuliert Jürgen Werbick (Werbick 1995, 17). Das hat auch mit dem eigenen Selbstverständnis von Theologie als Wissenschaft zu tun. Bevor also die Wahrheitsfrage in einem reflektierenden Zwischenruf eigens thematisiert wird (Mendl, S. 180), soll in den folgenden Beiträgen dieser Prozess eines Ringens um die Tragfähigkeit konstruktivistischer Positionen in verschiedene Felder didaktischen Handelns hinein skizziert werden.

6. Fazit: Fragen über Fragen ...

Die Theorie des Konstruktivismus leuchtet unmittelbar ein. Das ist die erste Beobachtung aus vielen Fortbildungen und Vorträgen zur Thematik. Sie erscheint als kompatibel mit dem aktuellen Mainstream in der Pädagogik und passt zum Zeitgeist der postmodernen Situierung von Individuum und Gesellschaft. Zugleich aber ergeben sich von zwei Seiten her bei längerem Nachdenken kritische Nachfragen:

Zunächst auf der Ebene der Theorie-Bildung: Wie angedeutet wurde, umfasst das konstruktivistische Paradigma eine Vielzahl verschiedener Theorie-Ansätze aus verschiedenen Wissenschaftszweigen. Mag ein Werk wie „Der Baum der Erkenntnis" (Maturana / Varela 1987) insgesamt faszinieren – die radikalen Folgerungen hieraus irritieren. Ist es tatsächlich so, dass wir unsere Welt gänzlich selbst „erfinden"? Konkret: Existiert das Buch, das Sie gerade lesen, als objektive Wirklichkeit? Sie werden sagen: selbstverständlich: Ich kann es mit meinen Händen greifen. Es liegt aufgeschlagen vor mir. Von einem gemäßigten Konstruktivismus aus wird man nicht in Zweifel ziehen, dass man auf einer formalen konkreten Ebene das Buch als Buch wahrnehmen kann. Anders verhält es sich aber bezüglich der Inhaltsebene: Bedeutung erlangen wird das Buch nur, wenn Sie selber als aktiver Rezipient damit umgehen – sich mit ihren je eigenen Vorerfahrungen und Einstellungen dazu in Beziehung setzen. Die beschriebenen konstruktivistischen Modalitäten für den Umgang mit Wirklichkeit haben auch beim Lesen dieses Buches ihre Gültigkeit. Vielleicht erscheint Ihnen die grundgelegte Theorie als suspekt; wissenschaftstheoretisch als zu unausgegoren. Eventuell lesen Sie das Buch auch mit der theologischen

Brille und versuchen, die Vereinbarkeit dieser Spielform des Konstruktivismus mit der theologischen Wahrheitsfrage zu überprüfen. Vielleicht bereitet es Ihnen aber auch Schwierigkeiten, sich auf die konstruktivistische Fachsprache einzulassen – genervt legen Sie das Buch zur Seite.

Vielleicht aber denken Sie sich schon die ganze Zeit, während Sie dieses Einleitungskapitel lesen: Was bedeutet das alles nun für die Gestaltung von Lernprozessen, als ReligionslehrerIn konkret: für meinen Religionsunterricht? Das wäre die zweite Ebene, die eher in die Praxis verweist. So sympathisch der Konstruktivismus als Grundlagentheorie zu einem subjektorientierten Unterricht („im Mittelpunkt der Mensch" – vgl. Mendl 2004; Ziebertz 2000) zu passen scheint, so viele konkrete Fragen tun sich auf: Nun aber mal konkret: wie sieht ein konstruktivistischer Unterricht aus? Was unterscheidet ihn von einem traditionellen? Diese Fragen werden im Überblick im nächsten Kapitel genauer formuliert.

Jedenfalls: dieses Buch wird nur dann zu Ihrer Wirklichkeit, wenn Sie es als aktiver Leser bearbeiten, mit ihren Alltagserfahrungen verknüpfen, mit Einwänden nicht sparen und eventuell dies alles sogar im Dialog mit anderen Lesern und deren je eigenen Rezeptionsweisen weiter klären. Um Sie bei diesem Prozess zu unterstützen, finden Sie nach jedem Kapitel Impulse zur kritischen Reflexion und zum selbstständigen Weiterdenken des Gelesenen.

Falls nicht: Dann ergeht es Ihnen und diesem Buch wie den Märchenfiguren aus einer „Bibi-Blocksberg"-Episode: Sie langweilen sich und das Buch verschwindet!

„Aber wir wollen, dass die Langeweile ein Ende hat, jawohl, die Langeweile soll ein Ende haben." – „Aber warum langweilt ihr euch denn?" – Das ist, weil keiner uns mehr liebt, genau, nur ganz wenige lesen Märchen. Ja, viele gucken lieber fern. Früher haben die Menschen unsere Geschichten oft gelesen, ja, da ging es uns noch gut, quak, quak. Und wenn die Menschen keine Märchen lesen, dann fangen wir an alt zu werden, dann sterben wir ... und dann wird es uns eben nicht mehr geben und niemand wird sich mehr an Märchen erinnern, quak, quak. Aber ist das schrecklich!" (Bibi Blocksberg Nr. 31: Auf der Märcheninsel).

7.   Literatur zur Einführung

Wer sich intensiver mit den Theorien des Konstruktivismus beschäftigen möchte, dem können folgende Bücher empfohlen werden: Eine verständliche Einführung bietet Horst Siebert in seiner zusammenfassenden Schrift „Pädagogischer Konstruktivismus. Eine Bilanz der Konstruktivismusdiskussion für die Bildungspraxis" (Siebert 1999), noch bündiger ist sein kleines Büchlein zum Konstruktivismus, welches allerdings nur noch in Bibliotheken erhältlich ist: „Lernen als Konstruktion von Lebenswelten. Entwurf einer konstruktivistischen Didaktik" (Siebert 1994). Einblick in die breite Diskussion zum Konstruktivismus auch in anderen Fächern bieten die Bände von Reinhard Voß, „Die Schule neu erfinden" (Voß 1999), und Herta-Elisabeth Renk, „Lernen und Leben aus der Welt im Kopf" (Renk 1999). Und wer sich für die Folgen eines konstruktivistischen Ansatzes für den Religionsunterricht interessiert: der möge die folgenden Beiträge studieren!

Die folgenden „zehn Gebote für eine konstruktivistisch orientierte Religionsdidaktik" von Bärbel Husmann (Husmann 2004, 77) sollen abschließend zur Reflexion anregen; nicht nur der „Joker" motiviert zur Weiterführung, auch die Thesen zum Konstruktivismus zuvor, die besonders von den Aspekten Beziehung und Emotion geprägt sind, fordern heraus:

Zehn Gebote für eine konstruktivistisch orientierte Religionsdidaktik

1. Du kannst gelassen darauf vertrauen, dass deine SchülerInnen das von deinem Religionsunterricht mitnehmen, was für sie viabel ist.
2. Du sollst dir im Klaren darüber sein, was du sie lehren willst.
3. Dein Religionsunterricht soll in einem angenehmen und ästhetischen Ambiente stattfinden. Die Mühe, die du dafür aufwendest, ist nicht umsonst (Raum, Kleidung).
4. Du kannst dich als ein an religiösen Dingen interessierter und auf sie neugieriger Mensch zeigen.
5. Du kannst deinen SchülerInnen in einer ermutigenden und sie wertschätzenden Haltung gegenübertreten.
6. Du sollst dich darum bemühen, deinen Unterricht methodisch vielfältig zu gestalten.
7. Du kannst deinen Religionsunterricht so inszenieren, dass deine SchülerInnen viele Chancen haben, eigene Entdeckungen und Erfahrungen zu machen. Beschränke ihr „Suchfeld" nicht.
8. Du darfst den Reiz des Fremden für deine Unterrichtsgestaltung voll ausnutzen.
9. Du kannst deinen SchülerInnen freundlich und gut gelaunt begegnen.
10. „Joker".

Impulse

1. Denken Sie über Ihr Vorwissen und Ihre Voreinstellungen zum Thema „Konstruktivismus" nach und halten Sie dies in einer Notiz / einer Mind Map / einer Liste fest. Studieren Sie anschließend das Inhaltsverzeichnis dieses Buchs. Wo ergeben sich Parallelen zu Ihren Einstellungen oder Fragen?

2. Diskutieren Sie die „10 Thesen" von Bärbel Husmann und formulieren Sie eine noch nicht enthaltene 10. These als „Joker"!

3. Was ist Ihre Theorie, wie Lernen „funktioniert"? Welche Folgen hat sie für Ihr Verständnis von der Rolle des Lehrenden, des Lernenden und der Ausgestaltung von Lernprozessen? Gibt es grundlegende Unterschiede im Lernverständnis zwischen einzelnen Fächern?

4. Studieren Sie die Grafik von Horst Siebert (siehe S. 14) zu den verschiedenen konstruktivistischen Richtungen. Welche davon kennen Sie (noch) aus dem eigenen Studium? Rekonstruieren Sie Ihr Vorwissen!

5. Falls Sie in einer Lerngruppe arbeiten: Fassen Sie die Aussagen dieses ersten Kapitels sowie Ihre Anfragen zusammen und vergleichen Sie die unterschiedlichen Ergebnisse!

6. Wissen Sie, dass die bayerischen Lehrpläne der neueren Generation „eigentlich" auf der Lerntheorie des Konstruktivismus fußen (sollten!)? Entdecken Sie Spuren des Konstruktivismus in einem Lehrplan, aber auch Elemente, die dieser Theorie widersprechen!

7. Der Titel dieses Buches lautet „Konstruktivistische Religionspädagogik". Vielleicht erscheint Ihnen diese Qualifizierung als übertrieben und unangemessen. Diskutieren Sie Alternativen – z.B. „Konstruktivistische Perspektiven in der Religionspädagogik", „Konstruktivistische Aspekte im Religionsunterricht" und finden Sie einen Titel, der Ihr Konzept von Religionspädagogik oder Religionsunterricht zum Ausdruck bringt!

„Reciprocal Teaching" zur gemeinsamen Bearbeitung

Falls Sie dieses Buch gemeinsam bearbeiten, können Sie jedes Kapitel schrittweise über die Methode des „Reciprocal Teaching" erschließen. Diese Methode zur gemeinsamen Erschließung von Texten entspricht dem Modell eines sozialen Konstruktivismus (vgl. Palincsar / Brown 1984; Rosenshine / Meister 1994; Sander-Gaiser 2003, 301f.).

Schritt 1: Zusammenfassung (summarizing)
Der Text wird abschnittsweise in eigenen Worten zusammengefasst.

Schritt 2: Fragen entwickeln (question generating)
Die Gruppenmitglieder denken über das nach, was sie zum gelesenen Abschnitt noch erfahren möchten, und stellen Fragen an den Text.

Schritt 3: Darlegen und Erklären (clarifying)
Die Teilnehmer legen den Abschnitt nun dar und aus.

Schritt 4: Vorhersagen (predicting)
Die Teilnehmer stellen Vermutungen darüber an, wie denn der Text weitergehen könnte.

Hans Mendl

Konstruktivistische Religionsdidaktik.
Anfragen und Klärungsversuche

1. Folgen eines konstruktivistischen Paradigmas für die Religionsdidaktik

Wer später einmal unterrichten will, täglich Unterricht vorzubereiten hat oder als Dozent Studierende oder Referendare in der Kunst des Unterrichtens unterweist, kann sich nicht mit theoretischen Reflexionen zum

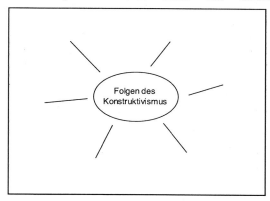

konstruktivistischen Paradigma zufrieden geben. Ihn interessieren auch die Folgen einer Lerntheorie und ihre Operationalisierung hin auf verschiedene didaktische Fragestellungen.

Die folgenden Anfragen entstammen aus solchen Gesprächsrunden, bei denen es um die Praxisrelevanz des konstruktivistischen Paradigmas ging.

Wer sich intensiver in die Diskussion einschalten möchte, dem rate ich vor dem Weiterlesen, selber ein Mind-Map mit dem Titel „Konstruktivismus und die Folgen" zu erstellen – eventuell auch im gemeinsamen Prozess einer Fach- oder Arbeitsgruppe: Welche Folgen hat ein konstruktivistischer Ansatz für bestimmte Teilsegmente didaktischer Reflexion und praktischen Handelns? Damit lassen sich auch skeptische Anfragen verbinden, die in die Darstellung integriert werden können.

Die folgenden Ausführungen verstehen sich als erster überblicksartiger Versuch, die Fragen knapp und bündig zu beantworten. In den weiteren Kapiteln

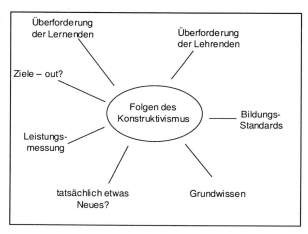

reflektieren verschiedene Autoren Teilaspekte ausführlicher. Die Anfragen sind in zwei Blöcke gegliedert: In einem ersten Anlauf werden – vom Prozess der Unterrichtsplanung ausgehend – Anfragen an die Konsequenzen einer konstruktivistischen Unterrichtstheorie für Lehrende, Lernende und Einzelaspekte unterrichtlichen Planens und Handelns gestellt. Im zweiten Block soll auf einer allgemeineren Ebene die Konstruktivismus-Debatte im Kontext der aktuellen bildungspolitischen Strömungen verortet werden.

2. Anfragen an eine konstruktivistische Lerntheorie von der Praxis aus

2.1 Überfordert ein konstruktivistisches Unterrichtsparadigma die Lehrenden?

Wenn Wirklichkeit so konstruiert wird, wie dies im letzten Kapitel beschrieben ist, so gilt dies auch für den Unterricht und diejenigen, die sich professionell darum bemühen, also die Lehrenden. Von daher ergibt sich die Anfrage ganz zwangsläufig: Überfordert denn ein konstruktivistisches Unterrichtsparadigma nicht die Lehrenden – zumal die derzeitig tätige Lehrergeneration, die unter völlig anderen lerntheoretischen Vorzeichen „eingespurt" worden ist? Vermutlich trifft diese Anfrage vor allem auf diejenigen Lehrenden zu, die das curriculare Paradigma sehr ernst genommen haben und tatsächlich Unterricht so gestalten, dass am Ende übergreifende, für alle Schüler gleichermaßen gültige und identisch reproduzierbare Ergebnisse herauskommen und evaluierbar sind. Für diesen Lehrertypus, dessen Ziel es ist, alle Schülerinnen und Schüler auf ein genau bestimmbares Anspruchsniveau hinzutrimmen, wird der konstruktivistische Denkansatz (von einer genau zu bestimmenden Ausgangsbasis aus verschiedene Lernlandschaften ermöglichen) das eigene Paradigma auf den Kopf stellen. Hinzu kommt: Jeder neue Denkansatz verwirrt, weil die je eigene Terminologie gewöhnungsbedürftig ist. Das haben Sie vielleicht auch beim einführenden Kapitel festgestellt.

Andererseits gibt es gerade von der Grund- und Hauptschuldidaktik aus bereits zahlreiche Impulse, die ein lerntypendifferenziertes und individuelle Lernprozesse berücksichtigendes Lernklima ermöglichen; viele Lehrer beherrschen ein Arsenal entsprechender methodischer Groß- und Kleinformen des Unterrichts (Stichworte: Projektunterricht, Freiarbeit, Wochenplanarbeit, Lernzirkel ...).

Aufgabe der Lehrerbildungseinrichtungen auf allen Ebenen wird die Reflexion über die Grundlagen-Kompetenzen sein, die Lehrende benötigen, um ein konstruktivistisch orientiertes Lernen zu ermöglichen: z.B.:

- **Wahrnehmungskompetenz:** Die Lehrenden müssen die unterschiedlichen Voraussetzungen bei den Lernenden, ihre unterschiedlichen Lernwege, die verschiedenen Konstruktionswege, aber auch individuelle und kollektive Lernstörungen gleichermaßen wie Lernchancen wahrnehmen können.

- **Differenzierungskompetenz:** Die Lehrenden müssen beispielsweise über eine breite Palette entsprechender methodischer Varianten verfügen, um individuelle Lernlandschaften zu fördern.
- **Konstruktionsförderliche Kompetenzen:** Im Sinne einer Förderung nachhaltiger Prozesse benötigen Lehrende die Fähigkeit, nicht punktuelle, sondern kontinuierlich und aufbauend konstruktionsförderliche Methoden einzusetzen – z.B. im Bereich der Moralentwicklung: ein diskursethisch angelegtes Methoden-Arsenal.
- **Konstruktions-ausweitende und homogenisierende Kompetenzen (Ko-Konstruktions-Kompetenz):** Unter den Vorzeichen eines pädagogischen Konstruktivismus ist die Vorstellung einer Förderung individueller Lernlandschaften zumindest ergänzungsbedürftig, um nicht neuen Einseitigkeiten das Wort zu reden: Entgegen einem absoluten Individualismus, individuell eingeschränkten Lernstrategien und der ausschließlichen Förderung einseitiger Begabungen besteht die pädagogische Aufgabe auch in der Schaffung von Angeboten, die einen Zugewinn an Konstruktionswegen ermöglichen und Schülerinnen und Schüler dabei unterstützen, „verstopfte" Informationskanäle zu öffnen bzw. bisher nicht genutzte zu entdecken. Außerdem benötigen Lehrende die Fähigkeit, unterschiedliche Konstrukte diskursiv und reflexiv aufeinander zu beziehen und die SchülerInnen in einen produktiven Dialog über ihre jeweiligen Konstruktionen zu bringen.
- **Konstruktions-reflektierende Kompetenzen:** Lehrende müssen stärker als bisher die Ebenen des Lernen-Lernens angehen und Lernende zur Reflexion eigener Lernwege befähigen.

Das heißt: Lehrende müssen für einen variationsreichen Unterricht befähigt werden, in dem möglichst viele Schüler in ihren Konstruktionsmöglichkeiten unterstützt und zu neuen herausgefordert werden. Dies gelingt umso besser, wenn sie den Prozess produktiver Selbstbildung in Interaktion mit anderen Selbstbildungsprozessen bereits in Studium und Ausbildung am eigenen Leib erfahren – und nicht zu einer stromlinienförmig angelegten Abbilddidaktik genötigt werden.

2.2 Überfordert konstruktivistisch geplantes Lernen nicht viele Schüler?

Setzt nicht die Vorstellung von selbstständig-konstruktivem Lernen eine hohe Kompetenz und Disziplin auf Schülerseite voraus?

Zunächst: Von der erkenntnistheoretischen Grundannahme aus beschreiben konstruktivistische Lerntheorien nichts anderes als die Art und Weise, wie Schüler Wirklichkeit verarbeiten. Die konstruktivistische Grundüberzeugung lautet: die Auseinandersetzung mit Wirklichkeit geschieht – egal ob der Lehrer „konstruktivistisch" oder „instruktivistisch" unterrichtet – immer nach je eigenen Bedingungen des Lernenden, also konstruktivistisch! Das bedeutet von diesem erkenntnistheoretischen Blickwinkel aber auch, dass es zunächst einmal keine Unterrichtsverfahren gibt, die besonders „konstruktivistisch" wären (auch wenn unter pädagogischen Gesichtspunkten später dann doch solche aufgeführt werden!): Auch ein guter Frontalunterricht (z.B. eine spannend vorgetragene Lehrererzählung) kann individuelle Konstruktionen fördern.

Schon schwieriger ist die Frage zu beantworten, wenn man auf der Ebene des pädagogischen Konstruktivismus argumentiert und über Folgerungen für die Ausgestaltung von Lernprozessen nachdenkt: Ein konstruktivistisch organisiertes Lernen stellt insofern höhere Anforderungen an die Lernenden, weil die normative Setzung lautet: „Konstruiere deine Lernlandschaft"! Dabei gibt es für die Art der individuellen Konstruktion eine noch nicht genau beschreibbare (weder hinsichtlich der Ausdehnung noch hinsichtlich der Grenzen) Bandbreite von Gestaltungsmöglichkeiten! Rückmeldungen belegen: Schüler erleben Lernmodelle wie die „freie Stillarbeit", wie sie z.B. an Marchtaler-Plan-Schulen systematisch gepflegt werden und bei denen die Selbstkonstruktion von Wissen einen ganz hohen Stellenwert einnimmt, als anspruchsvoller im Vergleich zu „normalem" Frontalunterricht. Während im klassischen Klassenunterricht häufig die sehr guten Schüler unter- und die sehr schlechten überfordert werden, liegt die Stärke einer konstruktivistisch orientierten Lernstrukturierung gerade in der Förderung jedes einzelnen Schülers in der je eigenen Konstruktionsweise. Voraussetzung dafür ist freilich, dass die Lehrenden Unterricht so anlegen, dass sie über die Konstruktionswege möglichst vieler, am besten aller Schülerinnen und Schüler Bescheid wissen und didaktisch in der Lage sind, individuelle und kollektive Lernprozesse produktiv aufeinander zu beziehen (Stichwort: Eindruck – Ausdruck – Austausch als zirkuläre Grundbewegungen eines konstruktivistischen Unterrichtsparadigmas)!

Resümee: Ein konstruktivistischer Unterricht ist für Schüler insofern anspruchsvoller, weil hierbei in allen Dimensionen (Unterricht, Hausaufgabe, Evaluation) die Ebene der reinen Wissens-Wiedergabe (z.B. bei Prüfungen: nicht reproduzierende Aufgabentypen!) überschritten wird und mehr Transferleistungen und eigenständiges Denken erfordert werden. Dieser Hinweis auf das höhere Anspruchsniveau erscheint aber insofern als strategisch bedeutsam zu sein, weil Kritiker konstruktivistische Ansätze argwöhnisch als vermeintlich zur Beliebigkeit und Oberflächlichkeit hinführend („jeder lernt, was und wie er will") beurteilen.

2.3 Darf man überhaupt noch Stundenziele angeben?

Unterricht ist qua Definition ein geplantes und planbares Vorgehen und nicht der Beliebigkeit anheim gestellt. Daran wird nicht gezweifelt.

Die Problematik der Stundenziele liegt auf anderen Feldern:

Von der Wortbedeutung her suggeriert „Ziel" die Angabe räumlicher oder zeitlicher Endpunkte (laut Duden). Nach der curricularen Ideologie war dies auch stimmig, weil die taxonomisch genaue Angabe von Endprodukten auch die exakte Evaluation ermöglichen sollte (Input-Output-Modell). Man muss sich darüber im Klaren sein, dass in der pädagogischen Diskussion der Begriff des „Ziels" untrennbar mit diesem lerntheoretischen Quantensprung der 60er Jahre verbunden ist. Schon aus diesem Grund geht mein Plädoyer dahin, dem Zielbegriff einen „ehrenhaften Abgang" zu verschaffen.

Lernziele als Angabe dessen, was im Unterricht „am Ende herauskommen soll" galten für die gesamte Lerngruppe; individuelle Abweichungen bzw. Konstruktionen hatten innerhalb dieses Systems keine Bedeutung. Lernziele stellten die Norm für spätere Evaluationsprozesse dar. Beurteilt man von diesem Blickwinkel aus den Erfolg dieses Lernmodells, so kann man ihm höchstens mittelmäßige Qualität (z.B. Notenbildung nach der „Gauß'schen Normalverteilung"; Prozentsatz derjenigen, die das Gymnasium etc. abbrechen) zusprechen. Auch in der Alltagspraxis wurden kaum Modelle differenzierter Evaluation entwickelt; Gespräche über das Erreichen von Lernzielen (z.B. bei unterrichtspraktischen Versuchen, bei Lehrproben) spielten sich auf der Ebene des Kaffee-Satz-Lesens und Hypothetischen ab: „Haben Sie Lernziel 3 erreicht?" – „Ja, denn der X hat ja gesagt …"

Inzwischen besteht im didaktischen Diskurs, besonders innerhalb der Religionsdidaktik, Einigkeit, dass Prozess-Strukturen des Lernens wichtiger sind als reine „Lernprodukte". Meines Erachtens verstellen dafür entwickelte alternative Begriffe wie „prozesshafte Lernziele" in ihrer Uneindeutigkeit aber den Blick auf das, worauf es ankommt!

Wie gesagt: Auch unter konstruktivistischem Blickwinkel ist Lernen im Unterricht ein absichthaftes Unternehmen. Dies bezieht sich sowohl auf die materiale als auch auf die personale Ebene:

- Material: Was im Unterricht geschieht, ist in der Regel (es gibt durchaus plausible Begründungen für situative Ausnahmen) nicht beliebig: Neben dem allgemeinen Postulat, „dass" gelernt werden soll, ist es auch sinnvoll, Grenzen der zu bildenden Lernlandschaften anzugeben. Das gilt auch für Lernmodelle wie Freie Stillarbeit, wo bei aller Streuung der individuellen Lernprozesse Grenzen gesetzt werden hinsichtlich des inhaltlichen Beschäftigungs-Radius. Im Unterricht nimmt man sich Gegenständen unter bestimmten, nicht beliebigen Blickwinkeln an. Auch wenn unter den Vorzeichen eines fächerübergreifenden Unterrichtens Optiken aufgebrochen werden, so gibt es dennoch Grenzen, wie Hans-Peter Eggerl an einem einleuchtenden Beispiel erläutert: Wenn ein Lehrender im Religionsunterricht eine meditative Übung plant und die dazu benötigten Steine in einer Norma-Tasche in den Unterricht mitbringt, dann liegt die breite Erzählung eines Schülers, auch er sei mit seiner Oma gestern in der Norma gewesen und haben dieses und jenes gekauft, außerhalb der intendierten Lernlandschaft.
- Personal: Unterrichtsplanung gibt zunächst Auskunft darüber, was Lehrende planen und wie sie Lernprozesse strukturieren wollen – und weniger darüber, was Lernende lernen. Man könnte nun trefflich darüber streiten, wo mehr Ehrfurcht vor dem Schüler implizit enthalten ist: in der curricularen Theorie, wo man einerseits bewusst keine Aussagen über Lernprozesse getroffen hat (behavioristische Vorstellung von der „black box", in die man etwas hineingibt und dann den output, die Lernprodukte misst), andererseits die *Lern*ziele doch verbindlich zu erreichende Normen für alle Schüler darstellten, oder in der konstruktivistischen Theorie, weil man dort einerseits davon ausgeht, dass jedes Individuum nach eigenen Modalitäten je individuelle Lernlandschaften konstruiert,

man andererseits aber diesen Konstruktionsprozess selbst stärker unterstützen oder gar steuern will.

Das alles fordert besonders diejenigen heraus, die andere in die Unterrichtspraxis einführen wollen und führt zu alternativen Begriffen, um einerseits nicht in Beliebigkeit und andererseits nicht in eine instruktivistische Verengung zu verfallen: Statt „Lernziele" sollen die Referendare beispielsweise „Stundenziele" oder „Lernaktivitäten" beschreiben (vgl. Husmann 2004, 74). Man könnte auf der Ebene der Unterrichtsplanung auch von „Lernintentionen" oder „Lernabsichten" sprechen. Lehrende müssen angeben, wie sie ihre Gegenstände in den Unterrichtsprozess einbringen, wie sie also die konstruktiven Dialoge zwischen Sache und verschiedenen Schülerinnen und Schülern auszugestalten gedenken. Sie sollen die Grenzen der intendierten Lernlandschaften präzise angeben und sich selber nach allen Regeln der Kunst (Stichwort: didaktische Analyse bzw. Elementarisierungs-Modell) auf den Unterricht vorbereiten. Das alles entspricht einer „Ermöglichungsdidaktik", wie sie Horst Siebert in Anlehnung an Rolf Arnold entwickelt (vgl. Husmann 2004, 74).

2.4   Muss man auf Feinziele verzichten?

Wenn man wieder produkthaft ausgerichtete curriculare Feinziele (bestehend aus einem Inhaltselement und einer psychischen Disposition, einer Verhaltensangabe) meint, dann sollte man sich schleunigst davon verabschieden.

Unverzichtbar bleibt – gerade für anfanghaft Lehrende in der Phase der Lehrlingszeit – die Ausbildung der Fähigkeit, genau zu beschreiben, was in einzelnen Phasen des Unterrichts vonstatten gehen soll, auf welchen Ebenen und mit welchen Zugriffen sich Schüler mit Gegenständen auseinander setzen sollen, wie sich instruktivistische und konstruktivistische Elemente miteinander verbinden lassen.

Um im Bild zu bleiben: Auch bei der Konstruktion von vielfältigen Lernlandschaften müssen Etappen geplant sowie Halte- und Ausschaupunkte angesteuert werden. Beschrieben werden müssen die innere Qualität der Etappen (z.B. Geschwindigkeit, Ausrüstungsmaterial) und die Fortbewegungsmittel; werden verschiedene Wegstrecken eingeräumt, so muss angegeben werden, was beim gemeinsamen Treffpunkt zu geschehen hat (Austausch!).

Hans-Peter Eggerl, Claudia Schäble und Thomas van Vugt gehen diesem Problem der Zielebenen in ihrem Beitrag (S. 63) auf differenzierte Weise auf den Grund!

2.5   Wie sieht eine konstruktivistisch geplante und durchgeführte Unterrichtsstunde aus?

Das weiter unten noch zu beschreibende Phänomen einer ungleichzeitigen Entwicklung von latent konstruktivistischer Praxis und theoretischer Begründung im wissenschaftlichen Diskurs führt zu einer gewissen Unschärferelation: Da „guter" Unterricht längst nicht mehr einseitig instruktivistisch angelegt ist, fällt es schwer, pointiert zu beschreiben, wie gegenüber dieser bereits veränderten Praxis eine konstruktivistisch orientierte Unterrichtsstunde aussieht.

Es empfiehlt sich deshalb, zunächst einige Teilelemente (zeitlos!) guten Religionsunterrichts zu benennen, welche der pädagogischen Lernkultur des Konstruktivismus entsprechen, z.B.:

- **entdeckendes Lernen**, weil anregende Lernumgebungen und eine Vielfalt des Angebots verbunden mit der Entwicklung einer Fragehaltung zu Konstruktionsprozessen motivieren;
- **Individualisierung ermöglichendes Lernen** (z.B. Freiarbeit, Lernzirkel), weil nur so Schülerinnen und Schüler Konstruieren reflektiert üben können;

> **Kennzeichen konstruktivistisch orientierten Religionsunterrichts**
>
> ➢ Entdeckendes Lernen
>
> ➢ Individualisierung ermöglichendes Lernen
>
> ➢ Aktivierendes, produzierendes Lernens
>
> ➢ Biographisches Lernen
>
> ➢ Dialogisches, diskursethisches Lernen

- **aktivierendes und produzierendes Lernen** (z.B. kreatives Schreiben), bei dem die Auseinandersetzung mit Themen und entsprechenden individuellen Konstruktionen auch einen sinnenfälligen Ausdruck erhalten kann;
- **biographisches Lernen**, weil gerade im Religionsunterricht Schülerinnen und Schüler reflektierende Konstrukteure der eigenen Glaubensgeschichte werden sollen;
- **dialogisches und diskursethisches Lernen** – weil unterschiedliche Positionen gegenseitige „Perturbationen" darstellen.

Konstruktivistisch angelegter Unterricht verzichtet nicht auf die systematische, didaktisch aufbereitete Präsentation von Weltwissen. Insofern sind auch in einem solchen Unterrichtskonzept instruktivistisch gehaltene Phasen und die Sicherung einer gemeinsamen Informationsbasis sinnvoll. Verzichtet wird lediglich auf die Fiktion, dass mit der Bündelung des kollektiv Erarbeiteten („zusammenfassender Hefteintrag") die pädagogische Zielmarke bereits erreicht sei. Lernprozessplanung nach den Vorstellungen des pädagogischen Konstruktivismus führt wesentlich weiter! Innerhalb dieses Denkmodells stellen mögliche einführende instruktivistisch gehaltene erste Phasen lediglich Perturbationen der je individuell Lernenden dar; die pädagogische Verantwortlichkeit erstreckt sich auch auf den weiteren Horizont, wie diese Informationsbausteine in je individuelle Lernlandschaften eingepasst werden können bzw. diese verändern. In der Praxis wird ein systematisch reflektierter Wechsel zwischen instruktivistisch-übergreifenden und konstruktivistisch-individuellen Lernphasen die Normalität darstellen.

Dies stellt einen gravierenden Wandel gegenüber den „harten" Formen curricularer Unterrichtsplanung dar, weil dort in der letzten Phase des Unterrichts – dem einübenden Transfer – keine neuen Lernziele mehr formuliert werden durften; aus konstruktivistischer Sicht ist dieser Blickwinkel überholt, weil sich gerade in individuellen, kollektiven und konfrontativ-dialogischen Aneignungs-, Übertragungs- oder Anwendungsprozessen die Viabilität

(Brauchbarkeit) von Weltwissen zeigt und diese Prozesse selbst wieder Gegenstand der Lernreflexion werden können.

Hans-Peter Eggerl reflektiert dies alles in seinem Beitrag weit differenzierter. Ein allgemeines Schema eines konstruktivistisch ausgerichteten Unterrichtsverlaufs könnte folgendermaßen aussehen; wenn ich dabei von „Unterrichtsverlauf" und nicht von „Unterrichtsstunde" rede, dann soll damit signalisiert werden, dass die innere Dynamik sowohl in einer klassischen Unterrichtsstunde im 45-Minuten-Takt wie in offeneren Lernformen angewendet werden kann.

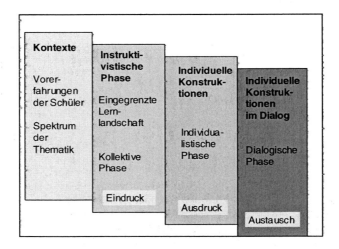

2.6 Ist Leistungsmessung möglich?

Diskutiert man mit Lehrenden Konsequenzen einer konstruktivistischen Unterrichtspraxis, so gelangt man häufig recht schnell auf den Punkt: „Kann man konstruktivistischen Unterricht überhaupt benoten?" Dieser auf das Thema „Notengebung" zugespitzten Anfrage will ich nicht ausweichen. Zuvor jedoch muss die Fragestellung in einen größeren Zusammenhang eingebettet und damit aber auch relativiert werden.

Evaluation bedeutet weit mehr als Notengebung. Sie umfasst vielmehr den gesamten Komplex einer Auswertung von Lernprozessen. Das reicht von der nachgängigen Selbstreflexion des Lehrenden (Selbst- und Fremdevaluation, etwa über Beobachtungen und Rückmeldungen der Schüler) über die Selbstreflexion der Schüler (Reflexion der gewonnenen Erkenntnisse und des Lernprozesses) bis hin zur Evaluation der Schüler durch den Lehrenden. Welch vielfältige Kompetenzen die Lehrenden hierfür benötigen, wurde oben (2.1) dargelegt.

Will man nun nicht „die Schule neu erfinden" (Voß 1999), sondern die Chancen konstruktivistischen Unterrichts innerhalb des derzeit gültigen Schulsystems beschreiben, muss man auch die Frage der Notengebung auf ihre Kompatibilität mit konstruktivem Lernen hin untersuchen.

Problematisch sind „Lernerfolgskontrollen" dann, wenn sie sich lediglich auf das instruktivistisch vermittelte Basismaterial beschränken und identische Reproduktion zur höchsten Norm erheben: die inhaltliche Messlatte ist für alle SchülerInnen dieselbe, individuelle Abweichungen sind kaum möglich. Wie oben schon dargelegt wurde: Konstruktivistischer Unterricht verzichtet zwar nicht auf die Präsentation von Weltwissen, er beschränkt sich andererseits aber auch nicht auf dieses Feld, sondern gestaltet vielmehr auch individuelle Konstruktionen sowie die gegenseitige Perturbation durch diese je eigenen individuellen Konstruktionen aus. Dasselbe muss auch für die Überprüfbarkeit dieser Lernprozesse gelten. Diese bezieht sich auf ein breiteres Spektrum:
- Nicht nur die Inhalte, die „hängen geblieben sind", sind Gegenstand einer Überprüfung (= übergreifendes instruktivistisches Material),
- sondern auch die Konstruktionen, die durch die Auseinandersetzung mit den Bildungsinhalten ausgelöst wurden (= individueller konstruktivistischer Prozess),
- sowie die Fähigkeit, verschiedene Konstruktionen zu verstehen und sich selbstständig damit auseinander zu setzen (= diskursiver ko-konstruktiver Prozess).

Konstruktivistischen RU evaluieren –

konstruktivistisch RU evaluieren

➢ Fähigkeit, **instruktivistisches Material** (evtl. in Auswahl) je eigen strukturiert wiederzugeben

➢ Fähigkeit, **individuelle Konstruktionen** zu formulieren und zu begründen

➢ Fähigkeit, sich mit **fremden Konstruktionen** auseinander zu setzen (wiedergeben, bewerten)

Dabei sollten alle drei Ebenen möglichst miteinander verschränkt werden: individuelle Konstruktionen, z.B. Werturteile oder Erläuterung des Bedeutungsrahmens von Inhaltssegmenten, sind nicht der Beliebigkeit anheim gestellt, sie müssen vielmehr nach den Gesetzen von Argumentation, Plausibilität und Logik angelegt sein. Das bedeutet freilich, dass Beurteilende gemäß konstruktivistischer Überzeugung das eigene Verständnis von Logik nicht absolut setzen, sondern offen sind für die positive Würdigung emergenter neuer Theorien. Entgegen der „Verstopfung der Eingangskanäle" ist es weiterhin erforderlich, dass sich die SchülerInnen mit anderen Konstruktionen auseinander setzen.

Schon die qualifizierte Wiedergabe instruktivistischer Elemente muss nicht zwangsläufig uniform angelegt sein. Denkbar ist, wie dies beispielsweise bereits bei universitären Klausuren üblich ist, dass die Prüflinge schon hier individuell auswählen können (z.B.: „Stellen Sie eine religionspsychologische Theorie dar, die Sie für besonders bedeutsam halten, um religiöse Lernprozesse zu verstehen und auszugestalten.").

So lassen sich tatsächlich über das enge Feld der Reproduktion hinaus zahlreiche Kompetenzbereiche benennen, die bei einem konstruktivistischen Unterrichts als Bewertungskriterien für mündliche, schriftliche oder kreative (z.B. Projekt-Bewertung) herangezogen werden: Rainer Oberthür nennt hier die

Fragekompetenz, die Wahrnehmungskompetenz, die Gestaltungs- und Urteilskompetenz, die kommunikative Kompetenz, die korrelative Kompetenz, die interreligiöse Kompetenz, die ethische Kompetenz und die theologische Kompetenz.

Drei Probleme seien abschließend noch genannt:

1. Die Vergleichbarkeit wird schwieriger, auch die Subjektivität des Beurteilers kommt stärker zum Tragen als bei der Überprüfung von (vermeintlich) Identischem oder gar bei der Auswertung eines multiple-choice-Tests.
2. Persönliche Lernprozesse sind verwoben mit emotionalen Wertigkeiten. Eine „gute" oder „schlechte" Note wird in diesen Feldern intensiver empfunden, eventuell auch als persönliche Wertschätzung oder Kränkung, als dies bei der klassischen Notengebung der Fall ist.
3. Dies gilt vor allem zu beachten, wenn die Beurteilung eigener, vielleicht sogar liebevoll ausgestalteter Projekte ansteht (vgl. Schaper 2001).

Vergleicht man diese Problemfelder aber mit den psychischen Schäden, die im derzeitigen Schulsystem über einseitige und unsensible Bewertungsmaßstäbe (keine Rückmeldung über Lernprozesse, sondern lediglich eine Auflistung der Fehler), Schulversagensängste, das Problem des „Sitzenbleibens" und sonstiger biographischer Folgen des Leistungssystems Schule ausgelöst werden, dann erscheint dies alles relativ und lösbar.

3.   Anfragen auf der Ebene der Theoriebildung

Wir befinden uns derzeit in bildungspolitisch unruhigen Zeiten. Bedingt durch die internationalen Vergleichsstudien wie TIMSS, PISA und IGLU entwickeln kultusministerielle Behörden einen bildungspolitischen Aktionismus, welcher nicht immer völlig durchschaubar und häufig bildungstheoretisch wenig reflektiert, leider aber immer unter Zeitdruck vonstatten geht. Ausgeblendet werden im Folgenden die makrostrukturellen Änderungen von Schule (z.B. in Bayern Einführung der R6 und des G8, Einführung verschiedener Zweige in der Hauptschule); in den Blick kommen die bildungstheoretischen Neuansätze, die jeweils die Frage nach ihrer Kompatibilität mit einem konstruktivistischen Paradigma nach sich ziehen: Inwiefern ist der Ausweis von Grundwissen mit der Theorie des Konstruktivismus vereinbar? Wie verhalten sich die Einführung von Bildungsstandards und ein pädagogischer Konstruktivismus zueinander? Beginnen möchte ich allerdings mit einer Frage, die die bildungstheoretische Entwicklung der letzten Jahrzehnte nochmals nachzeichnet: Wieso erscheint der Konstruktivismus als neue Theorie für eine veränderte schulische Praxis so passend zu sein?

3.1   Konstruktivismus – ein alter Hut?

Ist der Konstruktivismus nicht lediglich die nachträgliche Begründung bzw. Legitimation einer bereits veränderten Praxis, also ein theoretischer Reflex auf die Wahrnehmung der veränderten Wirklichkeit? Vor allem Praktiker, deren Unterricht konstruktivistischen Vorstellungen bereits entspricht, stellen diese Frage. Sie muss eindeutig bejaht werden. Die Verhältnisbestimmung von konstruktivistischer Theorie und veränderter Praxis deutet auf den Paradigmenwechsel in der gegenseitigen Zuordnung von Theorie und Praxis hin.

Modell 1: von der Theorie zur Praxis

- In den 60er Jahren wurde die Curriculumtheorie im Rahmen der Bildungsforschung intensiv diskutiert; die entsprechenden bildungstheoretischen Ansprüche wurden in Lehrpläne („Gelenkstellen zwischen bildungstheoretischen Ansprüchen und der schulischen Praxis") übertragen und fanden so Eingang in die Schulwirklichkeit. Dies trug zur Professionalisierung des gesamten Bildungswesens bei. Diejenigen, die damals mit diesen Theorien in Berührung kamen, sehen dies heute allerdings auch mit einer gewissen Distanz: Es handelte sich tatsächlich um eine von oben verordnete Neugestaltung des Unterrichts: „Sie müssen nun Feinziele für jede Phase des Unterrichts formulieren, die folgendermaßen aussehen …"
- Ende der 80er Jahre wurden vor allem in der Praxis zunehmend Grenzen, Schwächen und Mythen der Curricularen Theorie deutlich: z.B. der Mythos von den allgemein gültigen Lernzielen als Lernprodukten und ihrer globalen exakten Überprüfbarkeit (Lernzieltaxonomie; substantivisch differenzierte Angabe über Lernergebnisse), damit zusammenhängend die Reduktion auf die Überprüfbarkeit überwiegend kognitiver Lernziele, die schwache Ausprägung von konsequent auf Lernziele und – inhalte bezogenen Angaben von Lernverfahren, die völlig ungenügende Entwicklung von evaluativen Modellen und eine (systemimmanent stimmige, weil letztlich auf behavioristischen Input-Output-Modellen beruhende) Vernachlässigung von Prozessstrukturen des Lernens.

Modell 2: von der Praxis zur Theorie

- In der Praxis wurden vielfältige neue Lernmodelle entwickelt (reformpädagogische, gestaltpädagogische Impulse), und auch auf der Lehrplanebene wich man von der „harten" (aber auch exakten!) curricularen Terminologie ab und entwickelte um den Preis einer begrifflichen Uneindeutigkeit („prozesshafte Lernziele", „didaktische Schwerpunkte") andere Vorstellungen darüber, wie Lernen strukturiert werden könne. Indizien: die Grundschullehrpläne der 80er Jahre, bei denen bereits verbale Lernzielfomulierungen enthalten sind und wo auf das curriculare Vier-Spalten-Schema (Ziele, Inhalte, Verfahren, Evaluation) verzichtet wurde; der gymnasiale Lehrplan in Bayern zu Beginn der 90er Jahre, wo erstmals in den Handreichungen von „didaktischen Schwerpunkten" die Rede ist.
- Parallel dazu, aber nicht im wissenschaftlichen Diskurs miteinander verbunden, wurden verschiedene konstruktivistische Leittheorien entwickelt. Diese wurden erst in den letzten Jahren als schlüssige alternative Grundlagentheorie für die veränderte schulische Praxis und die Vorstellung subjektorientierten, aktiven Lernens betrachtet: Der Konstruktivismus erwies sich als passende „Brille", um diese Veränderungen auch theoretisch zu fassen, zu begründen und auch zu legitimieren. Indiz dafür: Wie bereits erwähnt, wurde erstmals im ISB-Jahresbericht 1999 die dezidierte Entscheidung für einen konstruk-

tivistischen in Absetzung von einem curricular-instruktivischen Focus dargestellt und als Basis für die Lehrplanentwicklung begründet.

Ein solches Procedere ist nicht unehrenhaft und spricht weder gegen die Theorie noch gegen die Praxis. Durchschaut man dieses Zueinander von veränderter Praxis und der dazu als passend erachteten Theorie, dann kann man von da aus viele Ungereimtheiten klären – so z.B. wenn Lehrende nicht verstehen, was denn nun neu am Konstruktivismus sei – was dort gefordert wird, täten sie bereits seit langem! Diese Einschätzung wird übrigens häufig von Lehrenden eingebracht, die in sonderpädagogischen Einrichtungen tätig sind; ist dort die Notwendigkeit individualisierter Lernwege der Normalfall.

3.2 „Grundwissen" für alle?

Im Zuge der letzten bayerischen Lehrplanreform wurde allen Lehrplan-kommissionen der Ausweis von Grundwissen verordnet. Über das problematische Procedere und die mangelhafte bildungstheoretische Diskussion (z.B. das nachträgliche Aufsetzen von Grundwissenselementen, der Begriff des Grundwissens an sich, wo eigentlich Grundbildung gemeint ist, das kumulative Verständnis, das sich in den Grundwissenskatalogen der Abschlussklassen widerspiegelt) kann hier nicht weiter reflektiert werden (vgl. Mendl 2003). Für unsere Fragestellung interessiert, ob sich diese Diskussion um die Ausweisung von „Grundwissen" in den Lehrplänen als kompatibel mit den Vorstellungen des pädagogischen Konstruktivismus erweist.

Sieht man also vom problematischen Zuschnitt der Grundwissenskataloge in den neuen bayerischen Lehrplänen (z.B.: Grundwissen der gesamten Jahrgangsstufen der Realschule soll nach der 10. Klasse verfügbar sein!) ab und beschränkt sich auf die positive Würdigung der Grundintention, dann ist Folgendes zu sagen:

Grundwissens-Elemente treffen Aussagen über „erwünschte Konstruktionen". Im Rahmen des pädagogischen Konstruktivismus sehe ich folgende zwei alternative Orte, an denen Grundwissen angedockt werden könnte:

1. Die Ausweisung „bildungsfähiger Kerne". Beschrieben wird, welche zentralen Elemente eines Weltwissens im pädagogischen Raum des Lernens an Schulen unabdingbar eingebracht werden sollen. Im Rahmen einer konstruktivistischen Erkenntnistheorie stellen Grundwissens-Bausteine lediglich ein Bildungsangebot dar. Schüler internalisieren die entsprechenden Wissensbausteine, Einsichten und Haltungen nach je eigenen Modalitäten. Diese Prozesse sind pädagogisch nur begrenzt steuerbar. Der Focus „bildungs-fähige Kerne" ist in zweierlei Hinsicht von Vorteil: Erstens wird damit indirekt ausgesagt, dass vieles von dem, was in der Schule gelernt wird, im päda-gogischen Prozess zwar wichtig ist (z.B. exemplarisches Lernen …), aber materialiter nicht zu einer nachhaltigen Grundbildung zu zählen wäre. Das entlastet Lehrende, Lernende und Lehrpläne! Und zweitens steht nach einem solchen Verständnis der Ausweis von Grundbildung nicht am Ende eines Bildungsprozesses, sondern am Anfang; die Formulierung „bildungsfähige Kerne" bedeutet, dass bestimmte Wissenssegmente, Verfahren oder Haltungen als recht hochstehende Hierarchie der Bildungswahrheiten erachtet werden, es

zugleich aber (im Rahmen des pädagogischen Konstruktivismus!) nicht genügt, diese zu postulieren, sondern genau, d.h. systematisch aufbauend angegeben werden muss, in welcher sequenziellen Aufeinanderfolge kohärente Bildungskerne angeboten werden müssen, damit Schülerinnen und Schüler diese zu - individuell verschieden konnotierten – Konstrukten ausbilden können. Diese „bildungsfähigen Kerne" können sehr konkret formuliert sein, wenn man damit nicht den Mythos verbindet, es handle sich auch um feststehende, identisch reproduzierbare Endprodukte. Problematisch ist allerdings, dass in den Lehrplänen diese Grundwissenselemente nicht sequentiell entfaltet und aufeinander bezogen, sondern als isolierte Bausteine gesetzt werden.

2. Wenn – was unter konstruktivistischem Blickwinkel nicht so unproblematisch ist – unter „Grundwissen" diejenigen Bildungselemente verstanden werden, die Schüler „für ihr Leben" mitnehmen, also Endprodukte eines Bildungsprozesses, dann lässt sich dies mit einer konstruktivistischen Lerntheorie nur dann verbinden, wenn die entsprechenden Grundwissens-Angaben auf einer recht allgemeinen Ebene angelegt sind, so dass im Rahmen eines allgemeinen Bildungshorizontes die Ausbildung verschiedener Lernlandschaften möglich ist. Auch hier gilt, sogar in besonderem Maße: nur wenn die entsprechenden Elemente sequentiell aufbauend, wiederkehrend, vermutlich unter entwicklungspsychologischer Perspektive vielfältig transformiert eingebracht werden, erscheint ein nachhaltiges Lernen als erfolgversprechend (vgl. Mendl 2003)!

Im Religionsunterricht ist je nach Abstraktionsgrad der Wissenselemente durchaus ein Mischmodell vorstellbar: Grundwissen als „bildungsfähige Kerne" und „Bildungshorizont". Die aufbauende Anordnung von Grundbildungs-Bereichen und ihre konsequente unterrichtliche Thematisierung fördert also die Nachhaltigkeit auch religiöser Lernprozesse. Dies ist dann zu begrüßen, wenn sich „Nachhaltigkeit" auf individuell lebensrelevantes Lernen bezieht und den Einzelnen bei der Ausbildung seiner eigenen religiösen Lernlandschaft unterstützt.

3.3 Konstruktivismus und Bildungsstandards?

3.3.1 Die Herausforderung

Die Diskussion um Bildungsstandards wurde ähnlich wie die Grundwissens-Thematik letztlich durch die Anfragen an die Qualität unseres Bildungssystems im internationalen Vergleich angestoßen. Die vergleichsweise schlechten Ergebnisse der SchülerInnen in Deutschland in diesen Tests führten zum Beschluss der Kultusministerkonferenz (KMK) im Juni 2002, nationale Bildungsstandards einzuführen, um die Leistungsfähigkeit der schulischen Bildungssysteme überprüfbar zu machen. In manchen Bundesländern, z.B. in Baden-Württemberg, wurde die gesamte Bildungslogistik auf Bildungs-standards hin ausgerichtet (vgl. Entwurf 2004; Schmid 2004; Elsenbast / Fischer / Schreiner 2004; Rothgangel / Fischer 2004).

Auf den ersten Blick wirken Bildungsstandards und Konstruktivismus-Theorie als unvereinbar; denn die häufig zitierte plakativ formulierte bildungspolitische Umsteuerung „von der Input- zur Output-Orientierung" weckt in Verbindung mit der Zielmarkierung einer flächendeckenden Evaluation des Outputs die Befürchtung, man nähere sich wieder einer statischen und schülerfernen behavioristischen Vorstellung von Lernen, wie es zu curricularen Zeiten der Fall war: Alle sollen bis zu bestimmten Zeitpunkten schulischer Bildung dieselben Kompetenzen erworben haben; alle werden mit derselben Messlatte gemessen. Aus diesem Grund erscheint eine etwas breitere Reflexion über das Verhältnis von Bildungsstandards und einer konstruktivistischen Vorstellung von Lernen erforderlich zu sein. (Vgl. Mendl 2006, in Planung)

3.3.2 Von der Input- zur Outcome-Orientierung

Man sollte zunächst, um dem positiven Anliegen der Diskussion um die Bildungsstandards gerecht zu werden, genauer hinschauen: Letztlich äußert sich an der Abkehr von der Input-Orientierung der geballte Unmut über eine ausufernde Kultusbürokratie, die sich in Tausenden verschiedener Lehrpläne in Deutschland und sonstigen Vorschriften und Regeln im Bildungsbetrieb niederschlägt. Der Vorwurf lautet: Man investiert zu viel in die Regelung der Inputs (von Lehrplänen angefangen bis hin zu den Lehrerprüfungsordnungen). Insofern erscheint der Blickwinkel, stärker darauf zu achten, welche Kompetenzen Schüler zu bestimmten Zeitpunkten erworben haben sollen, als durchaus sinnvoll. Damit verbindet sich die Hoffnung auf eine Entbürokratisierung und Dezentralisierung der Wege auf dem Wege zur Erreichung der Standards; Lernen soll stärker in die Verantwortung der Lehrenden und der Schulen gelegt werden.

Der Vorwurf an die Lehrenden und Schule überhaupt lautet also: Man orientiert sich in unserem Bildungssystem noch immer zu stark an den Unterrichtsinhalten und ihrer Aufbereitung und hat zu wenig die Lernprozesse auf dem Weg zu den zu erwerbenden Kompetenzen vor Augen. Meines Erachtens eröffnet sich hier eine erste Andockstelle für konstruktivistisches Gedankengut: Lehrende sind nicht nur verantwortlich für die Inhalte und Themen, die sie im Unterricht einbringen, sondern dafür, was damit im Prozess des Lernens beim lernenden Subjekt geschieht; um dessen Kompetenz-Erweiterung geht es. Das verbindet Konstruktivismus und Bildungsstandards.

Während nun aber von einer konstruktivistischen Warte aus eher die unterschiedlichen Prozesse des Konstruierens in den Blick kommen, interessiert von der Bildungsstandard-Diskussion her eher das Ergebnis und dessen Überprüfung. Der pädagogische Konstruktivismus könnte also die Debatte um die Bildungsstandards insofern bereichern, als gerade das Feld zwischen „input" und „outcome" als das genauer zu betrachtende thematisiert wird.

Inwieweit allerdings die Idee zentraler Prüfungen zur Evaluation solcher Bildungsstandards mit der Vorstellung konstruktivistisch orientierten Lernens vereinbar ist, muss bezweifelt werden. Auch innerhalb der Bildungsstandard-Diskussion gibt es einen heftigen Streit, ob man sich mit der Angabe von Mindeststandards (das würde einen gewissen Spielraum eröffnen) begnügen solle, oder auch noch Regel- oder gar Exzellenz-Standards angeben solle.

Gerade bezüglich der Evaluation besteht noch ein dringender Klärungsbedarf über deren Sinn und Ziel. Die eingangs erwähnte Entstehungssituation der Diskussion um die Bildungsstandards im Umfeld von PISA und TIMSS trägt dazu bei, dass ein fader Beigeschmack entsteht: Letztlich geht es nicht um die Erhöhung von Bildungschancen von Kindern und Jugendlichen, sondern um die wirtschaftliche Leistungsfähigkeit im internationalen Vergleich. Dieser Focus ist freilich ein zutiefst unpädagogischer, wie auch die entsprechenden Beispiele verdeutlichen, die Bildungspolitiker jeweils anbringen: die bienenfleißigen und finanziell bescheidenen Chinesen, die leistungsfähigen Japaner, die flexiblen Finnen als Vorbilder auf dem Weg zu einer besseren Platzierung der bundesrepublikanischen Schulen in den internationalen Vergleichstests – ohne dass über gesellschaftliche Rahmenbedingungen, Menschenbild und pädagogische Konzepte nachgedacht würde.

3.3.3 Konstruktivismus als kritisches Korrektiv in der Diskussion um Bildungsstandards

Ob die konkreten Bildungsstandards als erwünschte Lernergebnisse der Schülerinnen und Schüler mit einer konstruktivistischen Vorstellung von Lernen vereinbar sind, hängt stark davon ab, wie die entsprechenden Kompetenzen ausformuliert werden. Wenn es in den Bildungsstandards von Baden-Württemberg für den katholischen Religionsunterricht in Klasse 2 heißt: „Die Schülerinnen und Schüler können sich und ihre Welt wahrnehmen, über sie staunen und sie deuten" oder „Die Schülerinnen und Schüler können eigene Gottesvorstellungen zum Ausdruck bringen", so enthalten solche Formulierungen die notwendige Offenheit für eine dynamische individuelle Interpretation und Ausgestaltung solcher Kompetenzen. Um es in eigenen Worten nachzuzeichnen: Angegeben werden Bildungshorizonte und Bildungslandschaften, in denen Kinder sich zu bewegen gelernt haben.

Der Konstruktivismus könnte hier so etwas wie ein kritisches Korrektiv sein, damit die Bildungsstandard-Diskussion nicht allein auf die Ebene der Abprüfbarkeit und der Erstellung von Vergleichstests enggeführt wird. Positiv formuliert könnte man von einem konstruktivistischen Paradigma aus dafür Sorge tragen,

- dass die Kompetenzbeschreibungen offen genug vorgenommen werden, um individuelle Füllungen zu ermöglichen; dieses Ziel entspricht auch dem Merkmal der „Fokussierung" bei der Formulierung von Bildungsstandards, die einerseits präzise sein und andererseits Freiraum zur Ausgestaltung und Ergänzung bieten sollen (vgl. Elsenbast / Fischer / Schreiner 2004, 9).
- dass die enge dualistische Vorstellung „von der input- zur outcome-Orientierung" aufgebrochen wird zugunsten einer stärker prozesshaften Vorstellung, wie individuelle Lernprozesse auf dem Weg zu den jeweiligen Fach-Kompetenzen gefördert werden können; es interessiert neben dem „Was" und „Wozu" also besonders das „Wie". Von der Konstruktivismus-Debatte aus fließt hier ein weitaus stärker pädagogisch angelegter Bildungsbegriff in die Diskussion ein: Bildung als Akt der

Selbstbildung ist immer prozesshaft angelegt. Dies gilt in besonderem Maße für religiöse Bildung (vgl. Möring-Plath 2004, 171).

- dass intelligente Evaluationsverfahren für die anstehende Leistungs-erhebung zu bestimmten Zeitpunkten einer schulischen Karriere entwickelt werden, die individuelle Lernprozesse zu messen in der Lage sind (vgl. den Beitrag von Christian Herrmann in diesem Buch!). Auch bei der Diskussion um die Bildungsstandards wird gegenüber rein quantitativen Tests (Messung des „outputs") auf die Notwendigkeit von qualitativen Tests (das zu bewertende „outcome") hingewiesen (vgl. Rupp / Müller 2004, 17, FN 2).
- dass der Geltungsbereich der Bildungsstandards eingehalten und seine Bedeutung relativiert wird: Bildungsstandards sollen jeweils nur auf überprüfbare Kernbereiche eines Faches fokussiert sein und nicht den gesamten Unterricht prägen (vgl. Schröder 2004, 22).

3.3.4 Problemfeld Evaluation

Ein prinzipieller Vorbehalt bleibt aber: Gerade was das Feld der Evaluation betrifft, ist zu befürchten, dass man am Ende mit ebenso leeren Händen dasteht wie bei der Curriculum-Diskussion in den 70er Jahren, wo sich dieses Element als Schwachpunkt der gesamten Theorie erwies. Die Skepsis ergibt sich dabei weniger aus dem derzeitigen Wildwuchs von umfangreichen Evaluations-Manualen, welche eingeführt und wieder zurückgezogen werden, und aus den dilettantisch im Schnellschuss eingeführten Jahrgangstests, die gerade an der mangelhaften Gesamtkonzeption (z.B. kaum entwickelt: die Reflexion und Beratung nach diesen Tests) leiden. Das könnte sich einspielen. Die Fragen lauten vielmehr,

- ob es tatsächlich gelingt, Kompetenzen „so konkret zu beschreiben, dass sie in Aufgabenstellungen umgesetzt und prinzipiell mit Hilfe von Testverfahren erfasst werden können" (Klieme 2003, 13);
- ob mit der Bildungsstandard-Diskussion nicht wieder einmal Bildungspolitik nach dem Rasenmäher-Prinzip durchgeführt wird: Die Ausgangslage in den internationalen Vergleichstests bezog sich ja in erster Linie auf Mathematik und Textverstehen; ob dieselben Voraussetzungen auch für andere Fächer mit einer je eigenen didaktischen Logik (Musik, Sport, Religion, auch Geschichte oder Erdkunde) übertragen werden können, muss bezweifelt werden. Besonders das Merkmal der „Kumulativität" (vgl. Elsenbast / Fischer / Schreiner 2004, 9) lässt sich nur bedingt auf ein Fach wie Religion anwenden, bei dem nicht additive, sondern entwicklungsbezogen-transformative Vorstellungen sequentiellen Lernens angebracht sind. Allerdings bleibt unter den derzeitigen zentralistischen Bedingungen unseres Bildungsbetriebs nichts anderes übrig, als sich in die Diskussion einzuklinken und zu überlegen, wie genauerhin religiöse Kompetenzen zu beschreiben sind.

3.3.5 „Religiöse Kompetenz" als gemeinsames Forschungsfeld

Dieser Begriff der religiösen Kompetenz stellt dabei ein Forschungsgebiet dar, auf dem auch von einer konstruktivistischen Lerntheorie aus die Bildungsstandard-Diskussion konstruktiv begleitet werden könnte. Wenn in der Religionspädagogik der Kompetenz-Betriff thematisiert wird, dann geschieht dies von zwei Eckdaten her: Zum einen grenzt man sich damit gegenüber binnenmilieu-fixierten Vorstellungen von Zielen religiösen Lernens (z.b. zur Gemeinde hinführen; im katholischen Glauben aufwachsen) ab, zum anderen signalisiert man damit die Notwendigkeit, sich inmitten der postmodernen Pluralität auch auf dem Gebiet der Religion zu orientieren und positionieren. Dieser Blickwinkel erscheint wiederum anschlussfähig an eine konstruktivistische Vorstellung von Lernen: Religiöses Lernen kann heute nicht mehr uniform und linear vonstatten gehen; vielmehr müssen Lernende befähigt werden, in Auseinandersetzung mit fremden religiösen Konstruktionen und unterstützt mit dem Deutungsangebot christlicher Tradition je eigene religiöse Spuren zu entwickeln (vgl. Mendl 2004, 30-41). Auch diesbezüglich stimmt beispielsweise der evangelische Baden-Württembergische Lehrplan bei allen prinzipiellen Anfragen (z.B. an die additive Hinzufügung der religiösen Kompetenz zu den anderen Kompetenzfeldern) hoffnungsfroh, was die Vereinbarkeit solcher Kompetenz-Formulierungen mit konstruktivistischen Lernvorstellungen betrifft: Die Kompetenz-Formel lautet hier nämlich so: religiöse Kompetenz als „die Fähigkeit, die Vielgestaltigkeit von Wirklichkeit wahrzunehmen und theologisch zu reflektieren, christliche Deutungen mit anderen zu vergleichen, die Wahrheitsfrage zu stellen und eine eigene Position zu vertreten sowie sich in Freiheit auf religiöse Ausdrucks- und Sprachformen (z.B. Symbole und Rituale) einzulassen und sie mitzugestalten" (Rupp / Müller 2004, 16). Religionsunterricht wird demnach in erster Linie „als Einüben und Wachhalten von Fragestellungen", also als ein „fragwürdiger" Prozess des Lernens gesehen (Möring-Plath 2004, 171f), welcher natürlich in Zuordnung und Auseinandersetzung mit Lerngegenständen, jedoch stark biographie- und subjektbezogen, verläuft (vgl. Mendl 2004, 38-41). Ob sich dieses bleibende Dilemma einer Unterscheidung von dynamischen Bildungsprozessen und dem Bemühen, diese in fixierte Bildungsstandards einzugießen, lösen lässt, ist derzeit noch offen; konstruktivistisch orientierte Religionspädagogen jedenfalls müssen immer wieder das Postulat in die Diskussion einbringen, man müsse der „Versuchung der Gewissheit" (Maturana / Varela 1987, 20) widerstehen. Das ist angesichts der bildungspolitischen Entwicklung kein leichtes Unterfangen!

Fallstudie: Umgang mit Perturbationen

Fallbeispiel: Eine Lerngruppe beschäftigt sich mit dem ersten Schöpfungs-bericht (Gen 1, 1-2,4a). In einer Intensivierungsphase soll in Kleingruppen-arbeit zu jedem Schöpfungstag ein Bild gezeichnet werden. Die Bilder sind für eine Ausstellung zur Schöpfungsgeschichte gedacht. In der Gruppe, die für die Ausgestaltung des 5. Tages zuständig ist, geht es lebhaft zu. Die Lehrerin begibt sich zur Gruppe und erkundigt sich nach der Ursache für die heftige Diskussion. Lena meint: „Der Wolfgang will unbedingt ein Flugzeug einfügen. Aber ich finde, das passt doch gar nicht zu den Vögeln und Fischen. Flugzeuge gab's damals noch gar nicht!"

1.   Wie soll die Lehrerin reagieren?

2.   Welche unterschiedlichen schöpfungstheologischen Vorstellungen las-sen sich möglicherweise aus den Positionen von Wolfgang und Lena herauskristallisieren?

3.   Welche theologische Sichtweise ist für Sie persönlich überzeugender?

Anmerkung: Das Fallbeispiel veranschaulicht die Tragweite eines konstrukti-vistischen Unterrichtsansatzes. Die verbindliche gemeinsame Lernlandschaft (Auseinandersetzung mit der biblischen Schöpfungserzählung) verhindert nicht die Ausbildung unterschiedlicher Konstruktionen, die im sozialen Lernprozess zu wechselseitigen „Perturbationen" werden. Solche auch theologisch rele-vanten Diskurse können nicht einfach mit der Messlatte „richtig – falsch" geklärt werden, sie führen vielmehr zu einem argumentativen Ringen um das plausiblere Wahrheitskonzept.

Wenn Kinder (oder Erwachsene!) von ihrem Wirklichkeitsverständnis her die Schöpfungsgeschichte als historisches Geschehen betrachten und theologisch vom Konzept einer einmaligen Schöpfung aus dem Nichts (creatio ex nihilo oder creatio prima) ausgehen, werden sie vermutlich gegen die Platzierung eines Flugzeugs plädieren, weil es so etwas „damals" ja noch nicht gab. Eventuell meinen sie im gleichen Atemzug und mit derselben Logik, ein Dinosaurier dürfe schon dazugezeichnet werden. Steht aber die Überzeugung im Vordergrund, dass die Schöpfungserzählungen keine historische Aussage sind, sondern davon erzählen, „was diese Welt zutiefst prägt, seit es sie gibt und solange es sie geben wird" (Erich Zenger (Hg.), Stuttgarter Altes Testament, Stuttgart 2004, 16), so wird es unter den Maßgaben eines Konzepts vom permanenten Schöpfungshandeln Gottes (creatio continuata) möglich, auch ein Flugzeug, ein Raumschiff – eben alles, was „kreucht und fleucht auf Erden" – hinzuzufügen.

Impulse:

1. Erstellen Sie eine Mind Map mit dem Titel im Zentrum „Konstruktivistisch Religion unterrichten". Notieren Sie Anfragen für verschiedene Felder didaktischen Handelns, die durch die Ausführungen in diesem Kapitel entstanden sind!

2. Nehmen Sie einen aktuellen Lehrplan zur Hand und überprüfen Sie, ob er als Ganzer oder in Teilen mit einer konstruktivistischen Vorstellung von Lernen in Einklang zu bringen ist bzw. auf welchen Gebieten sich Probleme auftun.

3. Überprüfen Sie ebenfalls aktuelle Schulbücher: Inwiefern ermöglichen sie subjektorientierte Lernprozesse?

4. Konkretisieren Sie Detailanfragen selber, bevor Sie weiterlesen: Wie könnte eine konstruktivistisch orientierte Unterrichtsstunde aussehen? Wie müssen Lernziele formuliert sein, damit sie einer konstruktivistischen Vorstellung entsprechen? Konstruktivistisch(en) Religionsunterricht evaluieren – erstellen Sie mögliche Prüfungsfragen!

5. Wenn Sie unterrichten: Überprüfen Sie den eigenen Unterricht, inwiefern er konstruktivistischen Vorstellungen entspricht!

B. Konstruktivistische Unterrichtskultur

Hans-Peter Eggerl

„Alles bleibt anders".
Die Folgen einer konstruktivistischen Unterrichtskultur für den Aufbau einer Religionsstunde

1. Der leere Karton. Eine Hinführung

In einer Fortbildung vor Lehrerinnen und Lehrern zum Thema „Religionsunterricht im Horizont konstruktivistischer Lerntheorie" trägt der Referent einen großen geschlossenen Karton in die Mitte seines Auditoriums: „Hierin befinden sich die Materialien, die Medien, die Methodenbeschreibungen, welche speziell für den pädagogischen Konstruktivismus entwickelt und erarbeitet wurden", so sein Kommentar. Und weiter sagt er: „Ähnlich wie etwa zur so genannten „Kett-Didaktik" hier farbige Tücher, Schmucksteine, Holzkugeln und dergleichen hineingepackt werden müssten oder für die erfahrungsbezogen-existenzielle Bibeldidaktik Stabfiguren, biblische Illustrationen, Bibeltexte, Anleitungen für Empathie- und Einfühlungsübungen zu finden wären, so wie man hier stellvertretend für die Symboldidaktik alle möglichen Naturmaterialien, Alltagsgegenstände, Symbolfarben, multisensorischen Medien hineingepackt hätte, so finden sich hier in dieser Schachtel die neuen Methoden und Medien konstruktivistischen Unterrichts." Der Referent nimmt den großen Karton auf und reicht ihn einem Kursteilnehmer, dieser öffnet vorsichtig, ... und ... der Karton ist leer.

(Fortbildung der Diözese Regensburg mit dem Titel „Lebensrelevantes Wissen durch vernetztes Denken: Religionsunterricht im Horizont der konstruktivistischen Lerntheorie" am Institut für Lehrerfortbildung in Gars am Inn im Februar 2004: Einheit „Unterrichtliche Konkretisierungen", präsentiert durch den Autor.)

Wohl kaum eine Neuerung im religionspädagogischen Bereich hat derart unterschiedliche Empfindungen bei Lehrerinnen und Lehrern ausgelöst wie der Konstruktivismus. Von völliger Entrüstung, die sich in strikter Ablehnung manifestiert, bis fast euphorischer Hoffnung, die dieser Lerntheorie die Lösung fast aller unterrichtlichen Probleme zutraut, reicht die Palette. Sowohl die einen wie die anderen können ihre Emotionen aber in der Regel nur auf die Theorie gründen, bzw. auf das, was sie davon – teilweise in Fragmenten – kennen gelernt haben, weniger aber auf eine explizit kontruktivistisch-pädagogische Praxis. Das liegt sicherlich nicht unerheblich daran, dass der konstruktivistische Karton leer ist und das, was der pädagogische Konstruktivismus in den Unterricht einbringen will, nicht automatisch an nagelneuen, augenfälligen und schnell einsichtigen Medien und Methoden festzumachen ist. Der Konstruktivismus kommt also erst einmal aus Büchern und Vorträgen auf die Praktiker im Unterricht zu, und damit vermeintlich vom grünen Tisch. Doch wie Hans Mendl im einführenden Aufsatz betont, ist der Konstruktivismus im pädagogischen Bereich passend zu einer veränderten Praxis formuliert worden, sozusagen eine Theorie „von unten". Sein vielfach theoretizistisches Image ist zu Unrecht noch weit verbreitet, bedient sich Konstruktivismus de facto doch schon grundlegend dessen, was bisher in unterrichtlicher Praxis vorfindbar war und bewährt ist. Das sei für viele als Entlastung ausgesprochen: Es wird nicht alles neu oder alles Alte disqualifiziert. Aber, und so viel kann auch mit Sicherheit gesagt werden, es kann und darf auch nicht alles beim Alten bleiben.

Der vorliegende Beitrag will versuchen, die leere Schachtel des Konstruktivismus etwas zu füllen, und zwar mit „Dingen" aus anderen etablierten Kartons, bzw. es wird versucht, die vielen bereits in der Konstruktivismus-Schachtel liegenden „unsichtbaren", weil unscheinbaren Dinge mit einem neuen, augenfälligeren Anstrich zu versehen. Was braucht konstruktivismusgemäßer Religionsunterricht? Und vor allem: Gibt es eine konstruktivistische Didaktik und entsprechende strukturelle Vorgaben für einen konstruktivistischen Unterrichtsverlauf?

2. Im Mittelpunkt: der Einzelne / die Einzelne

Was müssen die „Dinge", also die Arbeitsweisen, die Methoden, die Sozialformen, die didaktischen Konzepte und Prinzipien, die Stundenstrukturen, selbst die Medien etc. leisten, um im Karton des Konstruktivismus Berechtigung zu haben? Ein Erstes und das Grundlegendste versteht sich eigentlich von selbst: Sie müssen der Individualität der Lernenden Rechnung tragen.

Konstruktivismuskonforme Didaktik muss sich am einzelnen Schüler / an der einzelnen Schülerin orientieren, weil faktisch nicht die Klasse einen kollektivhomogenen Lernzuwachs zu erreichen im Stande ist, sondern letztlich nur der Einzelne für sich individuellen Lernzugewinn haben kann, der sich von dem der anderen mehr oder weniger unterscheidet. Lernen vollzieht sich ja dadurch, dass neue Lernaspekte, neue Lerngegenstände mit dem bereits bestehenden Denkkonstrukt des Lernenden konstruktiv in Verbindung gebracht werden. Da niemand dieselbe Lerngeschichte wie ein anderer aufweist, wird immer von einem individuellen Lernzuwachs auch innerhalb eines kollektiven Lerngeschehens (was schulischer Unterricht immer ist) auszugehen sein. Wie sehr und wie unterrichtlich bedeutsam sich allerdings der individuelle Lernzuwachs des einen von dem des anderen unterscheidet, darin ist man sich auf dem doch weiten Feld des Konstruktivismus, von „radikal" bis „gemäßigt", nicht einig. Einigkeit herrscht allein in der Aussage, dass es Unterschiede gibt. Je mehr man sich dem radikalen Lager nähert, umso mehr wird die Annahme geleugnet, es gebe eine objektive Wirklichkeit, die zudem noch allen oder doch den meisten Menschen in gleicher Weise zugänglich und erschließbar wäre. In die andere Richtung, aufs moderate Lager zu, wird davon ausgegangen, dass eigentlich recht vieles gleich oder ähnlich wahrgenommen und verarbeitet werden kann, doch dass unterschiedliche Anknüpfungspunkte ans individuelle Denkkonstrukt eben auch zu gewissen Unterscheidungen und Rezeptionspräferenzen führen müssen. In jedem Fall herrscht Einigkeit darüber, dass gleiche Lerngegenstände im Unterrichtsgeschehen unterschiedliche Lernzuwächse hervorbringen. Ein Berücksichtigen konstruktivismusgemäßen Unterrichtens, bzw. ein Berücksichtigen der Individualität des Lernenden wird von dem einen Lager aus argumentativ als faktische, unaufgebbare Notwendigkeit, bei den sehr gemäßigten Konstruktivisten dagegen „nur", aber immerhin doch entscheidend als Optimierung von Lernprozessen angesehen, etwa um die Nachhaltigkeit von Lernergebnissen zu verbessern.

3. Individualisierung und Differenzierung als die Prinzipien konstruktivismusgemäßer Didaktik

Dem Individuum Rechnung zu tragen, scheint leichter gesagt als getan. Wenn Denkkonstrukte der Schülerinnen und Schüler nicht von außen, etwa vom Lehrer, von der Lehrerin einsehbar sind und wenn zudem allein schon der versuchsweise eingenommene Blick der Lehrkraft „getrübt" ist von der individuellen Färbung durch das auch hier - konstruktivistisch gedacht - subjektive und damit selektive Auge, dann liegt die Frage sehr nahe, wie man den individuellen autopoietischen Systemen der Schülerinnen und Schüler im Unterricht gerecht werden soll. „Individualisierung" heißt das Zauberwort, bzw. als Kehrseite derselben Medaille „Differenzierung". Individualisierung ist in jedem Fall das A und O konstruktivismusgerechten Unterrichtens; ein altbekanntes Prinzip, das schon länger großes didaktisches Ansehen genießt, und welches nun vom Konstruktivismus seinen hohen Rang erneut bestätigt bekommt.

3.1 Stundenbeginn: individuelle Lerngeschichten „treffen"

In der Individualisierung liegt die Antwort auf die Frage, wie man Schülerinnen und Schüler am besten für ein Thema ansprechen kann. Wenn Lernende aus einer Angebotspalette auswählen können, übernehmen sie selbst die Verantwortung für ihre optimale Ansprechbarkeit für ein Thema. Es wird sozusagen das jeweilige Denkkonstrukt des Einzelnen als einzig funktionierendes Navigationssystem zum individuellen Lernerfolg genutzt.

Ein einfaches Beispiel: Ein Lehrer möchte unterrichtlich „die Not anderer Kinder wahrnehmen" lassen. Dieses Thema bezieht sich auf den Lehrplan für Katholische Religionslehre an den bayerischen Grundschulen: 3.6. Sehnsucht nach einer gerechten und friedvollen Welt (3.6.1. Ungerechtigkeit und Not; Einzelinhalt: „die Not anderer Kinder wahrnehmen"). Er möchte mit einem Bildimpuls einsteigen und überlegt, welches Bild am „treffsichersten" wirken könnte, damit alle gleichermaßen betroffen und angesprochen sind. Das ideale Bildmedium für alle kann es nicht geben und so entscheidet er sich, sechs verschiedene aussagestarke Bilder von Kindern in Not an die Wände des Klassenzimmers zu heften (Bilder zu den Aspekten Verletzung, Krieg, Trauer, Hunger, Kinderarbeit, Angst) und fordert die Schülerinnen und Schüler auf, an dem Bild stehen zu bleiben, das sie am meisten betroffen macht.

Der „Treffer" wird also von jedem einzelnen Schüler, von jeder einzelnen Schülerin gelandet, nicht von der Lehrkraft, die damit völlig überfordert wäre. Die Stelle am autopoietischen System des Schülers, welche eine Verknüpfung mit dem neuen Lerngegenstand am besten zulässt, wird automatisch vom lernenden Individuum aufgesucht. Wenn etwa für ein Kind aufgrund seiner individuellen Lerngeschichte das Thema „Verletzung" „weiterarbeitsbedürftig" ist, weil eine Erfahrungs- und Lernkategorie dafür bereits ausgeprägt ist, wenn zudem dieses Thema dadurch in gewissem Sinne intrinsisch motiviert ist, kann effektiver, d.h. lebensrelevanter und damit nachhaltiger das Thema „Not" für dieses Kind am Beispiel von „Verletzung" angegangen werden.

3.2 Erarbeitung: Individuelle Deutungskonstrukte austauschen

Individualisierung allein zum Einstieg in eine Unterrichtseinheit ist aber noch nicht alles. Wie kann unterrichtlich weiterverfahren werden? Die Schülerinnen und Schüler werden aufgefordert, sich in den Gruppen, in denen sie nun vor „ihren" Bildern beisammen sind, mit dem jeweiligen Not-Foto auseinander zu setzen und sich auszutauschen: „Warum hat mich dieses Foto angesprochen? Welches Schicksal könnte dieses Kind haben? Was ist besonders bedauernswert? Was würde sich dieses Kind wohl am sehnlichsten wünschen?" - Es kann also nun damit jede Schülerin, jeder Schüler an seinem „Treffer"-Bild bleiben und weiterarbeiten, sich im Austausch mit anderen zum eigenen Thema auseinander setzen, sich andere Blickwinkel anhören, sich perturbieren lassen. Alternativ könnte man als Lehrkraft daran denken, Infotexte zu den entsprechenden Notsituationen zu geben, die in der Gruppe gelesen und besprochen werden. Wichtig und sinnvoll ist in diesem Fall allerdings, die Auseinandersetzung mit der präferierten Notsituation noch aufrecht zu erhalten.

3.3 Vertiefung: Individuelle Lernergebnisse kreativ ausgestalten

Nun haben die Schülerinnen und Schüler innerhalb ihrer Lerngruppe zwar einen für sie möglichst relevanten Lerngegenstand bearbeitet, dennoch kann natürlich nicht angenommen werden, dass hier einheitliche Lernzuwächse gebildet wurden. Ein allgemein gültiger Merksatz oder zusammenfassender Sachtext als Quintessenz des Gelernten wäre völlig unangemessen (vgl. Mendl 2002, 176). Es bedarf also nun einer Phase, die einerseits den Lernenden hilft, sich ihrer individuellen Konstruktionen bewusst zu werden, sie andererseits dann aber auch festzuhalten und zu sichern. Dies kann logischerweise nur in Einzelarbeit geleistet werden. Ein möglicher Arbeitsauftrag könnte lauten: „Lass die gemachten Eindrücke über das Bild und die Gespräche noch eine kurze Weile bei ruhiger Musik nachklingen! Wenn die Musik verklungen ist, schreibe ein Elfchen (Elf-Wort-Gedicht), einen Kurztext oder male ein zweifarbiges Bild zu dem, was dir vorhin wichtig geworden ist!" (Didaktischer Hinweis: durch Farbbeschränkung soll das Kind zusätzlich angehalten werden, sich auch inhaltlich, evtl. farbsymbolisch, auszudrücken.)

Was wird hier angeregt? Zuerst soll ein Innehalten dazu dienen, dass die Eindrücke bewusst werden. Initiiert wird ein Blick auf die verschiedenen Verknüpfungen mit dem bestehenden Denkkonstrukt. Anschließend werden Formen kreativen Ausdrucks offeriert, die dem individuellen Lernzuwachs Gestalt geben sollen, ihn wahrnehmbar und damit auch präsentierbar machen. Auch hier wird wieder individualisiert, indem nicht ein, sondern mehrere Ausdrucksmöglichkeiten vorgeschlagen werden. Die Ausdrucksformen müssen natürlich Schülerinnen und Schülern geläufig sein. In ihrer Verschiedenheit wollen sie der Unterschiedlichkeit der SchülerInnen Rechnung tragen, was deren Ausdrucksfähigkeit anbelangt, wollen sie zudem die Option offen lassen, ob sich jemand tendenziell eher kognitiv (z.B. über einen Kurztext) oder eher affektiv (z.B. über ein Elfchen oder eine Zeichnung) äußern will. Individuelle Lernzugewinne sollen also in ihrer Art und Qualität möglichst stimmig ausgedrückt werden können. Sind nun die einzelnen Lernzuwächse derart gesichert, ist es in einem letzten Schritt nötig, die jeweiligen Ausdrucksprodukte (freiwillig) präsentieren zu lassen. Damit wird erneut ein gegenseitiges Befruchten und Perturbieren initiiert, was wiederum neue Lernprozesse evoziert.

Von Anfang bis Ende wird bei diesem Unterrichtsbeispiel darauf geachtet, der Individualität des einzelnen Schülers / der einzelnen Schülerin Rechnung zu tragen. Es scheint nachvollziehbar, dass hier Lernprozesse initiiert werden, die vertretbare Lernerfolge innerhalb des Erwartungsbereichs des Lehrplans bzw. der Lehrkraft zeitigen und trotzdem genau auf die Lernbedürfnisse der Einzelnen zugeschnitten sind.

Wo bleiben innerhalb dieses Konzepts die Inhalte?, wird ein kritischer Leser fragen. Abgesehen von der Themenstellung und den Bildimpulsen, die eine Vorgabe von außen und in der thematischen Festlegung eine Auswahl möglicher Interpretationen darstellen, dominieren beim vorgestellten Beispiel tatsächlich individualisierte Lernwege. Das Beispiel wurde deshalb gewählt, um die Weite eines konstruktivistischen Ansatzes auszuleuchten. Aber keine Angst: bei den beiden folgenden Beispiele kommen „handfeste" Inhalte ins konstruktivistische Spiel!

4.   Didaktik der Aneignung statt der Vermittlung

Das skizzierte Unterrichtsbeispiel verfolgt ein didaktisches Konzept, das ebenfalls nicht nagelneu ist, doch spätestens vom Konstruktivismus her nun neu geadelt wird: eine Didaktik der Aneignung. Ihr Gegenpart und damit die didaktische Variante, die mittlerweile fragwürdig geworden ist, wäre eine Didaktik der Vermittlung, welche sich dem Mythos verschreibt, eine Aussage würde etwa in einem linearen Prozess nach dem klassischen Sender-Empfänger-Modell genau so beim lernenden Adressaten ankommen, wie sie vom Lehrenden ausgeht. Dass eine 1:1-Vermittlung nicht möglich und damit auch nicht zu erwarten ist, lehrt nicht allein der Konstruktivismus. Eine Didaktik der Aneignung wird immer die Intention verfolgen, einen Lerngegenstand den Schülerinnen und Schülern so zu offerieren, dass diese dezidiert die Möglichkeit erhalten, diesen Lerngegenstand individuell zu adaptieren, bzw. ihre eigene Quintessenz zum Thema zu sichern.

4.1.   „So ist Gott" – für mich!

Als ein Beispiel, das die Konsequenzen solch einer Didaktik aufzeigen möchte, soll folgende Unterrichtseinheit dienen: Die biblische Perikope vom brennenden Dornbusch aus dem Buch Exodus soll herangezogen werden, um Wesenszüge Gottes zu eruieren: So ist Gott! Nach einer ansprechenden erfahrungs-orientierten Präsentation der Geschichte - in der sich der Lehrer mit eigenen Interpretationen zurückhält - bekommen die Schülerinnen und Schüler die Möglichkeit, Aussagesätze über Jahwe zu formulieren, angelehnt an einen vorgegebenen Satzanfang: „Gott ist einer der, ..." Die Schülerinnen und Schüler erhalten also ganz simpel die Möglichkeit, bei sich nachzusehen, was diese Geschichte angesichts ihres Denkkonstruktes im Kopf zum Thema Gott ausgelöst hat. Das Gros der Antworten basiert auf dem Eindruck des Gottesnamens und geht in folgende Richtung: „Gott ist einer, der immer da ist"; „Gott ist einer, der mitgeht und nicht im Stich lässt"; „Gott ist einer, der treu ist". Ein Schüler kommt zu einem alternierenden Ergebnis: „Gott ist einer, der selber nicht dreinschlägt". Woher diese Antwort? Wo konnte bei ihm diese Geschichte andocken? Ein anschließender Austausch zum Abschluss der Stunde mit der Möglichkeit zur Nachfrage bringt Klärung. Dieser Schüler hatte vor einiger Zeit negative, destruktive Erfahrungen mit Feuer (eigene Lernerfahrung!) gemacht. Ihm war im Bild vom Dornbusch, der brannte und doch nicht verbrannte (vgl. Ex 3, 2b) sofort aufgefallen, dass dieses Feuer seine destruktive Kraft nicht auslebt, dass die Ambivalenz des Symbols Feuer hier aufgebrochen ist zugunsten einer rein positiven Charakterisierung. Wenn Gott einer ist, der sich im nicht-destruktiven Feuer zeigt, und wenn Gott, wie die biblische Geschichte bis dahin vorlegt, einer ist, der zwar bei seinem Volk ist, aber die ägyptischen Unterdrücker nicht durch „Dreinschlagen" hindert, dann war für den Schüler klar, dass er Gott so charakterisieren durfte und musste: Gott als solidarischer Anwesender, aber als einer, der selbst nicht gewalttätig handelt, sondern Menschen handeln lässt bzw. beruft, also als „einer, der selber nicht dreinschlägt".

4.2   Verzicht auf eindeutige Deutungen

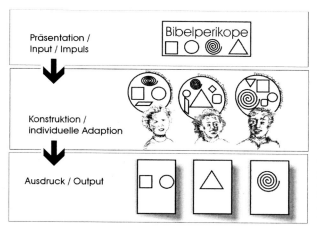

Noch einmal zur Intention dieser Einheit: Entsprechend dem Konzept einer Didaktik der Aneignung verzichtete hier die Lehrkraft auf interpretierende und deutende und damit lenkende bzw. einengende Kommentare im Verlauf der Präsentation der biblischen Geschichte, um den Schülerinnen und Schülern nicht ihre eigenen Sichtweisen zu verbauen. Der Lehrer verzichtet ebenso auf abschließende, vermeintlich allgemein gültige Sätze wie „Jahwe erweist sich als treuer, mitgehender Gott" oder dergleichen. Die Quintessenz wird von den einzelnen Schülerinnen und Schülern gezogen und rekurriert automatisch auf das jeweilige bestehende Denkkonstrukt, kann also von dorther lebensrelevant und nachhaltig werden. Interessant an dem konkreten Beispiel ist, wie unterschiedlich und eigentlich meist auch völlig unvorhersagbar die einzelnen Konstruktionen der Schülerinnen und Schüler ausfallen. Welcher Schatz an stimmigen und hier auch theologisch unproblematischen Interpretationen durch die Einzelnen dem Gros der Klasse mitgegeben werden kann, wenn entsprechend vorgegangen wird, ist erstaunlich. So scheint es nicht nur sachlich legitim, sondern im hohen Maße erwünscht – natürlich innerhalb eines abgegrenzten Erwartungsbereichs und unter der Vorgabe der Ernsthaftigkeit bei abgerufenen Antworten –, dass die Schülerinnen und Schüler mit ihren individuellen Konstruktionen, mit ihren Aneignungsvarianten Platz haben im Unterricht, dass deren Lösungsangebote als eigene Konstruktionen gewürdigt und wertgeschätzt, nicht aber bewertet oder gar zensiert werden.

4.3   ... und die Wahrheit?

Kritiker verweisen auf die Gefahr der Verwässerung von Wahrheit und des Synkretismus (Born 2003; vgl. den Beitrag von Mendl in diesem Buch, S.177), wenn Lernende ihre eigenen Wahrheiten formulieren dürfen und müssen, und stellen die Frage, ob denn im Sinne des Konstruktivismus die Lehrkraft nur noch „Anderswissender", aber nicht mehr „Besser-Wisser" (Wyrwa 1997, 22) sein darf. Dem ist entgegenzuhalten, dass nicht automatisch der Beliebigkeit das Wort geredet wird, wenn die vielen Blickwinkel begrüßt werden. Denn die Heterogenität wird und sollte eingebunden sein in das Verfolgen einer unterrichtlichen Intention der Lehrkraft. Das heißt, es ist nicht egal, was „hinten rauskommt", sondern es spielt sich, bei angemessener Planung entsprechender

Lernarrangements, das Endergebnis auf einem vorgeplanten Zielfeld ab (vgl. den Beitrag Eggerl / Schäble / van Vugt in diesem Buch, S.63). Außerdem steht nicht die Wahrheitsfrage auf dem Spiel, sondern es wird die Frage gestellt nach der entwicklungs- und erfahrungsbedingten Adaptionsfähigkeit und -möglichkeit von „Wahrheit" ans faktisch gegebene individuelle Denkkonstrukt des Schülers. Nicht Richtigkeit, sondern Möglichkeit, bzw. Viabilität (Siebert 1999, 202) ist die Kategorie, die hier anzusetzen ist.

5.   Instruktion braucht Konstruktion

5.1   Konstruktion braucht Instruktion

Auf eine besondere Bewährungsprobe wird eine konstruktivismusfreundliche Didaktik der Aneignung sicherlich bei so genannten „harten" Sachthemen gestellt. Man denke als Beispiel etwa an das „Vermitteln" des Dekalogs oder auch das Durchnehmen der fünf Grundpflichten („Säulen") des Islam (z.B. im Lehrplan für katholische Religionslehre an den bayerischen Hauptschulen im Themenbereich 7.3). Wo kann hier, möchte man fragen, der Schüler sich Sachinformationen selbstständig aneignen und individuell adaptieren, im Sinne eines eigenständigen Konstruktionsprozesses? Ist es in diesen Fällen nicht einfach hinzunehmen, dass die Dinge so sind wie sie sind, dass es also keine vier und keine sieben, sondern fünf Pflichten gibt, die auch in Formulierung und Inhalt unverhandelbar vorgegeben sind? Kann man sich hier also als Lehrkraft doch getrost auf das Vermitteln beschränken und den abfragbaren Merksatz diktieren? Ja und Nein! Zum einen ist zu sagen, dass der Konstruktivismus keineswegs vorsieht oder es auferlegt, auf Phasen der Instruktion, also der vorgegebenen Unterweisung zu verzichten. Instruktionen, etwa auch als Lehrervortrag, sind Lerngegenstände, die als Impuls fürs individuelle Adaptieren geeignet sein können. Es ist auch sicher nicht verboten, Elemente dieser Instruktion auswendig zu lernen. Kein Konstruktivist würde von vornherein verbieten, die Zehn Gebote aufsagen zu lassen. Was aber zur Instruktion zwingend dazukommen muss (bzw. temporär auch ihr vorausgehen kann und sollte), ist eine zeitlich wie inhaltlich umfängliche Phase der Konstruktion bzw. der Re-Konstruktion, also des Hinterher-Denkens dessen, was vorgegeben ist. Erst im eigenen, individuellen Einholen dessen, was vorgesetzt wird, kann ein Lernthema bzw. ein Lerngegenstand zum tatsächlichen Lerngut des Lernenden werden, zum handhabbaren und nachhaltigen Lernzuwachs.

Am Beispiel der muslimischen Grundpflichten könnte sich dies so gestalten: Die Schülerinnen und Schüler werden klassisch instruktivistisch in einer Unterrichtseinheit exemplarisch mit einer „Säule" des Islam bekannt gemacht, Sachinformationen werden ihnen an die Hand gegeben.

5.2   Lerngegenstände brauchen individuelle Andockstellen

Anschließend werden die Heranwachsenden aufgefordert, einer (fiktiven) muslimischen Person, etwa einem Jungen aus dem Iran, in Form eines Briefes kurz zu folgenden Blickwinkeln eine eigene Würdigung und Stellungnahme abzugeben: „Ich finde gut, dass ... / Ich bewundere, dass ...“; „bei uns Christen gibt es das so nicht, aber bei uns ...“; „ich frage mich / wundere mich, dass ...“; „wenn ich Moslem wäre, ginge es mir mit dieser Grundpflicht ..., weil ...“. Wiederum wäre es anschließend angebracht und notwendig, sich (etwa in Kleingruppen) die Texte gegenseitig vorzustellen und sich darüber kurz auszutauschen.

Was wird hier initiiert? Ausgegangen wird von dem Faktum, dass die neuen „instruierten“ Informationen auf das bestehende Denkkonstrukt treffen und dort automatisch etwas auslösen. Von diesem Denkkonstrukt des Einzelnen her ergeben sich von selbst individuelle Zuordnungen, Bewertungen, Assoziationen, Bilder, Anfragen, etc. Eben diese gilt es wachzurufen und abzufragen, denn diese sind die potentiellen „Andockstellen“ des neuen Lerngegenstandes ans bestehende autopoietische System. Nur über die Andockmöglichkeit kann Nachhaltigkeit im Lernen bewirkt werden. In der schriftlichen, möglicherweise kreativen Beschäftigung mit den eigenen Bezugsstellen im Denken kann der Instruktionsgegenstand zum Lerngegenstand werden, wird dem konstruktiven Verarbeiten der Instruktion Raum gegeben. Der abschließende Austausch über die Texte - eigentlich als Austausch über die gemachten Konstruktionen - ist wieder, wie bereits in vorherigen Beispielen, als weitere Lernanregung zu verstehen.

Festzuhalten bleibt also die dringliche Notwendigkeit der Konstruktion auch und besonders im Falle der inhaltlichen Instruktion, damit Lernen erfolgreicher, d.h. nachhaltiger vonstatten gehen kann.

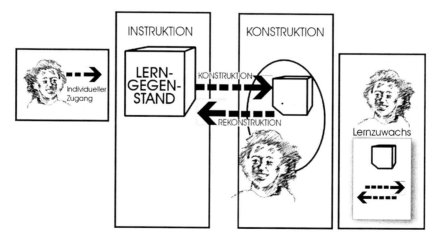

6. Anregungen für eine konstruktivismuskonforme Religionsstunde

Konstruktivistischer Unterricht muss zentral „als Arrangement von Lernmöglichkeiten“ (Brügelmann 1997, 179) begriffen werden. Wenn all das berücksichtigt wird, was bisher in aller Kürze zu einer konstruktivismusfreundlichen Religionsstunde gesagt wurde, was also bisher - um noch einmal ans Einstiegsbild anzuknüpfen - in den vermeintlich leeren Karton der konstruktivismuskonformen Didaktik gepackt werden konnte, dann ergeben sich daraus automatisch Folgen für eine entsprechende Stundenstruktur:

- Das Berücksichtigen der Schülerindividualität, besonders zu Anfang und zum Ende der Stunde, erfordert das Initiieren entsprechender Phasen.
- Die Möglichkeiten der Adaption bzw. der (Re-)Konstruktion und des Austausches müssen entsprechend vertiefend und „verlangsamt" (Hilger / Leimgruber / Ziebertz 2001, 315) eröffnet, also strukturell vorgesehen werden.

6.1 Konstruktivismusnahe Unterrichtskonzepte

Es gibt einige Unterrichtskonzepte und -strukturen, die in ihrer Anlage bereits tendenziell einer Didaktik der Aneignung und damit einer konstruktivismusgerechten Ausrichtung entgegenkommen (vgl. Mendl 2002, 176; Siebert 1999, 141f.): Projektunterricht, Planspiele, entdeckendes Lernen, erfahrungs- und handlungsorientiertes Lernen, selbsttätiges Lernen, kreatives Schreiben, Ansätze der Erlebnis- und Kirchenraumpädagogik, oder auch das Feld der offenen Formen des Unterrichts etwa, die es zulassen, die eigenen Präferenzen und Interessen der Schülerinnen und Schüler angesichts eines Themas zu verfolgen, also die je eigenen Andockstellen zu bedienen und die je eigenen produktiven Verunsicherungen aufzusuchen. Zu bedenken ist aber immer auch, dass nicht die Struktur allein bestimmend ist, dass also nicht jede Form von Freiarbeit automatisch konstruktivismusgerecht sein muss. Nicht alles, was sich auf verschiedenen Tischen in arbeitsteiliger Zugangsweise vermeintlich „vermitteln" lässt, muss auch konstruktivistisch sinnvoll sein.

6.2 Kindertheologie und -philosophie

Die Idee und die unterrichtspraktischen Vorschläge im Kontext der so genannten „Kindertheologie" oder „Kinderphilosophie" sind ebenfalls als tendenziell konstruktivismusfreundlich zu nennen und ergeben so manche Anregung für eine gelungene Stundenstruktur. Kinder werden hier mit den großen Themen der Theologie, der Philosophie, also des ganzen Lebens produktiv zusammengeführt. Es geht darum, eigene, kindliche und damit kindgerechte Antworten auf die großen Fragen finden zu lassen, ohne mit einer Erwachsenenantwort die Frage und die Offenheit auf sie hin zu ersticken. Es geht stark darum, die Schülerinnen und Schüler kreativ werden zu lassen, sich ihrer Einstellungen zu Gott und Welt bewusst, sich ihrer Unsicherheiten gewahr zu werden und ihre Freude und ihr Interesse an der Entwicklung von für sie stimmigen Lösungen zu fördern. In diesem Sinne wird die Lehrkraft im besten Sinne Bereiterin von Lernlandschaften sein, wird sich als Facilitator, als Begleiterin und Ermöglicherin von Lernangeboten (vgl. Overmann 2000, 17) definieren und damit auch strukturell viel von der Lernverantwortung in die Hände der Heranwachsenden legen.

6.3   Ästhetisches Lernen

Als ein drittes Feld, das Anregungen für die konstruktivistische Religionsstunde bereithält, sollen Aspekte aus dem weiten Gebiet des ästhetischen Lernens angeführt werden. Von ihm her kann abgeschaut werden, wie wichtig es ist, den Schülerinnen und Schülern authentische, „sinnenvolle" und damit „sinnvolle" Erfahrungen zu bescheren. Die Sinne des Menschen sind nicht Apparaturen, die Außenwelt „fotographisch" abzubilden, sondern sind Selektionsorgane für eine subjektive und individuelle Wirklichkeitswahrnehmung. Über die Sinne holt sich das Kind, der Jugendliche Informationen für seine Sicht der Dinge, für sein bestehendes Denkkonstrukt. Wo Religionsunterricht sinnlich wird, kann unmittelbar Erfahrung gemacht und anschließend konstruktiv verarbeitet werden. Das ebenfalls bereits bewährte Proklamat zum Lernen mit allen Sinnen hat hierin seine Zielsetzung und religionsdidaktische Berechtigung.

6.4   Alles bleibt anders

Insgesamt gilt es festzuhalten, dass eine konstruktivistische Religionsdidaktik viele (teilweise sehr vertraute) Prinzipien bemüht sowie Methoden und fachspezifische Arbeitsweisen instrumentalisiert, um dem einen Ziel zu folgen, nämlich dem, der einzelnen Schülerin, dem einzelnen Schüler Verantwortung zu übertragen und Lernarrangements zu treffen, bzw. Lernmärkte zu eröffnen für ein eigentätiges, erfahrungsabhängiges und lebensrelevantes Lernen. Vieles von dem, was bisher bereits unterrichtlich praktiziert wurde und etabliert ist, kann, richtig eingesetzt, den Lernerfolg der Schülerinnen und Schüler nach wie vor unterstützen. Nicht alles wird durch den Konstruktivismus anders. Anders wird teilweise dagegen die Begründung, warum eine Phase so und nicht anders konzipiert sein muss, warum der eine oder andere Unterrichtsschritt nun doch *zwingend* dazugehört, warum die oder die andere Methode nun doch qualitativ höher stehend zu betrachten ist. Die Antworten liefert der Konstruktivismus, die Kompetenz zur Beurteilung liefert die Lehrkraft. Alles bleibt anders.

Arbeitsimpulse

1. Erstellen Sie das Verlaufsschema einer konstruktivistischen Unterrichtsstunde. Suchen Sie nach passenden Begriffen, um die didaktische Absicht des einzelnen Teilschritts in Worte zu fassen.

2. Vergleichen Sie die drei Beispiele im Kapitel mit eigenen Unterrichtsstunden / Stundenmodellen aus der Literatur. Wo entdecken Sie eine ähnliche Dynamik?

3. Wenn Sie sich an selbst erlebten Unterricht erinnern: welche Phasen waren nachhaltiger – instruktivistische oder konstruktivistische?

4. Diskutieren Sie die im Text geäußerte Meinung, es sei durchaus mit einem konstruktivistischen Paradigma vereinbar, die Zehn Gebote oder die fünf Säulen des Islam auswendig lernen zu lassen.

5. Studieren Sie die Arbeitsaufträge / Impulse in Religionsbüchern: Welche entsprechen einem konstruktivistischen Paradigma, welche nicht?

6. Überlegen Sie im Vorausblick auf das Thema Evaluation (Vgl. Herrmann, Konstruktivistisch(en) Unterricht evaluieren, S.129), wie Sie die drei vorgestellten Stunden einer Evaluation zuführen könnten.

Hans-Peter Eggerl / Claudia Schäble / Thomas van Vugt

Abschied vom Stundenziel?

1. Vorbemerkungen

Angestoßen durch eine intensive Auseinandersetzung mit der konstruktivistischen Lerntheorie und deren Konsequenzen für Planung und Durchführung von Unterricht hat sich eine die bayerischen Diözesen übergreifende Arbeitsgruppe an das große Feld der Lernzielformulierungen gewagt, um die Konsequenzen und die realistische Umsetzbarkeit dieser Theorie in der Praxis auszuloten.

Die Autoren stehen bezüglich des Inhalts stellvertretend für alle Mitglieder der Arbeitsgruppe aus der Konferenz der Bayerischen Religionspädagogen (KoBayRep), die sich über den Zeitraum von zwei Jahren mit dem Thema „Konstruktivismus und Stundenzielpraxis im Religionsunterricht" auseinander gesetzt haben. Mitglieder der Diözese Bamberg: Gabriele Marsch, Vitus Trunk, Thomas van Vugt; der Diözese Eichstätt: Claudia Schäble; der Diözese Passau: Hans-Peter Eggerl, Theresia Glück, Alois Weber.

Die erste Hürde bildeten die in den Lehrplänen, in einzelnen Diözesen und staatlichen sowie kirchlichen Seminaren unterschiedlich eingeführten Termini der Zielformulierungen. Der hier verwendete Terminus „Stundenziel" ist im religionspädagogischen Bereich weit verbreitet und wird andernorts mit „Grobziel" umschrieben. Gemeint ist in diesem Artikel das von der Lehrkraft geforderte, angesetzte und formulierte Ziel im Rahmen der Lehrplanvorgaben, das einer einzelnen Unterrichtsstunde zugrunde gelegt wird.

Eine umfassende Auseinandersetzung mit der Thematik schien auch aus einem weiteren Grund unausweichlich zu sein: Auch wenn der Konstruktivismus das grundlegende Paradigma ist, auf dem die bayerischen Lehrpläne fußen (vgl. Schießl 2000), so sind die Folgen dieser Basis in der zweiten Phase der Lehrerbildung bislang wenig spürbar. Es ergaben sich immer wieder Konfliktfelder mit der staatlichen Ausbildungsschiene, weil dort die Sensibilität für die Implikationen eines konstruktivistischen Ansatzes im Rahmen der konkreten Unterrichtsplanung und des Seminargeschehens (Lernziele, Stundenaufbau, ressourcenorientierte Beratungskultur) weit weniger fortentwickelt zu sein scheinen als auf der Ebene der KoBayRep.

Darüber hinaus ist im Rahmen der bayerischen Diskussion um Grundwissen und Kernkompetenzen und der bundesrepublikanischen Auseinandersetzung unter dem Diktum „Bildungsstandards" (siehe oben, S.40ff.) zu konstatieren, dass derzeit verstärkt versucht wird, aus dem schlechten internationalen Abschneiden des deutschen Schulsystems Konsequenzen zu ziehen. Diese betreffen nicht nur den schulischen Lehrbetrieb an sich, sondern insbesondere auch die Effizienz und Nachhaltigkeit schulischer Lernprozesse, die es insgesamt zu fördern gelte. Wir geben offen zu: Die Beschäftigung mit den „Bildungsstandards" hat uns verunsichert, weil diese, gerade vom Postulat einer „Outcome-Orientierung" her (siehe oben S.42ff.), dem Ansatz einer eher prozess- und weniger produktorientierten Vorstellung von Lernen zu widersprechen scheinen.

Im Rahmen dieser Diskussion kann und soll im Folgenden immer auch ein Bedenken der dort grundgelegten Implikate für unser(e) Schulsystem(e) und den darin verfassten Religionsunterricht versucht werden.

2. Wider den Mythos punktgenauer Unterrichtsplanung

Schon lange ist bekannt, dass Schülerinnen und Schüler unterschiedliche Lernvoraussetzungen mitbringen. Niemals stehen alle Kinder bzw. Jugendlichen einer Klasse am selben Ausgangspunkt angesichts einer Unterrichtsthematik. Auch ihre Haltungen, Erfahrungen und Motivationen können sehr unterschiedlich ausgeprägt sein, ebenso wie ihr Vorwissen. Gleichzeitig werden dagegen in der bestehenden Ausbildungspraxis operationalisierte Lernziele als gemeinsam verbindliche Planungsgrundlage für eine Unterrichtseinheit propagiert.

Erfahrene LehrerInnen und ReligionspädagogInnen wissen längst um ein Prozessgeschehen im Unterricht, das angesichts zunehmender Heterogenität der Schülerklientel im Zusammenhang mit sozial-familiärer Herkunft, allgemeiner und religiöser Sozialisation vermehrt zum Problem wird. Andererseits wissen diese Lehrerinnen und Lehrer auch, wie aufwändig und schwierig alle Versuche sind, dieser Tatsache durch Maßnahmen der „inneren Differenzierung" etwas entgegenzusetzen. Da die jeweilige Lebens- und Lerngeschichte der Heranwachsenden ihnen je individuelle Eindrücke beschert(e), sind es ganz unterschiedliche Ausgangslagen bzw. Richtungen, von denen her sie ein Thema angehen. Es ist also nichts Neues, unterrichtlich davon auszugehen, dass viele Schülerinnen und Schüler auch viele Zugänge zu dem einen Unterrichtsthema präferieren.

Konstruktivisten spitzen diese Problemlage noch erheblich zu, indem sie darauf verweisen, dass Denkkonstrukte als autopoietische und selbstreferentielle Systeme völlig unvergleichbar und intersubjektiv nicht kommunizierbar sind. Selbst ähnliche oder theoretisch gar gleiche Lebensgeschichten brächten differierende Denkkonstrukte hervor, d.h. Schülerinnen und Schüler sind in allen Bereichen als einmalige Persönlichkeiten mit individueller Weltsicht und Erlebensweise zu sehen: Sie haben je eigene Andockstellen für neues Wissen oder erweiterte Erfahrensbezüge.

Deshalb warnen Konstruktivisten Pädagogen mit Recht davor, der irrigen Meinung zu verfallen, alle Schülerinnen und Schüler einer Lerngruppe würden als Kollektiv durch den geplanten Unterrichtsverlauf ins Themenfeld einmarschieren können. Sie mahnen, nicht dem Mythos zu verfallen, man könne mittels einer entsprechend gekonnten Einstiegsphase alle Schülerinnen und Schüler einer Klasse gleichermaßen aufs selbe Lerngleis stellen, von dem aus einheitlich ein neuer, detailliert definierbarer Lernzuwachs initiiert werden könnte. Die Notwendigkeit unterschiedlicher Zugänge, die mannigfaltigen Lerngeschichten sind nicht zu leugnen. Man denke als Beispiel etwa an die biblische Aussage von „Gott als Vater", die bei der einen Schülerin, angesichts eines liebenden Papas in ihrer Familie zu Hause, als befreiend und beruhigend erlebt wird, aber beim anderen Schüler, mit dem gewalttätigen und jähzornigen Familienoberhaupt daheim, eher mit Skepsis oder Ablehnung oder aber mit einem negativen Gottesbild quittiert wird; unterschiedliche Zugänge zu ein und demselben Thema.

Ebenso und umso mehr verhält es sich mit den anzunehmenden Zielpunkten, den persönlichen Lernzuwächsen. Wo kommt der Schüler her, welche Wege kann er beschreiten und wo ist sein Zielpunkt? Das sind Fragen, die letztlich nicht mit Sicherheit von außen, von der Lehrerin oder dem Lehrer beantwortet werden können.

Daraufhin mag sich aus der Perspektive des Konstruktivismus die Frage nach dem Rahmen der Planbarkeit und damit letztlich auch der dezidierten Planungsnotwendigkeit von Unterricht stellen bzw. grundsätzlich auch die nach der Sinnhaftigkeit bestehender Stundenzielpraxis (vgl. Mendl 2002, 174): Ist es der Lehrkraft überhaupt möglich, einen angemessenen Rahmen, einen gemeinsamen „Bildungshorizont" für alle abzustecken, auf den die Schülerinnen zustreben, innerhalb dessen sie entsprechend ihrer Vorerfahrungen und Möglichkeiten neue, zwangläufig individuell differierende Erkenntnisse erwerben können?

Und andererseits lässt sich weiterfragen: Sollten angesichts übergroßer Unwägbarkeiten im Lernprozess nicht Lerngegenstände lediglich offeriert werden und somit der Schüler sich selbst in seinem individuellen Lernprozess überlassen bleiben? Dann wäre es konsequenterweise vielleicht zur Unterrichtsplanung allein nötig, anregende Lerngegenstände zu finden oder Lernlandschaften zu arrangieren. Die Formulierung eines Zielpunktes im Sinne einer für die ganze Klasse gültigen zu erreichenden Enderkenntnis, bzw. einem Endvermögen kann demzufolge nur als unrealistisch abgetan und nicht mehr von der Lehrkraft erbracht werden. Doch ist es nicht genau dies, was das Anliegen der aktuellen Diskussion um die Bildungsstandards ausmacht? Wird hier nicht über Mindeststandards und kumulatives Wissen, über Grundwissen und Evaluation nachgedacht, unabhängig von der Frage nach der Adaptionsmöglichkeit beim Schüler? Und führen die Überlegungen zu Bildungsstandards nicht unweigerlich gerade in eine den Mythos perpetuierende Vorstellung von der Möglichkeit, Unterrichtsergebnisse punktgenau planen, erreichen und überprüfen zu können?

Die Unvereinbarkeit zwischen konstruktivistischer Unterrichtsplanung und out-put-orientierten Bildungsstandards besteht jedoch nur auf den ersten Blick in dieser Deutlichkeit. Der zweite Blick eröffnet die Erkenntnis, dass der Konstruktivismus, unabhängig vom Lerngegenstand bzw. vom anvisierten Lernergebnis, die Antwort auf das Wie des Lernens, konkreter des nachhaltigen Lernerfolgs, anbietet. Der Konstruktivismus stellt fest, konstatiert, wie Lernen sich vollzieht. Bildungsstandards legen allgemein gültige Ergebnisse fest, die im Lernprozess angestrebt werden sollen.

Bildungsstandards formulieren das Ergebnis, und auf der Suche nach den möglichen Wegen dorthin muss mit konstruktivistischen Erkenntnissen gerechnet und gearbeitet werden, damit Nachhaltigkeit überhaupt erst sichergestellt werden kann. Denn von einem konstruktivistischen Paradigma aus kann man genauer beschreiben, nach welchen Modalitäten individuelles Lernen – und das bedeutet auch einen messbaren Lernzuwachs! – auch in kollektiven Lernzusammenhängen funktioniert. Zudem entzerrt sich das Bild vom – zumindest aus konstruktivistischer Sicht so gesehenen - Schreckgespenst der allgemein erreichbaren, kollektiv nachzubuchstabierenden Standards angesichts der Tatsache, dass diese Bildungsstandards erst am Ende eines mittel- bzw. langfristigen Lernprozesses anzustreben sind. Der Weg dorthin kann und wird über eine Fülle an individuellen bzw. individualisierten Einzelergebnissen führen. Das Endbild aus individuellen Lernergebnissen von Einzelstunden wird durchaus den Bildungsstandards entsprechen können, also auch in deren Sinne erfolgreich sein.

Es bleibt vorläufig festzuhalten, dass, unserer Meinung nach, die Überlegungen zum Konstruktivismus durchaus zum aktuellen Diskussionsstand um die Bildungsstandards kompatibel sind und auch zukünftig eine durchaus potente und nicht zu unterschätzende Rolle für die Planung von Unterricht spielen werden. Insofern bleibt die Fragestellung um die Stundenzielpraxis nach wie vor von Bedeutung.

3. Abschied vom Stundenziel? Die konkrete Problemstellung

3.1 Kritik am Zielterminus durch den Konstruktivismus

3.1.1 Abschied vom Kollektivziel?

Die Lernzielpraxis ist von Seiten des Konstruktivismus in die Kritik geraten, von einem radikalen Konstruktivismus ganz kategorisch, aber auch von Vertretern gemäßigterer Richtungen noch deutlich genug.

Eine erste Stoßrichtung, aus der dem Stundenziel erheblicher Widerspruch erwächst, begründet sich von seinem kollektivorientierten Charakter her. Lernziele, seien es Stundenziele oder Feinziele, richten sich systemgemäß auf die gesamte Lerngruppe und implizieren die Fehlannahme einheitlicher kollektiver Lernvorgänge. Konstruktivistisch ist logischerweise die Annahme eines solchen Lernkollektivs unbrauchbar. Es ist nicht möglich, eine Klasse in Bezug auf ein Lernziel als Kollektiv fassen zu wollen, vielmehr muss sie allein als Summe von (völlig) verschiedenen Individuen definiert werden.

Von unserem konstruktivistischen Ansatz aus halten wir die folgenden Lernzielformulierungen als zu eng, auch weil sie teilweise gerade im emotionalen Lernzielbereich eine problematische Suggestiv-Didaktik in Richtung einer einzigen Emotion darstellen:

Stundenziele:
- Die SchülerInnen sollen die Perikope kennen lernen, in der Mose den Auftrag bekommt, sein Volk in die Freiheit zu führen und erfahren, dass Gott nicht nur bei Mose, sondern bei jedem Einzelnen von uns ist.
- Die SchülerInnen fühlen sich von Jesus geliebt.
- Die SchülerInnen sollen am Beispiel des „barmherzigen Samariters" lernen, dass Jesus uns auffordert, allen Menschen zu helfen – egal ob wir sie mögen oder nicht.
- Die SchülerInnen spüren die befreiende und mutmachende Wirkung des Heiligen Geistes.
- Die SchülerInnen sollen grundlegende Merkmale des Islam kennen lernen und bereit werden, Menschen des islamischen Glaubens zu achten.

Feinziele:
- Die SchülerInnen sollen mit Hilfe eines Gebetes erfahren, dass Gott bei jedem einzelnen Menschen ist.
- Die SchülerInnen sollen in einem Sprechspiel Mut und Entschlossenheit im Hören auf Gott einüben.
- Durch wiederholtes Singen des Liedes „Jesus hat die Kinder lieb" spüren die SchülerInnen, wie wichtig sie für Jesus sind.

Wir können uns vorstellen, dass ein solcher kritischer Blick nicht überall auf Verständnis stößt. Die genannten Lernziele könnten evtl. im Sinne einer Wunschvorstellung des Lehrers, in welche Richtung der Unterricht läuft, akzeptiert werden; als unabdingbar anzustrebendes und auch zu erreichendes Lernziel gleichermaßen für alle SchülerInnen halten wir sie für unrealistisch und einer „als-ob"-Didaktik verpflichtet.

3.1.2 Abschied vom externen Individualziel?

Wo Kollektivziele scheitern müssen, liegt es nahe, die Ausdifferenzierung von Lernzielen für die einzelnen Schülerinnen und Schüler theoretisch zu erwägen, auch wenn sich schnell die Unpraktikabilität eines solchen Unternehmens im unterrichtlichen Alltagsgeschäft wittern lässt.

Die konstruktivistische Erkenntnis- bzw. Lerntheorie spricht aber ohnehin davon, dass generell Denkkonstrukte von Personen anderen nicht adäquat vermittelbar, in großen Teilen den Individuen selbst nicht einmal bewusst sind. Es sind „operational geschlossene" (Siebert 1999, 5) Systeme, die sich zwar an derselben Außenwelt bilden und weiterentwickeln, aber zu ungleichen Interpretationen derselben kommen und daher letztlich nicht von genau denselben Dingen zu reden im Stande sind. Letztlich also sind diese auto-poietischen Systeme (Siebert 1999, 5) intersubjektiv nicht kommunizierbar. Insofern kann nicht einmal realistischerweise der Versuch sinnvoll erscheinen, sie zu ergründen und möglicherweise ein unterrichtliches Vorgehen oder unterrichtliche Zielsetzungen an ihnen zu orientieren. Eine umfassend treffsichere Außensteuerung effektiver Lernprozesse muss also bezweifelt werden.

3.1.3 Abschied vom „Ziel" als Terminus der Stundenplanung?

Was ist eigentlich ein Ziel? Gängige lexikalische Definitionen sprechen davon, dass wesenhaft zum Ziel die Vorstellung eines zu erreichenden Endpunktes gehört. Solch eine Vorstellung von einem zu erreichenden punktuellem Ende als Stundenziel ist natürlich für einen Unterrichtsprozess aus konstruktivistischer Perspektive nicht tragbar. Wie sollen 25 verschiedene Schülerinnen und Schüler, die aus 25 unterschiedlichen Lerngeschichten ihr je völlig unterschiedliches Denkkonstrukt speisen, innerhalb eines geplanten Lernweges im Unterricht auf genau einen Endpunkt eintreffen? Wer dem entgegnend meint, die Renaissance eines abschließenden Merksatzes als Lösung aus dem Dilemma vorschlagen zu müssen, wird sich konstruktivistischerseits vorhalten lassen müssen, mit dem Merksatz allenfalls dem individuellen Denkkonstrukt der Lehrkraft entsprechen zu können, nicht aber dem einzelner Schülerinnen und Schüler (z.B. „Merke: Gott ist wie ein Vater" ?). Selbst dort, wo instrukti-vistische, z.B. analytische Phasen und ihre Ergebnissicherung als notwendig erscheinen, muss von einem konstruktivistischen Paradigma aus eine Phase der eigenständigen Auseinandersetzung und Konstruktion von Sinn folgen.

Also Abschied vom Stundenziel? Ja, jedenfalls von solch einem Stundenziel, das sich dessen detaillierter Benennbarkeit und kollektiver Gültigkeit, dezi-dierter Operationalisierbarkeit bis zur punktgenauen Erreichbarkeit sicher meint.

Eines wird mittlerweile deutlich: Man kann nach den vorgetragenen Ein-wänden des Konstruktivismus nicht einfach zur Tagesordnung bisheriger Stundenzielpraxis übergehen. Mit diesen Einwänden und den daraus schlüssig folgenden Einschränkungen wird das bisher praktikabel gehaltene Stundenziel derart demontiert, dass man vielmehr fragen muss, ob überhaupt noch irgendetwas von diesem Lernziel erhaltbar und erhaltenswert scheint, und ob man sein ersatzloses Streichen aufhalten könnte.

3.2 Stellenwert des Stundenziels

Wer sich des Themas Lernziele und Konstruktivismus annimmt, darf zunächst einmal nicht außer Acht lassen, dass eine - wie auch immer geartete – Lernziel-praxis keinen Selbstzweck darstellen, sondern immer auf eine unterrichtliche Praxis rekurrieren oder abzielen muss, die dem Anspruch konstruktivismusgerechter Lernprozesse nachkommt. Im Gegenzug muss ebenso selbst-verständlich festgehalten werden, dass eine „gute" Lernzielpraxis noch nicht automatisch konstruktivistisch-angemessenes Unterrichten sicherstellt. Das „gute" Stundenziel ersetzt natürlich nicht den „guten" Unterricht. Insofern wird die Frage nach Sinnhaftigkeit von Zielen nicht losgelöst von der Frage nach einem „guten" Religionsunterricht gestellt werden können (zu einer entsprechend den Konstruktivismus berücksichtigenden Unterrichtspraxis sei auf den Beitrag „Konstruktivistischer Stundenaufbau", S.51 verwiesen).

3.2.1 Erhalt von Stundenplanbarkeit?

Bis dato gehört das Planen und das Anzielen unterrichtlicher Ergebnisse zu den unverzichtbaren Grundvoraussetzungen erfolgreichen Lehrens und gelingenden Lernens. Im Rahmen der Ausbildungspraxis gilt es als Standardprogramm der Seminarleiterinnen und -leiter, die auszubildende Lehrkraft immer wieder auf die von ihnen formulierten Lernziele anzusprechen und auf deren Bedeutung für den Unterricht aufmerksam zu machen. Diese Bedeutung und der unterrichts-praktische Wert des Stundenziels begründeten und begründen sich in diesem konkreten Kontext ganz pragmatisch von seiner Dienstleistung für die Stundenstruktur und -dramaturgie, konkreter dann für eine dramaturgische Dynamik im Stundenverlauf. Nur von einer didaktischen Intention her, die letztlich doch mit der Vorstellung eines „Zieles", eines Zielbereiches, -feldes oder auch nur einer Zielrichtung arbeitet, kann schließlich ein unterrichtliches Vorgehen unter Verwendung angemessener Unterrichtsprinzipien und logischer Lernschritte bewusst erfolgen. In der Praxis des Religionsunterrichts zeigt sich schnell, dass ein Unterrichtskonzept, das auch schwächeren Schülerinnen und Schülern die Möglichkeit offen halten will, angeregten Lernprozessen gedanklich oder emotional folgen zu können, eine leicht nachvollziehbare Struktur und einen auf schlüssige Teilschritte basierenden „Spannungs"-Aufbau aufweisen sollte. Ein Lernschritt sollte stimmig in den nächsten übergehen, Exkurse und „Weithergeholtes" sollten vermieden werden, die Nachvollzieh-barkeit sollte dadurch unterstützt werden, dass im Verlauf der Stunde ein stimmiger roter Faden verfolgt wird. Wer aber als Lehrerin, als Lehrer nicht weiß, wohin sie/er mit den Kindern oder Jugendlichen will, hat auch wenig Vorstellung von den nötigen didaktischen Teiletappen oder davon, was inhaltlich bereits jenseits des roten Fadens liegt. Ebenso verhält es sich mit den auszuwählenden methodischen „Fortbewegungsmitteln" (z.B. Methoden, fachspezifische Arbeitsweisen, Arbeitsformen, Medien etc.) auf dem Weg zum Lernzuwachs. Auch ihre Berechtigung ergibt sich nicht von selbst. Dieser spezifische Wert des bisherigen Stundenziels kann nicht schnell geleugnet und sollte keinesfalls aufgegeben werden, auch nicht angesichts konstruktivistischer Einwände. Die „Planung des Unplanbaren" (Bahr 2002, 491) sollte unbedingt im Blick bleiben; die Betonung liegt hier auf „Planung"!

3.2.2 Erhalt der Evaluierbarkeit und Messbarkeit von Lernerfolgen?

Wenn es auch nicht die erste und wichtigste Aufgabe von Religionsunterricht ist, Noten und Zensuren hervorzubringen, so gehört es doch zum Programm einer jeden Lehrkraft unabdingbar dazu, die Schülerinnen und Schüler zu bewerten (vgl. den Beitrag von Christian Herrmann in diesem Buch, S.129). Wenn ein generelles Streichen von Stundenzielen erfolgen würde, gäbe es kaum mehr Möglichkeiten, festzustellen, inwiefern *inhaltliche* Lernerfolge erzielt wurden. Wer möchte dann noch mit Gewissheit sagen, dass der eine Schüler „sein" individuelles Lernziel erreicht hat oder nicht erreicht hat? Allenfalls kann die Bereitschaft, sich mit Lerngegenständen auseinander zu setzen und Lernlandschaften kennen zu lernen, konstatiert werden. Das Ausdrücken und Festhalten neuer individueller Lernzuwächse, also das Vorhandensein eines Lernprozesses, wäre zwar noch möglich (und sicherlich auch sinnvoll zu würdigen), aber inhaltlich dürfte man sich kaum eine Beurteilung erlauben. Wenn etwa angesichts der alttestamentlichen Exodus-Erzählung des Schilfmeerereignisses dem einen Schüler die Vertrauenswürdigkeit Gottes „bemerkenswert" erscheint, dem anderen die ertrinkenden Ägypter zu denken geben, den Dritten das Wunder der Teilung des Meeres aus naturwissenschaftlicher Sicht nicht mehr loslässt, kann von Lehrerseite nur der je neue Lernzuwachs anerkennend festgestellt werden. Die beschriebenen unterschiedlichen Lernergebnisse, die von den unterschiedlichen Denksystemen der Einzelnen herrühren, könnten allesamt als erfolgreiche individuelle Lernetappen auf dem Weg der eigenen lebenslangen Lerngeschichte angesehen werden. Ob aber der Schüler, der angesichts eines Gottes, der „Ägypter tötet", zu einem problematischen Gottesbild findet, bzw. sein vorhandenes negatives Gottesbild bestätigt sieht, im Erwartungshorizont des *schülerorientierten* Lehrplans oder aber allgemeiner *theologischer* Maxime bleibt, muss wohl bezweifelt werden. Dennoch kann legitimerweise seine Denkkonstruktion nicht als falsch angesehen oder als „mangelhaft" oder „ungenügend" gelten. Es stellt sich umgekehrt aber auch die Frage, ob sein Lernzuwachs tatsächlich als Lern*erfolg* gelten kann, nur weil es eben gerade „sein" Lernzuwachs ist.

Theoretisch leichter ist es, Lern*prozesse* zu konstatieren und eventuell zu bewerten. Dies liegt der konstruktivistischen Idee im pädagogischen Bereich näher als Lerninhalte zu messen. Sicherlich würde mancher pädagogische Konstruktivist die Legitimität der Bewertung von Lerninhalten generell in Frage stellen, möglicherweise aber auch nur, sofern sie kurzfristig und punktuell erbracht werden sollen, so dass ein prozessuales Weiterkommen schwer oder gar nicht festgehalten werden kann. Diese Leistung von Schülerinnen und Schülern kann natürlich unbenommen bleiben vom Für und Wider der inhaltlich-thematischen Lernziele und ihrer Lernzielkontrollen und muss als Lernerfolg anerkannt werden, dennoch sollte der Blick auf das inhaltliche Lernergebnis nicht ausbleiben.

Religionsdidaktisch wichtiger als die Frage nach der Leistungserhebung bei Schülerinnen und Schülern ist also der Aspekt der Unterrichtsevaluation als Medium zur Qualitätssicherung für die Lehrkraft. Auch hierfür kann es nur wünschenswert sein, wenn der Lehrer, die Lehrerin ihren Erwartungsbereich genau abstecken, um die Konstruktionen der Kinder und die evozierten Lernzuwächse tatsächlich beurteilen zu können.

Allgemein muss wohl skeptisch gesagt werden: Wenn Unterricht „ziellos" wird, lässt sich Erfolg oder Misserfolg von Lehren und Lernen kaum mehr dezidiert benennen. Lernzielkontrollen setzen eben Lernziele voraus. Evaluation braucht Raster, die eben schwerlich von irgendwelchen Zielen oder Zielfeldern abgekoppelt werden können.

4. Lösungsansätze

Der Blick auf das, was angesichts der berechtigten Anfragen durch den Konstruktivismus vom herkömmlichen Stundenziel übrig bleibt, gleicht wohl dem auf einen Scherbenhaufen. Die größeren Scherben und die noch heil gebliebenen Teile lassen zwar noch Konturen und Wesenszüge des Stundenziels erkennen, doch ist allzu viel auch unwiederbringlich weggebrochen. Wollte man die brauchbaren Teile wieder zu einem Ganzen zusammenfügen, so bedürfte es einiger neuer, verbindender Elemente und letztendlich wäre die Form eine ganz andere. Der Versuch zur Neugestaltung soll im Folgenden unternommen werden, angetrieben von der Überzeugung, dass es die Sache wohl wert ist.

4.1 Zielareal statt Zielpunkt

Als erstes neues Element zur Ergänzung der Scherbenfragmente soll eines gefunden werden, das den eng gefassten Zielgedanken zu ersetzen im Stande ist. „Ziele" als Zielpunkte verstanden sind, wie gesagt, unhaltbar geworden; Hans Mendl fordert deshalb konsequenterweise einen „ehrenhaften Abgang" für den Begriff des „Lernziels" (Mendl 2002, 175).

Was allerdings denkbar ist und was erwogen werden kann, ist die Vorstellung von einem Zielareal, das alle individuell von Lernenden hervorgebrachten Zielpunkte (nach erfolgtem Lernprozess) in sich integriert. Irgendwo müssen die Schülerinnen und Schüler ja ankommen, wenn sie sich mit bestimmten Lerngegenständen auseinander setzen, nun gilt es für die Lehrkraft im Vorhinein dieses Areal zu benennen. Wenn es beispielsweise in den Bildungsstandards für die 2. Klasse Grundschule in Baden-Württemberg (Bildungsplan 2004. Grundschule, 36) heißt „Die Schülerinnen und Schüler ... können Beispiele benennen, wie sie für sich und andere Verantwortung übernehmen können" oder „Die Schülerinnen und Schüler ... können eigene Gottesvorstellungen zum Ausdruck bringen", so entsprechen solche Formulierungen der Vorstellung eines konkreten und zugleich individuell zu füllenden Zielareals.

Auch im modifizierten Lehrplan für die Hauptschule in Bayern, der unter der Überschrift „Wiederholen, Üben, Anwenden, Vertiefen" Grundwissenselemente und Kernkompetenzen ins Wort bringt, sind Vorgaben zu finden, die der konstruktivistischen Kritik standhalten: Im Themenbereich 5.2. wird z.B. die Anforderung gestellt, dass die Schülerinnen und Schüler „die Erzählungen von Abraham und Sara als beispielhafte Glaubensgeschichte kennen und deuten" können sollen. Es wird jedoch nicht vorgegeben, wie die vermeintliche

„Musterlösung" solch einer Deutung konkret auszusehen hat; hier ist Spielraum für Individualität.

Die nächste Frage ist nun, was muss unternommen werden, damit das Areal trotz aller möglichen individuellen Lernkonstruktionen der Kinder oder Jugendlichen im Unterricht nicht identisch bleibt mit der ganzen angebotenen Lernlandschaft, denn dann wären ja wieder die Lernzuwächse scheinbar willkürlich. Die Antwort liegt in der Stundenkonzeption. Und wieder sei daran erinnert, dass das „gute" Ziel nicht ohne den „guten" Unterricht denkbar ist. Bildlich gesprochen darf ein Unterrichtsprozess natürlich nicht als enger Gebirgspfad konzipiert werden, auf dem der Schüler scheinbar am Gängelband entlangzugehen hätte. Derart enge Pfade waren es aber vielfach, die vom klassischen Stundenziel provoziert wurden, um vermeintlich ins Schwarze treffen zu können. Ebenso problematisch erscheint aber auch das alleinige Hinführen in Lernlandschaften, ohne irgendwelche Weg- oder Richtungs- vorgaben; eine solche Unterrichtskonzeption könnte man möglicherweise bei Siebert (1999, 111) herauslesen. Als guter Mittelweg scheint sich ein Unterricht anzubieten, der sozusagen von einem Lernkorridor ausgeht. Dieser sollte in der nötigen Breite Lernprozesse in differierenden Varianten beherbergen können, dennoch aber die eine Zielrichtung entlang in das weite Zielareal verfolgen. Allein solch eine Unterrichtskonzeption vermag sinnvoll didaktische Intentionen zwischen den Polen „Unplanbarkeit" und „Punktgenauigkeit" zu verorten.

Nach entsprechend geglückter Unterrichtsplanung könnte etwa angesichts des biblischen Vatervergleichs derjenige Schüler mit dem problematischen Vaterbild seine Vorstellung mittransportieren. Er könnte die Intention des biblischen Autors vor Augen geführt bekommen, warum Gott mit einem Vater verglichen wird, um im nächsten Moment sein eigenes, für ihn stimmiges Bild für Gott suchen zu können. Statt des vormals erwarteten Wortes „Vater" im Ziel*punkt,* stünden nun möglicherweise die Wörter „Mutter", „bester Freund", „Großvater" und „Vater" im weit gefassten Ziel*areal.* Mit dieser Vorstellung vom Zielareal kann auch dann definiert werden, was außerhalb und was innerhalb des Erwartungsbereiches liegt, so können letztlich Schülerkon- struktionen auch evaluiert und (wenn es sein muss) bewertet werden. Und es gelingt, dem Kollektivziel-Vorwurf den Wind aus den Segeln zu nehmen, denn dieser ist nur in Zusammenhang mit einem Ziel als Ziel*punkt* schlagkräftig.

4.2 Intention statt Lernziel

Aus vorcurricularer Zeit, als der Rahmenplan unterrichtsbestimmend war, ist das „Wollen" des Lehrers, das „Lehrziel" (zu Recht) derart in Misskredit gekommen, dass ein Postulieren in diese Richtung, auch angesichts eines anzunehmenden verantwortlichen Lehrers, nicht mehr salonfähig ist. Wo Schülerorientierung als die Maxime modernen Religionsunterrichts schlechthin zu Recht Geltung beansprucht, darf die Lehrkraft im Lernprozess offenbar nicht dermaßen dominant erscheinen. Dieser Eindruck drängt sich zumindest auf, wenn Diskussionen zur Stundenzieldebatte beobachtet werden. Andererseits läge diese Möglichkeit doch nahe: Wo die Zielpunkte der Schülerinnen und Schüler nach einem Lernprozess im Detail unbekannt bleiben, könnte man den Rückzug auf „sicheres Gebiet", also auf Bereiche, die benennbar sind, in Erwägung ziehen. Und da die Lehrkraft eigentlich wissen sollte, was sie will, könnte man ihre Ziele doch ins Wort bringen lassen. Trotz der fehlenden „Salonfähigkeit" soll in diese Richtung noch weitergedacht werden.

Zum einen ist festzuhalten, dass ein didaktisches Wollen der Lehrkraft unabdingbar ist. Allein schon um Lernlandschaften gewinnbringend arrangieren oder Lernkorridore stimmig abstecken zu können, braucht es die bewusste Intention des Lehrers, der Lehrerin, ganz zu schweigen von exakt durchgedachten Lernwegen anhand eines logischen roten Fadens. Diese Intention kommt realistischerweise auch nicht ohne eine bestimmte (mehr oder weniger genaue) Vorstellung von einer Sinnhaftigkeits- oder Zieldimension des konkreten unterrichtlichen Handelns aus. Es liegt also nicht nur nahe, sondern es stellt ein Faktum dar, dass Lehrintentionen vorhanden sind; warum also nicht ins Wort bringen? Die Kritik, die aus Rahmenplan-Zeiten erwachsen ist, kann niemals nachvollziehbar aufrechterhalten bleiben, argumentierte sie nur mit dem Terminus und beschränkte sich auf das Diskreditieren von Lehrzielen generell. Der Kritik ist nur dann zuzustimmen, wenn das Lehrziel verbunden bleibt mit dem, was es im damaligen Kontext ausmachte und wollte: das Vorhaben des Lehrers/ der Lehrerin erklären und legitimieren. Hier war nicht der Schüler im Blickpunkt, nicht die Frage nach Lebensbezug und Erfahrung oder Relevanz für die Kinder und Jugendlichen, sondern allein das inhaltliche und methodisch-didaktische Tun der Lehrkraft.

Aus heutiger Sicht scheint es durchaus möglich, einerseits den Intentionsgedanken neu aufzugreifen, ohne aber die Lehrerorientierung gleich mit übernehmen zu müssen. Wie dies aussehen kann, liegt auf der Hand. Die Lehrkraft formuliert eine Stundenintention und richtet sich dabei in Inhalt und Formulierung allein auf das Ergebnis der Schülerinnen und Schüler, auf *ihren* Lernzuwachs, *ihre* Lernergebnisse. Nicht also das Lehrertun und die Höhe der Messlatte, die die Lehrkraft für die Klasse angesetzt hat, wird ins Wort gebracht, sondern das schülerorientiert-ausgewählte Areal, in dem die Kinder oder Jugendlichen am Ende der Unterrichtseinheit individuell eintreffen sollen.

Um der (eigentlich nicht ernsthaft zu befürchtenden) Gefahr der mangelnden Schülerorientierung zusätzlich zu begegnen, lässt sich auch gut die Formulierung einer Stundenintention mit der Vorgabe verbinden, in einem ersten Satz die anzunehmende Ausgangslage (z.B. Vorerfahrungen, Einstellungen, Vorwissen, etc.) der konkreten Schülerinnen und Schüler auszuführen. Das könnte analog zu den je ersten Sätzen der Zielbeschreibung in den neuen bayerischen Lehrplänen geschehen, wo konsequent vor den genauen Zielbeschreibungen eine kurze Signalanzeige zur Schülersituation in Bezug auf das Thema formuliert ist. Doch natürlich nicht allein vorrangig die Angst vor Fehlverhalten und Missbrauch der neuen, konstruktivistisch-modifizierten Lern-„Ziel"-Vorgaben legitimiert einen solchen Satz. Vielmehr kann es mit ihm gelingen, ausdrücklich für die Lehrkraft einen zusätzlichen Wahrnehmungs-fokus anzusetzen, der in Richtung Schülersituation geht, und zwar explizit in Richtung Schülersituation der Heranwachsenden im konkreten Schulort, im konkreten Alter, im konkreten Klassenverband, im konkreten situativen Kontext mit all seinen relevanten Facetten.

5. Ein konkretes Modell und praktische Erfahrungen

Die Arbeitsgruppe, aus der heraus auch dieser Beitrag erwachsen ist, konkretisierte die eben skizzierten Überlegungen zu einem neuen Modell der ehemals so genannten „Lernzielpraxis". Dieses Modell wurde durch ver-schiedene Fachgremien hindurch in den Diözesen Bamberg, Eichstätt und Passau theoretisch und praktisch durchleuchtet und abschließend auch auf unterrichtliche Praxis- und Alltagstauglichkeit hin untersucht. Schließlich wurde mit dem Schuljahr 2003/2004 in den drei Diözesen im Religionsseminar für LehramtsanwärterInnen (LAA) und ReligionslehrerInnen i.K. das Modell in einem Probelauf eingeführt und damit auf breiterer Ebene erprobt. Die konkreten Vorgaben für die LehramtsanwärterInnen und ReligionslehrerInnen, sowie die Erfahrungen damit sollen im Folgenden in der gebotenen Kürze benannt werden.

5.1 Konkrete Vorgaben zur Stundenintention

Anstelle des Stundenziels wird im Rahmen der Stundenplanung eine „**Stundenintention**" formuliert. Die vormals sogenannten „Feinziele" werden analog dazu durch „**Einzelintentionen**" ersetzt; detaillierte Vorgaben zur Konzeption von Einzelintentionen, analog zur Stundenintention, wurden ebenfalls entwickelt und benannt. Im Einzelnen kann hier aus Platzgründen nicht näher darauf eingegangen werden. Doch das alles ist weit mehr als nur eine Namensänderung: Die LAA und kirchlichen ReligionslehrerInnen werden mit den konstruktivistischen Einwänden gegenüber einer „konventionellen" Stundenzielpraxis vertraut gemacht und auf die oben angeführten Lösungs-möglichkeiten hingewiesen (Zielareal, Lernkorridor, Intentionen etc.). Nur mit dem entsprechenden Hintergrundwissen zur aktuellen Lerntheorie kann es möglich werden, Unterrichtsplanung zu verbessern. Von daher ergeben sich also einerseits Maximen für die Unterrichtsgestaltung und entsprechend dazu konkret das Abschiednehmen von der Erwartung exakter Operationali-sierbarkeit und dem Punktgenauigkeitsstreben im Erreichen des „Stundenziels". Keineswegs verabschiedet man sich jedoch von der genauen Vorstellung, welche Lernschritte initiiert, welche Methoden und Medien dienlich oder unbrauchbar sind, welche Einzelgebiete der Lernlandschaft besucht werden sollen, also wo der rote Faden durch die Stunde verlaufen kann. Und deshalb bleibt ein „Ziel"-Areal formulierbar.

Die Stundenintention umfasst zwei Sätze: In einem ersten Satz, sozusagen einem „Status-quo-Satz", soll der Blick auf die konkreten Schülerinnen und Schüler angesichts des Stundenthemas ins Wort kommen. Wie stehen meine Kinder oder Jugendlichen vor dem Thema? Was bringen sie vielleicht mit, was fehlt ihnen? Welche Ausgangslage vermute ich als Lehrkraft bei meiner Lerngruppe? Was aus der Vorstunde oder insgesamt der laufenden Sequenz ist nun vorauszusetzen? Auch hier gilt, dass ein detailliert stimmiger und allen Klassenmitgliedern gleichermaßen gerechter Ausgangspunkt nicht gefunden werden kann. Es gilt eben wieder, die Räume weit zu machen und nicht etwas exakt und für alle verbindlich auf den „Punkt" bringen zu wollen.

Der zweite Satz der Stundenintention umreißt dann verbal das angestrebte Zielareal. Die Formulierung trägt der Schülerorientierung Rechnung und benennt das, was die Schülerinnen und Schüler erreichen sollen. Wie bisher soll und muss die Formulierung auf die didaktischen Schwerpunkte (gemeint sind die vom Staatsinstitut für Schulpädagogik und Bildungsforschung [ISB] formulierten Zielklassen: Wissen, Können und Anwenden, produktiv Denken und Gestalten, Wertorientierung) achten, also berücksichtigen, dass nicht alle Unterrichtseinheiten gleichermaßen kognitiv, affektiv, fähigkeitsförderlich, wertentwickelnd u.a.m. sind (vgl. Staatsinstitut für Schulpädagogik und Bildungsforschung 1995, 60). In der Verwendung der Verben ist es sinnvoll, nicht solche auszuwählen, die nach „Punkt" klingen, sondern nach „Areal": z.B. „offen werden" statt „internalisieren".

Ein Beispiel für die Neuformulierung (zum Themenbereich 4.4):

Stundenintention:
Die Schülerinnen und Schüler kennen Unheilssituationen, die die unlösbare Frage nach dem Warum des Leids virulent werden lassen (= „Status-quo-Satz").
Sie sollen offen werden für die große Bedeutung von Gesten der Wertschätzung und Solidarität angesichts faktischer Hilflosigkeit gegenüber dem Leid anderer.

Neben diesen Vorgaben, die sich speziell auf das „Stundenziel" konzentrieren, bedarf es auch einiger flankierender Maßnahmen und Modifikationen bisheriger Praxis, die hier nur angedeutet, aber nicht näher skizziert werden können: Zum einen geht es um Vorgaben für die Einzelintentionen (ehem. Feinziele). Außerdem müssen, wie schon mehrfach angesprochen wurde, weiträumigere didaktische und unterrichtskonzeptionelle Dinge berücksichtigt werden. In diesem Zusammenhang ist der besondere Stellenwert der mehrere Stunden umfassenden Sequenz und einer prozessorientierten und schülerintegrierenden Themenbereichsplanung zu betonen, ohne die Planung und Durchführung von Lernlandschaften nicht denkbar sind. In den Diözesen Bamberg und Eichstätt wurden dazu Modelle entwickelt, wie einzelne Stundenintentionen zu einem roten Faden, einer Art „Geschichte" durch den

Themenbereich verbunden werden können. Diese Sequenzplanung ermöglicht auch inhaltliche und methodische Schwerpunkte über eine einzelne Stundenplanung hinaus und wird so den konstruktivistischen Anforderungen an Planung und Durchführung von Unterricht in besonderer Weise gerecht.

5.2 Beispiel: Sequenzbeschreibung zum Thema „Leid und Tod gehören zusammen"

Themenbereich	4.4 „Leid und Tod gehören zusammen"
Zielbeschreibung:	Kinder reagieren in ihren Lebensbereichen sehr empfindsam auf Leid und Tod.
	- Sie sollen darauf aufmerksam werden, wie Menschen mit Leid und Vergänglichkeit leben, und sich mit ihren eigenen Fragen und Antwortversuchen auseinander setzen.
	- Dabei sollen sie erkennen, dass Leid und Tod für Menschen letztlich unbegreiflich bleiben.
	- Ausgewählte Psalmworte können sie anregen, eigene Erfahrungen, Ängste und Hoffnungen auszudrücken.
	- Sie sollen erkennen, dass das Glaubenszeugnis vom Leben Jesu, von Tod und Auferweckung für Christen der Grund ihres Glaubens und Hoffens ist.
	- Das kann die Schüler ermutigen, auch in leidvollen Lebenssituationen auf Gottes Nähe und Beistand zu vertrauen und sich für die Botschaft von der Auferstehung zu öffnen.

<u>Sequenz:</u>

1. Stunde: „Bilder, die mich erschrecken - Leid und Tod begegnen im Alltag" (Themenkonstitution)
Stundenintention:
SchülerInnen begegnen täglich Not, Leid und Tod: in den Medien, aber auch im Alltag der eigenen Familie oder in Begegnungen in ihrem Lebensumfeld.

Angeregt durch Bilder aus den täglichen Medien und Zeitschriften erzählen die SchülerInnen sich gegenseitig von Leidsituationen, die sie persönlich bereits erfahren haben, und entwickeln dadurch individuell Gedanken und Fragen zum Thema.

2. Stunde: „Not und Verzweiflung vor Gott bringen – Arbeit mit der Psalmwortkartei"
Stundenintention:
Die täglichen Nachrichten und Schlagzeilen lassen leider nur noch wenige Menschen „aufschreien" und machen eher sprachlos. Diese Sprachlosigkeit erleben und praktizieren auch Schülerinnen und Schüler.

Indem die SchülerInnen sich mit der Psalmwortkartei auseinander setzen und eine Geschichte zu einem ausgewählten Psalmwort schreiben, können sie anfanghaft die Tiefe erspüren, die in der metaphorischen Sprache der Psalmen liegt und auch ihnen eine Möglichkeit bietet, das eigene Leben in allen Lebenslagen vor Gott zu bringen.

3. Stunde: „Abschied von Rune"
Stundenintention:
SchülerInnen der vierten Jahrgangsstufe wurden bereits vielfältig mit Leid und Tod indirekt oder direkt konfrontiert.

In der Weiterarbeit mit der Erzählung „Abschied von Rune" entwickeln die SchülerInnen anfanghaft die Fähigkeit, Hoffnung in Psalmworten authentisch auszudrücken.

4. Stunde: „Marianne denkt an ihre Großmutter"
Stundenintention
In der vorausgegangenen Stunde haben die SchülerInnen vom Tod des kleinen Rune gehört - einige SchülerInnen haben vielleicht selbst schon nahe Verwandte, z.B. die Großeltern verloren.

Die SchülerInnen sollen in Auseinandersetzung mit der Hauptfigur in der Geschichte „Marianne denkt an ihre Großmutter" (>> Lernen am Modell) sensibel werden für die Möglichkeiten und Schwierigkeiten von Trauerbewältigung.

5. Stunde: „Warum lässt Gott das Leid zu? – die Theodizeefrage"
Stundenintention:
Der Blick in unsere Welt des Leides und Todes wirft eine Frage auch und besonders für SchülerInnen immer wieder drängend auf: Warum lässt der gute Gott das Leid zu?

In der Auseinandersetzung mit der Theodizeefrage und den Epikuräischen Antwortversuchen können die SchülerInnen ihre eigene Verantwortung für das Leid in der Welt erspüren und erahnen ansatzhaft die Konsequenz der Freiheit, die Gott den Menschen lässt.

6. Stunde: „Jesus zeigt: Gott steht auf der Seite der Leidenden – die Heilung eines Aussätzigen (Lk 5,12-14)"
Stundenintention:
Genau wie heute gab es auch zur Zeit Jesu Leid und Tod. Leid wurde damals oft vorschnell als Strafe Gottes gedeutet, was Jesus in seinem Reden und Handeln eindeutig verneint. Auch die SchülerInnen haben sich bereits in der letzten Stunde mit dieser These auseinander gesetzt.

In der Identifikation mit dem biblischen Aussätzigen (nach Lk 5, 12-14) und dessen Begegnung mit Jesus öffnen sich die SchülerInnen der Perspektive, dass Gott Hoffnung und Rettung im Leid schenken will.

7. Stunde: „Gott leidet mit! – Jesu Dornenkrone als Symbol für das Leiden Gottes in der Welt"
Stundenintention:
Die SchülerInnen haben Gott als einen kennen gelernt, der nicht möchte, dass Menschen leiden und ihnen in Jesus neue Hoffnung und Mut schenkt.

In der ganzheitlichen Auseinandersetzung erspüren die SchülerInnen die Dornenkrone als Symbol für das Leid in der Welt und erahnen, dass Jesus diese Dornenkrone mit-leidend und stellvertretend trägt und sich damit bedingungslos auf die Seite der Leidenden stellt.

8. „Jesus geht selbst den Weg vom Dunkel ins Licht"
Stundenintention:
Die SchülerInnen wissen bereits vom Tod Jesu am Kreuz.

Im Symbol des Weizenkornes gehen sie den Weg Jesu vom Dunkel bis ins neue Leben mit, erfahren von der Frohbotschaft am leeren Grab und erspüren, dass der Tod der Beginn eines neuen Lebens sein kann.

9. Stunde: „Im Hause meines Vaters gibt es viele Wohnungen"
Stundenintention:
Den SchülerInnen sind neutestamentliche Vorstellungen vom Leben nach dem Tod nicht völlig unbekannt.

Indem die SchülerInnen ein für sie persönlich treffendes Zitat aus dem NT auswählen und gestalten, erschließen sie sich einen je individuellen Zugang zu einer bildlich gefassten Auferstehungshoffnung unseres Glaubens.

10. Stunde: „Hoffnungssymbole auf Grabsteinen"
Stundenintention:
In der letzten Stunde haben sich die SchülerInnen bereits mit einem sie ansprechenden Bildwort aus dem Neuen Testament auseinander gesetzt, das ihre Hoffnung auf ein neues Leben nach dem Tod zum Ausdruck bringt.

Am Beispiel eines ortsansässigen Künstlers und Bildhauers setzen sie sich mit der Hoffnungsbotschaft seiner Grabsteine als Grenzzeichen zwischen Leben und Tod auseinander und bringen daran anknüpfend ihre eigenen Gedanken und Ideen individuell kreativ zum Ausdruck.

11.Stunde: „Mein Trost- und Hoffnungsbuch"
Stundenintention:
In den einzelnen Stunden des Themenbereichs hatten die SchülerInnen immer wieder die Möglichkeit, ihren Gedanken und Bildern im persönlichen Trost- und Hoffnungsbuch Ausdruck zu geben.

Am Ende des Themenbereiches können die SchülerInnen aus den nochmals zur Verfügung gestellten Angeboten (Psalmwortkartei, Stationenarbeit ...) einen persönlichen Arbeitsschwerpunkt wählen und ihren individuellen Gesamtlernzuwachs vertiefen, indem sie ihr Trost- und Hoffnungsbuch meditativ „fertig stellen".

Des Weiteren geht es um inhaltlich-thematische, sowie schüler- bzw. erfahrungsorientierte Vorüberlegungen (z.B. das Elementarisierungsmodell, vgl. den Beitrag von Rudolf Sitzberger in diesem Buch, S.83), aber auch um verschiedene Fragen, etwa der Evaluation von Unterricht, der Leistungsmessung, des Grundwissenserhalts u.a.m.

5.3. Konstruktivistische Ansatzmöglichkeiten in einer konkreten Unterrichtsstunde

Methodische Möglichkeiten:	Einzelintentionen im Sinn des konstruktivistischen Ansatzes
- z.B. Auswahl von (Not-) Bildern, die die Schüler persönlich betroffen machen / an eigene Erlebnisse erinnern	Die Schülerinnen und Schüler sollen erfahrungsorientiert sensibel werden für Menschen in Not.
- z.B. perspektivische Erzählung aus der Sicht eines behinderten Jungen	Sie sollen sich anfanghaft einfühlen können in die Wünsche, Hoffnungen und Ängste eines behinderten Jungen.
- z.B. Beschreibung eines Menschen, der täglich mit Behinderten / Notleidenden arbeitet	Sie sollen Einstellungen Dritter gegenüber Notleidenden wahrnehmen und beurteilen können (>> Lernen am Modell).
- z.B. Fragen an die ausgewählte Person formulieren / ihr einen kurzen Brief schreiben / Ausgestaltung eines Porträts der Person / …	Sie sollen im kreativen Ausdruck und im Austausch darüber Werthaltungen verinnerlichen.
- z.B. Rollenspiel (statt szenisches Spiel)	Sie sollen sich in Rollen modellhaft ausprobieren und in die Thematik authentisch einbringen können.
- z.B. individuellen Ausdruck zur Teil- oder Endsicherung (>> alle Formen kreativen Gestaltens, Schreibens, Verklanglichens usw. möglich)	Sie sollen sich individuell ausdrücken und dadurch persönliche Verknüpfungen zwischen neuem Lerngegenstand und eigenem Denkkonstrukt bilden können.

5.4 Erfahrungen

Um es vorwegzunehmen, die praktischen Erfahrungen mit dem neuen Modell waren weitgehend positiv. Aus der Theorie heraus wurde im Stadium der Planung dieses Modells vielfach die Angst formuliert, die Vorgaben könnten für Lehrerinnen und Lehrer, zumal für Anfänger zu komplex und kompliziert sein und sich deshalb als nicht alltagstauglich erweisen. Dem war in der Praxis nicht so; denn der Grad der Schwierigkeit und Komplexität ergibt sich analog zur

Fähigkeit, den Konstruktivismus zu berücksichtigen. Wem also diese Lerntheorie vertraut war, für den war es eigentlich wesentlich anspruchsvoller, stimmige Formulierungen zu finden, der hatte andererseits aber automatisch dadurch die Kompetenz, dieser Herausforderung gerecht zu werden. Dem entgegen bereitete es aber denjenigen, die nicht genau wussten, was denn nun der Konstruktivismus soll, auch keine Probleme, für ihre (weniger hohen) Ansprüche an ihren Unterricht passende Formulierungen aufs Papier zu bringen. Die Qualität des Unterrichts war natürlich im einen und im anderen Fall nicht die gleiche, doch die Stundenintentionsvorgaben bedeuteten für die besseren wie für die schlechteren Lehrerinnen und Lehrer keine nennenswerte Erschwernis oder gar ein Hindernis. Und diejenigen, die bereit und kompetent waren, konstruktivismusgerecht zu unterrichten, fanden im neuen Modell ein geeignetes Instrumentarium zur Unterrichtsplanung.

Als Seminarleiter konnten wir einen positiven Nebeneffekt festhalten. Wenn nun den LAA und kirchlichen ReligionslehrerInnen abverlangt wurde, einen Schüler-Status-quo-Satz und einen Zielareal-Satz zu formulieren, dann konnte von diesen beiden Sätzen her in der Beratung gut ein schlüssiger roter Faden durch die Stunde plausibel gemacht werden. Natürlich wurde auch zuvor schon den Lehrkräften der Blick auf die Schülersituation nahe gebracht, doch ein ausdrückliches Verbalisieren und damit der Zwang zur Auswahl und zur Konkretisierung war nicht vorgesehen und stellte sich nun vielfach als sehr hilfreich dar, für kirchliche LehrerInnen, LAA wie für die Berater gleichermaßen.

6.   Irrgarten mit Richtung. Ein Park mit vielen Lernmöglichkeiten - eine perturbierende Abrundung

Konstruktivistisches Lernen lässt sich gut mit dem Bild eines Parks vorstellen: Die Lehrkraft hat einen Überblick und eine Vorstellung von dem, was in einem solchen Park, also in dieser Lernlandschaft zu erfahren und zu lernen ist. Trotzdem haben die Schülerinnen und Schüler unterschiedliche Lernmöglichkeiten: Während der eine sich dem Baum in der Parklandschaft eher taktil nähert und seine Rinde befühlt, wählt ein anderer den gustativen Weg, indem er die Früchte des Baumes kostet. Ebenso besteht die Möglichkeit, auf den Baum zu klettern und dessen Größe und Standfestigkeit so zu erspüren – viele weitere Varianten wären denkbar, die jedoch alle wieder zu einem Gesamtbild des Baumes zusammengetragen werden können ...

Hier könnte man weitere konstruktivistische Überlegungen anfügen und im Sinne von nachhaltigem, individuell prozessorientiertem Vorgehen im Unterricht das Erreichen von Mindeststandards für jede(n) SchülerIn anstreben. Kompetenzen, die SchülerInnen zu einem bestimmten Zeitpunkt erwerben, und deren angestrebte Kumulierung über die Schuljahre hinweg sind nämlich – ganz im Sinne konstruktivistischer Theorie – durchaus auch Ergebnis individueller Lernvorgänge und -ausgangspunkte. Probleme dürften allerdings bezüglich der Frage entstehen, wie in diesem Rahmen das Geschäft der „Evaluation" aussehen könnte, denn gerade für den RU erweisen sich die Kompetenzen, die als sogenannte „soft skills", als weiche, schwer evaluierbare Ergebnisse der Lehr-

Lern-Prozesse gelten, als zentrale, unaufgebbare Elemente des Faches. Der Konstruktivismus könnte hier einen Beitrag dazu leisten, den Bildungshorizont nicht von der Messbarkeit der Standards her einzuschränken, sondern von den Anforderungen des Faches her bewusst offen zu lassen, damit nicht nur additive, sondern auch propädeutische, entwicklungsbezogene, persönlichkeitsorientierte Aspekte des Religionsunterrichts Eingang in dessen qualitative Gewichtung finden. Ansätze für solche fruchtbare Verbindungen von Anforderungen an die unterrichtliche Praxis, die zunächst unterschiedlicher Herkunft sind und unvermittelbar miteinander erscheinen, sollen ebenfalls im Folgenden mitbedacht werden.

Impulse

1. Überlegen Sie, welche Begriffe Sie bevorzugen, und diskutieren Sie Ihre Prioritäten in der Gruppe:
Lernziel – prozesshaftes Lernziel – Lernintention – Lernchance – Zielareal.

2. Welche der folgenden Umschreibungen passen Ihrer Meinung nach zur Vorstellung von „Zielen" oder „Intentionen", die in diesem Beitrag entwickelt wurde?
- die SchülerInnen kennen die Zehn Gebote
- die SchülerInnen kennen Menschen in ihrer Gemeinde, die den Gottesdienst und das Gemeindeleben mitgestalten
- die SchülerInnen achten die sakrale Atmosphäre einer Kirche
- die SchülerInnen können ihre Gaben und Stärken sowie ihre Grenzen und Schwächen wahrnehmen und darüber sprechen
- die SchülerInnen begreifen die Botschaft von der grenzenlosen Liebe Gottes an biblischen Beispielen
- die SchülerInnen wissen, dass Christen an Gott den Vater, den Sohn und den Heiligen Geist glauben

Diskutieren Sie auch die unter 3.1.1 als problematisch bewerteten Lernzielformulierungen!

3. Studieren Sie die Vorgaben in Ihren Lehrplänen (z.B. Grundwissens-Kataloge in den bayerischen Lehrplänen, Bildungsstandards im Bildungsplan 2004 von Baden-Württemberg) und überlegen Sie, welche davon der konstruktivistischen Kritik standhalten können.

4. Projektgruppe und Herausgeber diskutierten intensiv darüber, ob die folgende Beispielerzählung ein analoges Bild zur Erläuterung des

neuartigen Ansatzes der Projektgruppe darstellt oder diesem entgegenläuft. Was meinen Sie?

Wer auf dem Gelände der sogenannten „Kristallwelten" vor dem Irrgarten von André Heller steht, der sieht im Hintergründ den Ort Wattens und von weitem einen Supermarkt halb rechts. Folgende Unterhaltung könnte man nun dem Vater mit seiner kleinen Tochter unterstellen, damit das Bild vom Irrgarten nun zur Stundenintention passt: „Da drüben ist ein Supermarkt, dort bekommst du dein Eis", antwortete der Vater auf die Frage seiner Tochter, wohin dieser Irrweg sie denn bringen würde. „Wir nehmen einen der Eingänge, der uns am nächsten ist und halten uns an diese Richtung, da drüben", ergänzte der Vater, „irgendwo in der Nähe des Ladens werden wir schon herauskommen." Und die beiden gingen los, weil sie wussten, wohin sie wollten, und sie kamen an.

Rudolf Sitzberger

Konstruktivistisch Unterricht planen

„Aber wie soll ich denn die Stunde vorbereiten? In Religion lässt sich doch nichts planen und festlegen wie in anderen Fächern!?" – So oder ähnlich höre ich es immer wieder in den ersten Seminarsitzungen zum studienbegleitenden Praktikum für Katholische Religionslehre. Und die Ängste und Befürchtungen der Studierenden treffen damit auch den Kern der Problematik: Moderner Religionsunterricht hat sich weit entfernt von einem starren Schema, wie es beispielsweise noch in Zeiten des „grünen Katechismus" der Fall war. Damals war Unterrichtsvorbereitung eine vergleichsweise einfache Angelegenheit; der Religionsunterricht wurde häufig aber als genauso einfach und eintönig empfunden. Religiöse Lernprozesse wurden dadurch oftmals eher gehemmt als gefördert. Doch wie kann man es heute besser machen? Und welchen Beitrag leistet die Theorie des Konstruktivismus, wenn es um die Planung von Religionsunterricht geht?

Unterrichtsplanung und -vorbereitung können grundsätzlich auf verschiedenen Ebenen betrachtet werden: sowohl auf der längerfristigen Planungsebene eines ganzes Schuljahres als auch auf der Ebene der Vorbereitung einer einzelnen Unterrichtsstunde. Dies gilt auch für konstruktivistische Unterrichtsplanung. Im Folgenden wird vorrangig auf die Planung einer Unterrichtseinheit bzw. einer einzelnen Unterrichtsstunde eingegangen. Gleichwohl gelten auch für die Gesamt- und Sequenzplanung die grundsätzlichen Überlegungen zu einer konstruktivistischen Unterrichtsplanungskultur in analoger Ausformung.

1. Die Planung des Unplanbaren?

Die Planung einer Unterrichtsstunde ist im Fach Religion ein besonders schwieriges Unterfangen, weil sich die Frage nach der Lehr- und Lernbarkeit von Glauben und die didaktische Gestaltung religiöser Lernprozesse äußerst komplex darstellt.

Lässt sich Glauben lernen? Können Lernprozesse im Glauben schrittweise geplant werden? Diese Anfragen sind nicht neu. Sie werden durch die Theorie des Konstruktivismus eher noch verschärft. In besonderem Maße gilt dies für die Frage nach einem festen Schema für die Planung des Religionsunterrichts.

Das Unplanbare in ein festes Planungsschema zu pressen – das scheint der Theorie des Konstruktivismus zu widersprechen. Die Theorie des Konstruktivismus legt demgegenüber nämlich ihren Schwerpunkt auf mehr offene Lernprozesse, die schwer in ein starres Schema zu fassen sind. Wird hier nicht die Quadratur des Kreises angestrebt? Welche Anhaltspunkte bleiben also, um die Planung von RU sinnvoll und stimmig in eine konstruktivistische Theorie einzubetten? Dies wird im Folgenden noch genauer zu untersuchen sein.

Im ersten Schritt (2.) soll die ReligionslehrerInnenausbildung vor dem Hintergrund einer konstruktivistischen Theorie kurz skizziert werden. Im Anschluss daran werden sechs Grundsätze zur konstruktivistischen Unterrichtsplanung vorgestellt (3). Im nächsten Schritt wird das Modell der Elementarisierung zur Planung von RU vor dem Hintergrund der Theorie des Konstruktivismus entfaltet (4.). Schließlich (5.) werden in einer knappen thesenhaften Zusammenfassung die Chancen und Probleme einer konstruktivistischen Unterrichtsplanung skizziert.

2. Konstruktivismus im Spiegel universitärer Lehrerbildung

Die Theorie des Konstruktivismus wird in der Pädagogik bereits seit einiger Zeit breit rezipiert (vgl. die diesbezüglichen Erläuterungen im Eingangskapitel S.21). Innerhalb der Theologie und der Religionspädagogik lässt sich aber eine gewisse Scheu gegenüber dem Konstruktivismus feststellen (vgl. Mendl 2002, 174). Zwar verweist auch der neueste „Didaktik-Leitfaden" auf den Konstruktivismus und fühlt sich ihm verpflichtet (Hilger / Leimgruber / Ziebertz 2001, 13), es zeigt sich aber in der genaueren Betrachtung, dass diese Verpflichtung nicht konsequent in allen Kapiteln umgesetzt wurde. Die Diskussion über den Konstruktivismus ist innerhalb der Theologie und Religionspädagogik bei der Auseinandersetzung um Thomas Ruster etwas intensiver geführt worden, da dieser seine erfahrungskritischen Thesen ja ebenfalls vor dem Hintergrund des Konstruktivismus entfaltet (vgl. Sitzberger 2003). Aber auch das brachte letztlich keine fundierte inhaltliche Klärung.

Mittlerweile bildet der Konstruktivismus die Grundlage für die Erstellung der bayerischen Lehrpläne (vgl. Schießl 2000). Daher sollte es eigentlich zur Selbstverständlichkeit werden, dass diese Theorie bei der Vorbereitung und Planung des Unterrichts Einsatz findet. Was genau ist aber diese Grundlage?

Für meine Arbeit und Überlegungen stütze ich mich vor allem auf einen gemäßigten pädagogischen Konstruktivismus. Dies bedeutet, dass vor allem Erkenntnisse aus der Lernpsychologie und -theorie, aber auch aus den Überlegungen zur Informationsverarbeitung und Erstellung individueller Wirklichkeitskonstruktionen eine besondere Rolle spielen. Gleichzeitig wird versucht, die ontologische Fragestellung von einem gemäßigten Standpunkt aus zu betrachten und nicht jede objektive Wirklichkeit als solche gänzlich abzulehnen. „Wirklichkeit ist beobachterabhängig – dies ist der kleinste gemeinsame Nenner in dieser Diskussion" (Siebert 1999, 7), in der der klassische Objekt-Subjekt-Dualismus aufzuheben versucht wird.

Trotz seiner subjektorientierten Ausrichtung will aber der gemäßigte Konstruktivismus nicht eine vollständige Beliebigkeit jeglicher individueller Wirklichkeitskonstruktionen innerhalb einer Gesellschaft. In besonderer Weise erfordert dies der Schulbetrieb. Dies greift der pädagogische Konstruktivismus auf. Das besondere Setting von Unterricht gibt Rahmenrichtlinien vor, die das gemeinsame Handeln am Lernort Schule bestimmen und die Grenzen gegen eine reine Subjektausrichtung setzen. In diesen Rahmen passt das konstruktivistische Wort von der Viabilität jeglicher Wirklichkeitskonstruktion. Die Welt muss viabel, d.h. stimmig sein, um sich in ihr zurechtzufinden. Und sie muss so konstruiert werden, dass sich das einzelne Subjekt auch in eine Gemeinschaft einfügen und in ihr zurechtfinden kann. Die je eigene

Konstruktion der Wirklichkeit muss also zu einer tragfähigen Lebensführung und Lebensbewältigung beitragen.

Der Konstruktivismus dient in erster Linie als Hintergrundfolie, auf der die verschiedenen Ebenen der Unterrichtsvorbereitung und -durchführung zu gestalten sind, um religiöse Lernprozesse subjektorientiert und offen im Unterricht zu strukturieren.

3.   Sechs Grundsätze konstruktivistischer Unterrichtsplanung

Bei der Planung und Gestaltung der Unterrichtsstunde sollten die grundsätzlichen Merkmale eines konstruktivistischen RU ernst genommen und je nach Thema spezifisch umgesetzt werden. Sechs solcher konstruktivistischer Grundsätze der Unterrichtsplanung sollten besonders beachtet werden und in die elementaren Lernwege (siehe 4.3.2 , S.100) integriert werden.

Es zeigt sich, dass vieles von dem, was zur Zeit schon in der Praxis umgesetzt wird, dem entspricht, was eine konstruktivistische Unterrichtstheorie als wünschenswert erachtet und was in der Vorbereitung und Planung konstruktivistischen RU`s eine besondere Rolle spielt.

Im weiteren Verlauf werden konkrete Bezüge zu Praxisbeispielen anhand des Stundenthemas „Selbstmord – (k)eine Lösung?" vorgestellt.

3.1   Subjektorientierung

Subjektorientierung erfordert von den Lehrenden zunächst, dass sie sich auf die jeweilige Entwicklungsstufe der SchülerInnen einstellen und den Stoff für sie passend auswählen und aufbereiten. Diese Überlegungen spielen in der Untersuchung der elementaren Zugänge eine besondere Rolle.

Je heterogener eine Klasse ist, desto schwieriger gestaltet sich die Vorbereitung und didaktische Umsetzung, weil ja der *ganze* Stundenverlauf auf die einzelnen Subjekte abgestimmt sein sollte. Es geht also darum, gleichsam eine Matrix zu finden, die den Unterricht als Ganzes prägt. Dennoch heißt dies nicht, dass dieser Matrix alles bedingungslos unterworfen wird. Im Wechselspiel mit den anderen fünf Grundsätzen konstruktivistischer Unterrichtsplanung muss eine ausgewogene Balance zwischen Sache und SchülerIn gefunden werden.

Subjektorientierung zielt des weiteren darauf ab, die SchülerInnen als Subjekte ihres Glaubens ernst zu nehmen und sie dabei zu unterstützen, eigene Standpunkte in der Pluralität unserer modernen Welt zu finden (vgl. Mendl 2004, 32f). Dies kann nur durch eine entsprechende Planung des Unterrichts sinnvoll angegangen werden.

Konkret kann dies heißen, dass der Entwicklung angemessene Bilder gewählt werden (vgl. dazu Parsons 1987), dass Texte entsprechend sprachlich umgeformt werden (v.a. in der Grundschule, siehe dazu Steinwede 1981), dass Geschichten und Dilemmasituationen adäquat ausgesucht sein müssen und Argumentation und Logik des Gedankengangs sich an den Erkenntnissen aus der Entwicklungs- und

Religionspsychologie orientieren (vgl. Fowler 1991, Oser / Gmünder 1988, Oerter / Montada ⁴1998).

Für das Themenfeld „Selbstmord/Schuld" (Hauptschule 9.1.2; Real-schule 9.1, 9.3, 10.3, 10.4, Gymnasium 10.3, 10.5) bedeutet dies, dass man eine oder mehrere Beispielfiguren anbieten sollte, mit denen die Schülerinnen und Schüler einerseits „Kontakt" aufnehmen können und die andererseits die Möglichkeit bieten, ihnen eigene Meinungen und Überzeugungen in den Mund zu legen. Konkret könnten zwei Jugendliche skizziert werden, von denen die eine Person Selbstmordgedanken hegt, und eine andere, der sich die erste Person anvertraut und die sie um Rat fragt.

3.2   Individualisierung

Jede Schülerin und jeder Schüler sollten als Individuum ernst genommen werden und die Möglichkeit erhalten, im Unterricht eigene Zugänge zum Thema zu finden. Konstruktivistische Planung bedeutet, dass das theoretische Wissen um die je eigene Wirklichkeitskonstruktion möglichst weit in die Praxis hinein umgesetzt wird. Dabei werden durch die Rahmenvorgaben (Klassen-stärke, Stundenbelastung der Lehrkraft, Lehrplanvorgaben, bürokratische Anforderungen, ...) natürlich Grenzen gesetzt, die zu Kompromissen zwingen. Jedoch sollte der Unterricht so gestaltet werden, dass die Möglichkeit für jeden Einzelnen gegeben ist, sich selbst einzubringen und eigene Synapsen mit dem neuen Stoff zu bilden. Dies zieht sich über die gesamte Unterrichtsstunde hin: von der Einführung über die Erarbeitung bis zu vertiefenden oder trans-ferierenden Unterrichtsphasen müssen individuelle Konstruktionen zum Thema ihren Raum bekommen. Über diese einzelnen Konstrukte sollte jedoch wiederum ein Austausch bzw. gegenseitige Vergewisserung stattfinden, da die einzelnen Produkte auch viabel und in der Klassengemeinschaft kommuni-zierbar sein müssen.

Konkret kann dies heißen, dass jeder in einem Bild den Aspekt / den Teil für sich finden darf, der ihn besonders anspricht oder dass mehrere Bilder zur Auswahl gestellt werden. Bei einer Textarbeit kann es nicht darum gehen, dass z. B. über textanalytische Verfahren eine eindeutige Textaussage gesucht wird, sondern dass mehrere neue „Texte" entstehen, die den Blick auf den Ursprungstext erweitern, bereichern, in Frage stellen und Neues schaffen. Durch den Bezug zu den Vorgaben der Lehrkraft, die ja von den Erfordernissen des Lehrplans aus ein Thema mit seinen Materialien, z.B. einem Text aufbereitet, bleibt der Rahmen des Unterrichts gewahrt und es entsteht nicht eine ausufernde Beliebigkeit von sinnfremden Konstruktionen, sondern ein echtes Ringen mit individuellen Wahrheitsansprüchen.

Trotzdem werden begründete Konstruktionen nicht geglättet, so dass beim Selbstmordthema auch dann argumentativ begründete Meinungen als viable Konstruktionen akzeptiert werden, wenn sie nicht ganz der

Stundenintention entsprechen, dass Selbstmord keine befriedigende Lösung eines Problems darstellt.

3.3   Erfahrungsorientierung

Erfahrungsorientierung bedeutet, sich der Lebenswelt jeder Schülerin, jeden Schülers zu vergegenwärtigen und ihr / ihm im Unterricht eigene Verknüpfungsmöglichkeiten zu eröffnen, damit der Unterrichtsstoff mit eigenen Wissensbeständen verknüpft und neue Synapsen gebildet werden können. Dabei weist der Aspekt „Erfahrungsorientierung" ambivalente Züge auf: Einerseits sollte der Stoff der Stunde die Möglichkeit bieten, an etwas bereits „Erfahrenes", d.h. Bekanntes anzuschließen, andererseits darf dies aber nicht den Effekt haben, dass der Schüler abschaltet und sich denkt: „das kenne ich ja eh schon". In diesem Spagat zwischen „Neugierde wecken" und „mit Vertrautem verbinden" ist eine ideale Erfahrungsorientierung angelegt.

Der Grundgedanke der Elementarisierung hilft hier weiter: Grundlegende elementare Erfahrungen der Schülerinnen und Schüler zu einem Thema können als Anknüpfungspunkte für die Einordnung und Verankerung des Neuen dienen. So wird z.B. bei der Geschichte von Jesus und Levi (Mk 2,13-15) immer die Grunderfahrung des Ausgestoßen-Seins bzw. des Angenommen-Werdens eine Rolle spielen. Diese Grunderfahrungen sind jedoch so elementar, dass davon ausgegangen werden kann, dass diese Erfahrungen in der Regel von den Schülerinnen und Schülern geteilt werden und sie sich somit auch mit den Figuren identifizieren können. Dadurch können Verbindungen (Synapsen!) hergestellt werden, die ein nachhaltiges Lernen fördern.

So kann man evtl. Liedtexte (so z.B. von Silbermond, Söhne Mannheims, STS, ...) zum Thema Selbstmord einbeziehen, in denen solche elementaren Erfahrungen von Leid, Problemen, Schmerz, etc. aufgegriffen werden.

3.4   Didaktik der Aneignung - lerntheoretische Erkenntnisse

Lernen spielt sich nicht als rezeptiver Vorgang ab und Wissen kann somit nicht einfach vermittelt werden. Lernen ist immer als aktiver Vorgang zu sehen, in dem sich Lernende das Neue selbst aneignen müssen. Als Lehrerin und Lehrer kommt mir die Aufgabe zu, diesen Prozess begleitend zu unterstützen. Zentrale Aspekte sind dabei:

- **Sinnliches Wahrnehmen** auf möglichst vielfältige Weise (Beachtung unterschiedlicher Lerntypen; methodische Vielfalt jenseits kognitiver Einseitigkeit, Berücksichtigung der vorhandenen oder nicht vorhandenen religiösen Erfahrungen): „Je mehr Sinneskanäle bei der Informationsaufnahme beteiligt sind, desto komplexer und differenzierter wird die Wissensorganisation" (Gudjons 2003, 135). Dies bedeutet, dass das Gelernte resistenter gegen das Vergessen wird, weil es auf verschiedenen Ebenen abgespeichert und mit Synapsen versehen wird. Andererseits kann es auch schneller wieder abgerufen werden, da es „multimodal" (ebd.) im Gehirn repräsentiert wird.

- **Emotionale Bindungen** schaffen: Emotionen stellen gleichsam einen Filter für die Aufnahme von Informationen dar. Positives wirkt verstärkend, negative emotionale Verknüpfungen können zu einer Blockade gegenüber dem Lerngegenstand führen. „Je nachdem, wie wir gerade gestimmt sind (...) richten sich Aufmerksamkeit und Wahrnehmung auf völlig unterschiedliche kognitive Inhalte" (Ciompi 1997, 94f.). Außerdem wird jeder Lerngegenstand, mit dem die SchülerInnen auch Emotionen verknüpfen, einfacher und länger im Gedächtnis gespeichert und besser abrufbar (vgl. dazu auch Ciompi 1997, 93ff.; Siebert 1999, 28ff).
- **Erkennen**: Neues wird im Gehirn mit bereits vorhandenen Wissensstrukturen und vorhandenen Synapsen in Verbindung gebracht. Gelingt dies, wird das Neue leichter erkannt und kann in das Bestehende eingeordnet werden (**Assimilation**). Gelingt dies nicht, wird versucht, eine neue Struktur zu schaffen, in die das Neue integriert wird (**Akkomodation**) oder es wird als untauglich und unpassend ganz verdrängt (vgl. dazu auch Montada 1998, 523).
- **Erinnern**: Eine noch tiefere Bindung entsteht, wenn Neues nicht nur (als Neues) erkannt wird, sondern auch biografische Erinnerungen an das Neue geknüpft werden können. So entstehen lebendige Geschichten, die wiederum Lernen erleichtern und Nachhaltigkeit fördern.

Grafisch lässt sich dies folgendermaßen darstellen (siehe unten).

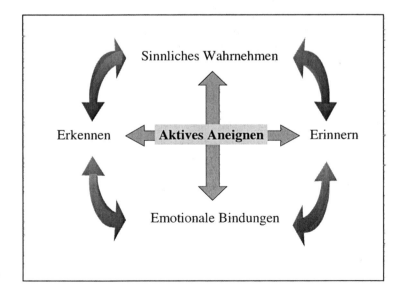

Dabei gilt auch hier, dass die vier genannten Bereiche prozesshaft zusammenwirken und nicht solitär betrachtet werden dürfen. Für die Lehrkraft ist besonders die Vertikale in der Vorbereitung planbar. Die Horizontale setzt dagegen wesentlich mehr Kenntnis der einzelnen Schülerinnen und Schüler voraus, um gezielt Prozesse des Erkennens und vor allem des Erinnerns in Gang zu setzen.

Die Umsetzung lerntheoretischer Erkenntnisse kann beispielsweise in einer gut ausgestalteten Erzählung konkretisiert werden. Diese kann multisensorisch angelegt sein, indem die Schüler die Erzählung nicht nur hören, sondern auch anhand von Bildern sehen. Einzelne Dialoge in der Geschichte können von den SchülerInnen nachgesprochen werden, eigene Kommentare oder Gedanken selbst überlegt und eingebracht werden. Dies aktiviert weitere Sinne (z.B. indem sie eine Stabpuppe in die Hand nehmen) und schafft Raum für Emotionen und eigene Rückbindung an in der Geschichte Erkanntes und die Verknüpfung mit eigenen Erinnerungen, die in die Aussagen der Figuren mit einfließen können.

Für das Beispielthema könnte die emotionale Seite eines Musikstückes in Farbe umgesetzt werden, indem die SchülerInnen eine ganze Seite in den Farben gestalten, die ihrer Meinung nach das gesamte Lied am besten kennzeichnen, oder sie könnten einzelne Strophen (auch einzelne Sätze) mit den entsprechenden Farben übermalen.

3.5   Inhaltsorientierung

Wie bereits mehrmals in diesem Buch betont wurde: Es wäre ein Missverständnis, zu meinen, innerhalb eines konstruktivistischen Konzepts von Religionsunterricht würde auf Inhalte verzichtet. Für konstruktivistischen RU ist es vielmehr bedeutsam, den Stoff so aufzubereiten, dass die stoffliche Fülle und Komplexität reduziert und elementarisiert wird, ohne dass der Stoff selbst dabei seines elementaren Inhalts entleert wird. Grundlegend ist dabei, dass der Inhalt nicht als „Paket" verstanden wird, das es an den Schüler, die Schülerin weiterzureichen gilt, sondern: durch den Unterrichtsstoff sollen die entscheidenden Lernprozesse angeregt werden, die entweder durch Perturbationen oder Bestätigungen dazu führen, dass sich den SchülerInnen eine neue Wirklichkeitssicht eröffnet.

Folgende Leitfragen gilt es bei der Planung des Unterrichts an den Stoff zu stellen, um ihn möglichst ausgewogen einzubringen:

- Stoff**auswahl**: Welche *Passagen sind zentral und von elementarer Bedeutung?*

Bei der Auswahl kann es nicht darum gehen, einen „Kanon" von Inhalten als verbindlich festzuschreiben, ohne sich Gedanken darüber zu machen, ob diese Auswahl auch den Anforderungen eines konstruktiven Lernprozesses genügt (vgl. dazu auch den Beitrag von Hans Mendl in diesem Buch, S. 29, sowie: Mendl 2003, Rothgangel / Fischer 2004). Kriterium müssen die sechs Grundsätze der Vorbereitung sein, damit sich mit dem Stoff

Lernprozesse anregen lassen, die zu einem wirklichen Lerngewinn für die SchülerInnen werden.

- *Stoffaufbereitung: Welche Umformungen sind nötig? Wie muss ich den Stoff aufbereiten, damit er Gehör findet?*

Ist der Stoff ausgewählt, so stellt sich die Frage, ob er in der vorliegenden Form schon verwendet werden kann. Nicht nur die sprachliche Aufbereitung spielt dabei eine Rolle, sondern auch die Umgestaltung, um beispielsweise das Dilemma einer Geschichte prägnanter herauszuarbeiten.

- **Stoffaufbau**: *Welche Reihenfolge ist vom Stoff und von den SchülerInnen her zu beachten?*

Parallel zur Aufbereitung ist der Aufbau nötigenfalls zu verändern. Auch hier kann es nicht darum gehen, systematische oder stoffliche Zwänge als absolut zu setzen. Gleichwohl gibt der Stoff auch im konstruktivistischen Unterricht Leitlinien vor, die beachtet werden müssen.

- **Stoffarrangement**: *Welche methodisch-didaktische Umsetzung ist am besten für diese Thematik geeignet?*

Wie oben angedeutet: die Frage nach dem Arrangement ist von ganz zentraler Bedeutung. Innerhalb eines konstruktivistischen Paradigmas kommt der Stoff mit einer anderen didaktischen Intention ins Spiel! Nicht das zu reproduzierende Inhaltsbündel ist aufzuschnüren, sondern es ist so zu verpacken, dass sich die SchülerInnen an der Perturbation durch eben diesen Stoff reiben und entsprechende Lernprozesse angeregt werden.

- **Stoffalternativen**: *Welche Freiräume lasse ich für individuelles, alternatives Lernen auch im Hinblick auf den Stoff des Themas?*

Schließlich sollte in einer konstruktivistischen Planung ein Freiraum innerhalb der Lernlandschaft geplant werden, der zusätzliche Möglichkeiten des Sich-Auseinander-Setzens ermöglicht. Dies kann durch eine alternative Gestaltung oder Aufbereitung des Stoffes oder durch einen Alternativ-Stoff erfolgen.

3.6 Gestaltung einer Lernlandschaft

Im konstruktivistischen RU entstehen „Lernlandschaften", die es trotz der Heterogenität in der Klasse gewährleisten, dass individuelle religiöse Lernprozesse ablaufen können. Dies erfordert eine gezielte Vor- und Aufbereitung des Stoffes, aber auch eine individuelle „Zielbeschreibung" als Ergebnis des Lernprozesses. Der RU steckt den Rahmen für die Unterrichtsstunde ab, er gibt inhaltliche Leitlinien, innerhalb derer gearbeitet wird. Er lässt innerhalb dieser Vorgaben individuelle Lernprozesse zu, die wiederum innerhalb eines Zielspektrums zu individuellen Zielen führen können. Schließlich regt er zu einem Austausch über diese individuellen Lernprozesse an.

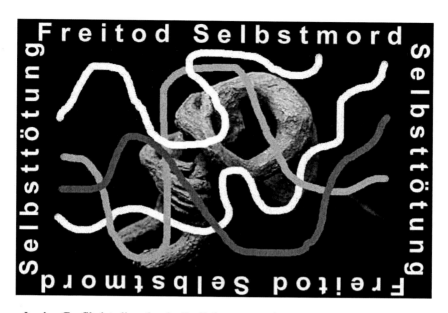

In der Grafik ist dies durch die Rahmenvorgaben des Themas „Selbstmord, Selbsttötung, Freitod" angedeutet. Innerhalb dieser Grenzen sollte die Auseinandersetzung stattfinden. Dabei werden von den einzelnen Schülerinnen und Schülern aber unterschiedliche Wege gegangen (*verschiedene Linien*), die nicht alle vom selben Startpunkt ausgehen und auch nicht alle in denselben Zielpunkt münden. Trotzdem findet eine gemeinsame Auseinandersetzung mit dem Thema in der Klasse statt. Es herrscht keine Beliebigkeit vor und im Rahmen des im Unterricht Möglichen werden die Schülerinnen und Schüler zur produktiven Auseinandersetzung angehalten. Innerhalb einer konstruktivistischen Vorstellung von Lernen stellt die oben genannte Intention des Lehrers „Selbstmord ist keine befriedigende Lösung" eine Wahrheits-Hypothese dar, welche in den Unterricht eingebracht wird, aber selber als Perturbation für andere Konstrukte einem Plausibilitätstest unterzogen werden muss. Angeregt werden sollen Nachdenkprozesse zur Thematik. Dass Schüler zu anderen als den vom Lehrer intendierten Ergebnissen kommen, ist durchaus denkbar. Das wäre aber auch nicht anders, wenn der Lehrer, wie es bei einem traditionellen Unterricht durchaus zu beobachten war, ähnliche Stunden mit einem Schlusssatz an der Tafel „Selbstmord ist keine Lösung" abrunden würde. Gerade bei einem solchen sensiblen Thema erscheint es als die Stärke eines konstruktivistischen Paradigmas, dass abweichende Schülerkonstruktionen auch als gleichwertige Wahrheitshypothesen ins Spiel gebracht werden können und von daher neue Lernprozesse in Gang kommen können.

4. Moderne Unterrichtsplanung vor dem Hintergrund konstruktivistischen Denkens

Die im letzten Kapitel beschriebenen sechs Grundsätze bilden die Basis der Unterrichtsplanung. Bei der Betreuung des studienbegleitenden Praktikums ist die Planung und Vorbereitung von Unterricht eines der zentralen Themen. In der Praxis hat sich mittlerweile ein Modell bewährt, das auf die aus der evangelischen Religionspädagogik stammende Elementarisierung zurückgeht (vgl. dazu Schweitzer 2003, Nipkow 2002, Schweitzer u.a., 1995) und mittlerweile auch in der katholischen Religionspädagogik rezipiert wird (vgl. Mendl 2002a, KatBl 126 (2001, 2), ZPT 52 (2000, 3)). Das konstruktivistische Modell der Elementarisierung, das hier zugrunde liegt, ist eine Weiterentwicklung dieses Modells und wurde in Passau neu konzipiert.

Das Modell der Elementarisierung ist sowohl auf der Ebene einer einzelnen Unterrichtsstunde als auch für mehrere Stunden einer Unterrichtseinheit als übergreifende Vorbereitung und Planung anwendbar. Bei der Anwendung auf eine gesamte Unterrichtseinheit muss jedoch beachtet werden, dass einzelne Teilbereiche, wie etwa die elementaren Lernwege, leicht modifiziert bzw. differenziert werden müssen. Für die Gesamtplanung einer Unterrichtsstunde / Unterrichtseinheit wird folgendes Schema (Siehe rechts, S.93) zu Grunde gelegt.

Die einzelnen Phasen der Unterrichtsplanung werden im Folgenden nur so detailliert geschildert, wie es nötig ist, um konstruktivistische Argumentationsstrukturen aufzuzeigen. Auf eine weitergehende Darstellung muss in diesem Rahmen verzichtet werden. Grundsätzlich gilt für dieses Modell: Es muss flexibel gehandhabt werden.

4.1 Orientierungsphase

Der erste Bereich der Vorbereitung wird mit dem Begriff der „Orientierungsphase" umschrieben. In ihm geht es sowohl um die Annäherung an das durch den Lehrplan vorgegebene Thema und seine Erschließung als auch um die Einbeziehung der Kontexte für den Unterricht, die es bereits in dieser Phase mit zu berücksichtigen gilt. Insofern werden hier erste konstruktivistische Maximen bereits berücksichtigt, weil der Stoff bzw. Lehrplan nicht als fixe Vorgabe begriffen wird, die ohne jeglichen Kontext einer subjektiven Wirklichkeitskonstruktion zu verwenden wäre. Diese Konstruktionen werden auf verschiedenen Ebenen bewusst oder unbewusst vorgenommen.

4.1.1 Themenerschließung

Für die Planung einer Unterrichtsstunde bzw. Unterrichtseinheit muss das Thema zunächst von der Lehrkraft im Lehrplan verortet werden. In welchem Zusammenhang steht das Einzelthema mit dem gesamten Themenbereich? Welche Intentionen werden mit dem Themenbereich im Lehrplan verfolgt, welche didaktischen Schwerpunkte setzt der Lehrplan? Welche Vernetzungsmöglichkeiten gibt es zu anderen Themenbereichen des RU, aber auch zu anderen Fächern in der gleichen Jahrgangsstufe und darüber hinaus?

Dabei spielen in der Vorbereitung des Unterrichts die eigenen Ideen und Gedanken, die man zu einem Thema hat, eine wichtige Rolle. Die Lehrerin / der Lehrer setzt seine eigenen Akzente, interpretiert die Lehrplanvorgaben aus seiner eigenen Wirklichkeitskonstruktion heraus und selektiert und arrangiert den Stoff nach seinem Ermessen. Bereits hier wird deutlich, wie sehr sich die gleichen Vorgaben individuell von Lehrkraft zu Lehrkraft in der konkreten Vorbereitung dann zu einem eigenständigen Unterricht wandeln, der nur mehr über die Rahmenrichtlinien des Lehrplans verglichen werden kann.

Schließlich tragen auch die (Schul-)Bücher und andere Materialien in der Orientierungsphase ihren Teil dazu bei, dass die Stunde erste grobe Konturen annimmt und sich die ersten vernetzten Gedanken zu dem Thema bilden. Wiederum fließen andere Konstruktionen mit in die ersten Überlegungen einer Lehrkraft ein und geben eigene Impulse zur Betrachtung des Themas und seiner Aufbereitung.

Planung, Gestaltung und Reflexion einer Religionsstunde

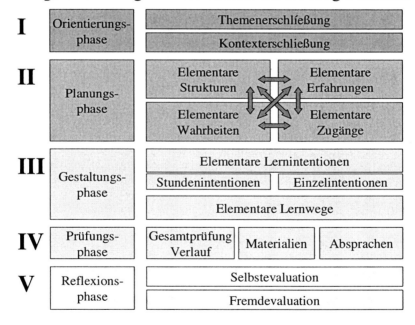

4.1.2 *Kontexterschließung*

Die eigenen Voraussetzungen der Lehrerin bzw. des Lehrers spielen eine erhebliche Rolle bei der Vorbereitung einer Unterrichtsstunde. Dies betrifft sowohl das fachliche Wissen zu einem bestimmten Thema als auch die emotionale Bindung zu diesem Unterrichtstoff. In der Vorbereitung muss sich die

Lehrkraft vergewissern, wie sie zu einem Thema steht und wie viel sie an Wissen für dieses Thema mitbringt oder sich erst noch aneignen muss. Neben diesen sehr konkreten Voraussetzungen geht es des weiteren schon um die Vergewisserung der eigenen Stärken und Vorlieben als Religionslehrerin und -lehrer und ihrer Umsetzungsmöglichkeiten auf dieses spezielle Thema hin. Das eigene religionspädagogische Profil prägt die Unterrichtsgestaltung und nimmt Einfluss auf die Vorbereitung der Unterrichtsstunden. Das Bewusstmachen von solchen Strukturen kann helfen, verkrustete Routinen aufzubrechen und neue Impulse setzen.

Der zweite Bereich der Kontexterschließung betrifft die Schülervoraussetzungen, die in der klassischen Analyse am ehesten mit dem Bereich der pädagogischen Analyse vergleichbar sind. Zwei große Blöcke lassen sich hier zumindest analytisch trennen: zum einen die anthropologisch-psychologischen Voraussetzungen, zum anderen die sozial-kulturellen. Bei beiden ist besonders darauf zu achten, dass allgemein-pauschale Bewertungen möglichst vermieden werden, die besondere Klassen- und Themensituation dagegen möglichst konkret mit einbezogen wird.

Zur ersten Gruppe gehören die entwicklungspsychologischen Bedingungen, wie etwa die Denkentwicklung, die Sprachentwicklung, der Aufbau des eigenen (kindlichen) Weltbildes, die moralische und die religiöse Entwicklung. Auch die Leistungsfähigkeit ist zu nennen und in die Planung mit einzubeziehen. Des weiteren sollten themenrelevante biographische Besonderheiten und Interessen der Schülerinnen und Schüler (Haustiere, Hobbies, Erlebnisse, ...) sowie die besonderen Lebenssituationen (Familienverhältnisse, besondere Belastungen und Grenzen, ...) nach Möglichkeit mit berücksichtigt werden.

Der zweite Schwerpunkt umfasst die sozial-kulturellen Voraussetzungen: welche religiöse Sozialisation haben die Schülerinnen und Schüler, welche Einstellung herrscht zum Religionsunterricht und gegenüber der Kirche vor? Wie setzt sich die Klasse zusammen? Solche Überlegungen haben bereits in der Würzburger Synode (Synodenbeschluss 1974, 2.5.1) ihren geschichtlichen Ursprung, die Bedeutsamkeit dieser Überlegungen erhält angesichts des Konstruktivismus eine deutliche Bestätigung. Das Wahrnehmen der religiösen Heterogenität einer Klasse bedeutet eine zusätzliche Schwierigkeit modernen RU´s, weil sie zum einen eine geschärfte Wahrnehmungskompetenz auf Seiten der Lehrkraft und eine noch schwierigere Differenzierungsfähigkeit im RU erfordert als noch vor einigen Jahrzehnten. Diese Schwierigkeiten können aber auch als Chance begriffen werden, um eigene Glaubensbiografien bewusst zu machen und eigene Glaubenskonstruktionen als tragfähige Brücken für das Leben mit und in der Kirche herauszuarbeiten.

Als dritter Punkt sind die institutionellen Rahmenbedingungen mit zu berücksichtigen. Zu ihnen zählen die Raumverhältnisse, Ausstattung des Faches, Verteilung der Stunden im Stundenplan, etc. Sie werden hier der Vollständigkeit halber genannt, bereiten aber in der Regel die geringsten Probleme für die Vorbereitung.

4.2 Planungsphase

Innerhalb der Planungsphase wird die eigentliche didaktische Elementarisierung in den grundlegenden vier Dimensionen der Elementarisierung (Strukturen, Erfahrungen, Zugänge, Wahrheiten) vorgenommen. Oberflächlich betrachtet scheinen die Strukturen und Wahrheiten mehr der Sachebene, Erfahrungen und Zugänge mehr der Subjektebene zugeordnet zu sein. Jedoch sollte eine strikte Polarisierung zwischen Sach- und Subjektseite vermieden werden, da es sich bei dem Modell mehr um eine prozesshafte, wechselseitige Erschließung handelt. So finden z.B. bei den elementaren Erfahrungen Überlegungen nach den geronnenen Erfahrungen, die in der Sache selbst stecken, ihren Platz. Zur besseren Verdeutlichung wird im Folgenden zu den einzelnen Dimensionen der Elementarisierung jeweils das konkrete Beispiel zum Thema „Selbstmord – (k)eine Lösung?" fortgeführt.

4.2.1 Elementare Strukturen

Die elementaren Strukturen wurden im Gegensatz zu den ersten Überlegungen bei Nipkow unterteilt und etwas erweitert. Vor allem die *grundlegende Analyse* lenkt den Blick etwas mehr auf die Sache als in der traditionellen Beschreibung der elementaren Strukturen. Damit wird der Praxis Rechnung getragen, in der eine grundlegende Sachanalyse elementar wichtig für die Vorbereitung ist.

Grundlegende Analyse

Die grundlegende Analyse schafft die Voraussetzungen für die didaktische Auswahl aus der Komplexität des Stoffes, der für den Lehrer selbst klar und verständlich sein muss. Die klassische Sachanalyse umfasste diese Aufgabe. Innerhalb der Elementarisierung bildet sie hier gleichsam die explizite Hintergrundfolie, aufgrund der die Schlüsselentscheidung für den Unterricht im Bereich der elementaren Strukturen gefällt wird.

> *Das Thema „Selbstmord" erfordert nicht nur umfassende Kenntnisse im religiösen Bereich; zur Vorbereitung gehören auch die weitergehenden Strukturen dieses komplexen Stoffes: Wie ist die rechtliche Seite zu bewerten, die gesellschaftliche, die medizinische, die moralische, evtl. auch die statistische, und natürlich die kirchlich-religiöse?*

Elementarisierende Zuspitzung

Der zweite Bereich der elementaren Strukturen benennt das Elementare des Unterrichtsthemas im Hinblick auf die Schüler. Die elementarisierende Zuspitzung ist als „Elementarisierung (...) Aufgabe wissenschaftlicher Vereinfachung im Sinne sach- und textgemäßer Konzentration" (Nipkow 2002, 452). Hier fällt die Entscheidung über die Sinnmitte des Themas. Um was geht es also letztlich in genau dieser einen Stunde? In unserem Beispiel wird der Schwerpunkt auf die kirchliche Position gelegt und eine Auseinandersetzung der Schülerinnen und Schüler mit eben dieser gesucht.

Besonders bedeutsam ist, dass hier eine *Glaubens*frage aufgegriffen wird, die nur aus dem persönlichen Glauben heraus *für sich* beantwortet werden kann. In diesem Sinne ist die Frage nach dem Selbstmord hier engstens mit der Gottesfrage gekoppelt. Nur wenn ich mein Gottesbild entsprechend reflektiere, kann ich eine Antwort *für mich* auf die Frage finden, wie Geschöpflichkeit einerseits und Freiheit andererseits zueinander in Beziehung stehen. Deshalb ist die Frage nach den anderen Strukturen, wie etwa der rechtlichen Seite oder den medizinischen Fragen, nicht so drängend und spielt nur eine untergeordnete Rolle.

Im Gegensatz zu den elementaren Wahrheiten werden hier aber nicht die *Inhalte* an sich aufbereitet und geplant, sondern es wird geklärt, welche Struktur das Thema erfordert. Im Beispiel kann dies letztlich nur zu einem diskursethischen Vorgehen führen, weil eine andere Auseinandersetzung konstruktivistisch nicht sinnvoll erscheint. Wie unten gezeigt wird, geht es bei den Wahrheiten dann um die konkrete inhaltliche Auseinandersetzung mit der Position der Kirche. Diese kann ich – konstruktivistisch gedacht – zumindest auf einer Metaebene diskutieren und verhandeln, ohne sie den SchülerInnen als bindende Wahrheit überstülpen zu müssen.

Im Zentrum steht die kirchlich-religiöse Betrachtung der Frage. „Objektiv" lässt sich die Position der Kirche bestimmen und diskutieren, „subjektiv" muss die Frage im Zusammenhang mit dem eigenen Gottesbild und der Frage nach der Geschöpflichkeit des Menschen und seiner Freiheit je für sich beantwortet werden.

4.2.2 Elementare Erfahrungen

Die elementaren Erfahrungen verdeutlichen die doppelte Verschränkung des Konzepts besonders. Nicht nur die Erfahrungen der Schülerinnen und Schüler, als die personale Seite, werden berücksichtigt und als Vorerfahrungen bedacht, sondern auch jene, die den Texten und Inhalten zugrunde liegen und dem zu Folge auch die Sache als zweite Seite mit ins Spiel bringen. Wendet man dies auf eine biblische Wundergeschichte Jesu hin an, so folgt daraus, dass sich in dieser Geschichte geschichtliche Erfahrungen verdichtet und bewahrheitet haben. Diese stammen nämlich von „historischen Zeugen (...), die den irdischen Jesus wahrnahmen und deuteten u.a. mit der Vorstellung ‚Wunder' – ‚Wunder' als ‚unbewusster Norm' des Wahrnehmens, als Element der Konstruktion von Wirklichkeit" (Stimpfle 2001, 279; vgl. dazu auch Lampe 1997). Und eben diese Konstruktion müssen unsere SchülerInnen heute wieder leisten: wie baue ich eine Wundergeschichte in meine Wirklichkeitskonzeption ein, so dass sie stimmig bleibt. Und stimmig wird sie dann, wenn eigene elementare Erfahrungen ermöglichen, solche Perturbationen zu integrieren und für sich fruchtbar zu machen.

Das konstruktivistische Prinzip der eigenen Wirklichkeitskonstruktion wird hier also besonders ernst genommen. Es wird versucht, die individuellen Konstruktionen der einzelnen Schülerinnen und Schüler mit in die Planung einzubeziehen. Diese Konstruktionen beruhen aber zum großen Teil auf persönlichen Erfahrungen und wie diese in die Weltsicht eingebaut wurden. „Konstruktivistisch gedacht meint Realität beobachtete Faktizität" (Stimpfle 2001, 278). Erlebt ein Grundschüler ein gesprochenes Gebet als hilfreich und führt eine Lösung seines Problems, um das er gebeten hat, auf dieses Gebet zurück, so bleibt es zunächst unerheblich, ob sich dies objektiv beweisen lässt oder nicht. Für die Lehrkraft muss klar sein, dass die Erfahrungen von den SchülerInnen je eigens gedeutet und verarbeitet werden. Wichtig ist es aber, diese Deutungen mit anderen auszutauschen, um die Tragweite und Tragfähigkeit eigener Konstrukte ausloten zu können. Genau dieser Spielraum für individuelle Lernprozesse, basierend auf elementaren Erfahrungen, muss in der Vorarbeit grundgelegt werden.

In der Vorbereitung ist die Frage zu stellen: Haben sie mit diesem Thema bereits Erfahrungen gemacht oder könnte es sogar sein, dass in meiner Klasse jemand sitzt, der schon einmal Selbstmordgedanken hatte? Wurden sie in ihrem Umfeld bereits mit einem Selbstmord konfrontiert?

Werden für die Stunde Texte verwendet, so spiegeln sich in diesen Erfahrungen zu diesem Thema wider: sei es aus Abschiedsbriefen, die die Situation von Selbstmördern konkretisieren oder seien es auch Verlusttexte, die die Situation der Betroffenen zeigen.

4.2.3 Elementare Zugänge

In diesem prozessorientierten Konzept werden auch die Entwicklung und die Lebensgeschichte der Kinder und Jugendlichen bedeutsam. Die elementaren Zugänge versuchen diesen Aspekt zum Tragen zu bringen. Das Thema des Unterrichts kann nicht an den entwicklungstheoretischen Erkenntnissen vorbei über die Schülerinnen und Schüler gestülpt werden. Genauso wichtig ist aber für den richtigen Zeitpunkt des Themas die Biografie des Einzelnen. Der Blick auf die einzelnen Individuen erfordert vom Lehrer eine große Wahrnehmungs- und Differenzierungskompetenz, um die gesellschaftlich und lebensgeschichtlich bedingten Verstehensvoraussetzungen der Kinder richtig einzuordnen.

Ebenso spielen lernpsychologische Erkenntnisse über Lehr-Lern-Prozesse eine entscheidende Rolle. Nur wenn die Vorgaben aus diesen Überlegungen eingehalten werden, kann der Religionsunterricht gewinnbringend gelingen.

Die Jugendlichen sind oft in der Identitätssuche mit Problemen beschäftigt, die sie zu erdrücken scheinen. Mögliche Selbstmordgedanken sind in diesem Alter nicht auszuschließen. Sie können im konkreten Fall zu Schwierigkeiten führen, sie können aber auch Chance sein, im Umgang mit diesem Thema zu Lösungen zu gelangen. Auf jeden Fall empfiehlt es sich, sich der Thematik indirekt anzunähern und über Texte oder Dilemmageschichten anzubieten, die eigene Sicht auf eine Beispielfigur zu übertragen und so Wege zu diskutieren, wie man mit solchen Problemen umgehen kann.

4.2.4 Elementare Wahrheiten

Die elementaren Wahrheiten runden die Elementarisierung ab. Im Religions-unterricht kommt der Frage nach der Wahrheit eine besondere Bedeutung zu. Der wahre Glaube und die Wahrheit des Glaubens bilden zentrale Punkte des kirchlichen Lehramtes. Jedoch heißt es im Ökumenismus-Dekret des Zweiten Vatikanischen Konzils, Unitatis redintegratio (UR), „daß es eine Rangordnung oder ‚Hierarchie' der Wahrheiten innerhalb der katholischen Lehre gibt" (UR 11). Die Frage nach dem, was „wahr" und was „falsch" ist, ist eine höchst komplizierte und hängt von vielerlei Voraussetzungen ab: So ist zu klären, ob es sich um eine philosophische, eine subjektive, eine wahrnehmbare, eine wissen-schaftliche oder andere Art von Frage handelt, die zu klären ist und die nach „wahr" oder „falsch" beurteilt wird.

Wird „Wahrheit" als solche postuliert, so liegt sie nach Mitterer außerhalb einer Diskursmöglichkeit. „Die Wahrheit ist unpersönlich, ist subjektunab-hängig und Falschheit und Irrtum sind persönlich, sind subjektabhängig. Falschheit und Irrtum sind nur in unserem Kopf, aber die Wahrheit ist in ihm und außer ihm. Irren ist menschlich, aber die Wahrheit ist nicht allein Men-schenwerk." (Mitterer 1999, 495)

Innerhalb der Elementarisierung kommt der Frage nach der Wahrheit dementsprechend die Aufgabe zu, als Vergewisserungsproblem im Streit um gewissmachende Wahrheit zu fungieren (vgl. Mitterer 1999, Ammermann 2000, Mendl 2002, 181f., Sitzberger 2003, 110ff.). Hilfreich kann hier die Unter-scheidung zwischen einer „Wahrheit an sich" und einer „Wahrheit für mich" (Mendl 2002, 181; vgl. auch den Beitrag in diesem Buch S.184) sein. Es liegt auf der Hand: Die *persönliche* Wahrheit kann jede Schülerin und jeder Schüler nur *für sich selbst* gewinnen, den Wahrheitsanspruch eines geschichtlichen Zeugnisses oder eines religiösen Bekenntnisses gilt es aber im Unterricht als Anspruch zur konstruktiven Auseinandersetzung zu formulieren. Insbesondere gilt es zu beachten, dass innerhalb der Schule in der Regel nicht ein philosophischer Diskurs über das Sein oder Nichtsein von Wahrheit geführt wird, sondern dass es um das ganz konkrete Ergriffensein von der Botschaft Jesu geht. Und hier spielt es eine entscheidende Rolle, dass die Wahrheit „im Kopf" von uns allen je eigens konstruiert und im eigenen Weltbild verankert wird. Es ist so wie die grundlegende Frage nach dem Sein, die mit der begrifflichen Trennung von Realität und Wirklichkeit sprachlich gefasst werden kann. „Demnach beschreibt der Begriff *Realität* die wahrnehmungsunabhängige Welt, über die (mit letzter Sicherheit) (...) keine Aussage getroffen werden kann. Der Begriff *Wirklichkeit* hingegen bezeichnet das subjektive Bild der Welt und ihrer Zusammenhänge, das von einem Beobachter konstruiert wird" (Lindemann/Vossler 1999, 8).

Die Offenheit der Lehrkraft gegenüber der Annahme oder Ablehnung eines „Stunden-Wahrheits-Anspruches" ist deswegen ein weiteres, wichtiges Kenn-zeichen konstruktivistischer Unterrichtsplanung: Sie hat nicht als Ziel, die Wahrheit der Lehrerin/des Lehrers bzw. des katholischen Lehramtes dem Einzelnen überzustülpen, sondern je eigene Wirklichkeitskonstruktionen im

Austausch miteinander auf Viabilität zu überprüfen und die SchülerInnen mit dem Wahrheits-Anspruch zu perturbieren.

So könnte eine provokante These für das Beispielthema als elementare Stundenwahrheit so formuliert werden: Aus dem Wissen, dass Gott uns unser Leben geschenkt hat, damit wir daraus etwas machen, stellt Selbstmord keine Lösung für Probleme dar.

4.3 Gestaltungsphase

Die vier traditionellen Dimensionen der Elementarisierung können mit einer fünften, den elementaren Lernwegen, ergänzt werden (vgl. ZPT 52 (2000,3), 252f. 261; KatBl 126 (2001,2), 83; Schweitzer 2003, 9-30). Bereits Friedrich Schweitzer thematisiert in einer weiterführenden Reflexion zum Elementarisierungs-Modell die „elementaren Lernformen" (Schweitzer 2003, 24-26), die er jedoch vor die elementaren Wahrheiten platziert. Mir scheint es jedoch plausibler zu sein, in der bereits erfolgten Auseinandersetzung mit der gesamten Elementarisierung zuerst die Frage nach der Intention für die Stunde zu beantworten. Erst dann kann sich m.E. die Frage nach den dafür geeigneten Lernformen anschließen. Dies konkretisiert den Elementarisierungsprozess noch deutlicher auf den Unterricht hin: Wie komme ich bei der Unterrichtsvorbereitung mit Hilfe des Elementarisierungsmodells bis hin zu meinem konkreten Unterrichtsverlauf? Wo ist der Platz für die explizite Formulierung meiner Absichten für diese Stunde? Diese Lücke wird mit der Ergänzung um die elementaren Lernintentionen geschlossen.

4.3.1 Elementare Lernintentionen

Es macht wenig Sinn, die Frage nach der Intention der Stunde bereits vor der Elementarisierung gänzlich festzulegen, weil sie ja erst in ihr selbst klar wird. Der Rahmen ist mit dem Stundenthema und den Lernzielen bzw. didaktischen Schwerpunkten des Lehrplans vorgegeben. Aber erst in der persönlichen Konstruktion mit der Elementarisierung kristallisiert sich in der Regel die zum Stundenthema zugehörige Stundenintention heraus und wird für den Lehrer explizit sprachlich greifbar. Dies ist besonders wichtig, weil nur von diesem Zielspektrum aus ein sicheres Vorgehen in der Stunde möglich wird (siehe dazu auch den Beitrag von Eggerl/Schäble/Vugt, besonders S.73ff.).

Stundenintention (mit didaktischen Schwerpunkten)
Die elementaren Lernintentionen können auf zwei Ebenen formuliert werden. Für die gesamte Unterrichtsstunde sollte eine übergreifende Stundenintention benannt werden. In ihr können einzelne didaktische Schwerpunkte aufgegriffen werden, die im Lehrplan in den kurzen Textabschnitten enthalten sind, die den einzelnen Themenbereichen vorangestellt sind. Damit wird noch einmal deutlich gemacht, was aufgrund der vorangegangenen Elementarisierung als Intention für diese Stunde für dieses Thema als sinnvoll und umsetzbar erscheint.

Die Schülerinnen und Schüler sollen in der Auseinandersetzung mit dem kirchlichen Anspruch, jedes Leben zu bewahren – und somit auch das eigene – Möglichkeiten und Lösungswege für den Umgang mit dem Thema Selbstmord finden.

Einzelintentionen

Zur Stundenintention treten weitere Einzelintentionen, die als nähere Beschreibungen einzelner Phasen oder wichtiger Schlüsselstellen der Stunde gelten können. Sie dienen dazu, sich auf einer zweiten Ebene über die Gestaltung der Lernlandschaft dieser Stunde Gedanken zu machen. Man könnte sie mit Markierungspfählen vergleichen, die als Wegweiser oder Anhaltspunkte für die Schülerinnen und Schüler dienen können und dazu beitragen, den Rahmen der Lernlandschaft abzustecken bzw. Wege aufzuzeigen, die durch diese Lernlandschaft führen. Diese Einzelintentionen können dem affektiven, psychomotorischen, sozialen oder kognitiven Bereich zugeordnet oder übergreifend formuliert sein.

4.3.2 Elementare Lernwege (Verlaufsplanung)

Schließlich müssen die gewonnenen Erkenntnisse in einen adäquaten Stundenverlauf gebracht werden (vgl. dazu Schweitzer 2003, 24-26, der jedoch die „Lernformen" anders in sein Konzept einbettet). Der Unterricht darf nicht losgelöst vom vorher Gewonnenen umgesetzt werden. Entsprechende Methoden und Sozialformen versuchen die Erkenntnisse so zu strukturieren, dass eine Lernlandschaft entsteht, die der einzelnen Schülerin und dem einzelnen Schüler die Möglichkeit gibt, sich in ihrer bzw. seiner Weise mit dem Stoff auseinander zu setzen und sich auf die je eigene Weise anzueignen. Der Weg muss von einer Vermittlungsdidaktik zu einer „Ermöglichungsdidaktik" (Siebert 1999, 21, 36) gehen. Neben dem traditionellen mehrspaltigen Verlaufsschema sollte immer zusätzlich eine ausformulierte Darstellung die Lernwege begründen und so didaktische Entscheidungen transparenter machen (vgl. den Beitrag von Hans-Peter Eggerl in diesem Buch, S.51).

5.   Probleme und Chancen konstruktivistischer Unterrichtsplanung

Die Planung von RU wurde seit jeher durch die Offenheit religiöser Lernprozesse herausgefordert. Schon Studierende stellen bei der Vorbereitung der ersten Unterrichtsversuche für den RU fest, dass sich die Planung im Gegensatz zu Mathematik oder Deutsch deutlich schwieriger gestaltet. Andererseits erfahren sie aber auch, dass RU gerade wegen dieser Offenheit interessanter und vielschichtiger ist als anderer Unterricht.

Doch welche Chancen bzw. welche Probleme bringt eine *konstruktivistische Unterrichtsplanung (KUpl)*? Diese seien abschließend thesenartig formuliert.

KUpl bedeutet, die vorhandene Pluralität anzuerkennen und die in ihr liegenden Chancen positiv aufzugreifen.

Die Theorie des Konstruktivismus bereits in der Planung ernst zu nehmen und Unterricht vor diesem Horizont anzugehen, bedeutet in erster Linie die Pluralität und Heterogenität unserer Klassen ernst zu nehmen und zu versuchen, dieser Situation gerecht zu werden. Solche Planung verabschiedet sich von allzu sorgloser Indifferenz, die meint, im Grunde sei es ja doch *die* zweite Klasse, in der alle ungefähr dieselben Voraussetzungen haben und in der das einfache „Abspulen" des Stoffes *allen* gerecht würde.

Sie zeigt zudem die Schwierigkeiten und steigenden Anforderungen an modernem RU auf und zwingt zu verantwortungsvollem, intensivem Vorbereiten. In der Heterogenität unserer Klassen liegen aber auch große Chancen: SchülerInnen, die biblische Geschichten noch nicht kennen, sind offen und neugierig auf die Botschaft Jesu; Diskurse mit Nichtgläubigen oder Suchenden bereichern die Lernlandschaft und führen zu neuen Einsichten bei allen Beteiligten; interkulturelles Lernen kann Spannungen abbauen und helfen, andere zu verstehen, die einem als fremd und sonderbar erscheinen.

KUpl nötigt zu einem Umdenken: weg von einer Vermittlungsdidaktik hin zu einer Aneignungsdidaktik.

Schon im Vorfeld wird Klarheit darüber gewonnen, wie Lernprozesse mit den Schülerinnen und Schülern angelegt sein müssen, damit sich möglichst jeder Einzelne seine Zugangswege zum Thema des Unterrichts bahnen und sich gewinnbringend aneignen kann. Dabei ist eine wichtige Erkenntnis leitend: es lassen sich zwar Informationen „vermitteln", niemals aber die *Bedeutung* dieser „Informationen". Diese muss je eigens von den Schülerinnen und Schülern für sich gefunden werden. Die Lehrkraft versucht also durch ihre Planung, möglichst vielen Schülerinnen und Schülern möglichst viel an Lernzuwachs und an individueller Bedeutungszuschreibung zu ermöglichen.

KUpl verbindet „instruktivistische" Phasen des Unterrichtens mit Angeboten konstruktivistischer, individueller Gestaltung und Auseinandersetzung mit dem Thema.

Dies erfordert eine durchdachte und sorgfältige Vorgehensweise, in der „instruktivistische" Informationsangebote genauso ihren Platz finden müssen wie konstruktivistische Gestaltungsphasen, in denen die Informationen von den Einzelnen in ihrer je individuellen Bedeutung für sich angeeignet werden. KUpl führt also nicht zu monotonem Unterricht, sondern eröffnet eine Vielzahl an Vorgehensweisen, die den Unterricht lebendig und ideenreich machen.

KUpl nutzt die vielfältigen bestehenden Formen modernen RUs und baut so auf vorhandenen Kompetenzen von LehrerInnen und SchülerInnen auf.

Eine konstruktivistische Unterrichtsplanung stützt sich auf bereits bestehende Formen der Unterrichtsgestaltung, die schon seit geraumer Zeit zum „normalen" Repertoire eines modernen RU´s gehören. Insofern ist die Gefahr einer Überforderung für die Lehrkraft sowie für die Kinder und Jugendlichen nicht allzu groß. Die vorhandenen Kompetenzen werden für die Gestaltung der Lernprozesse fruchtbar gemacht. Und das Potential, das in der Gestaltung dieser religiösen Lernprozesse - auch im schulischen Bereich – liegt, lässt sich durch konstruktivistische Planung ideal nutzen.

__KUpl kann, wenn sie als Modell für die Aufbereitung eines ganzen Themenbereiches genutzt wird, als praxistaugliche Theorie im Alltag umgesetzt werden.__

Unterrichtsplanung an der Universität, sei es im Praktikum oder im theoretischen Diskurs, gerät leicht in Verdacht, nur etwas für „Vorführstunden" zu sein. Der Vorwurf, im Alltag seien diese Modelle nicht praxistauglich, ist oft zu hören. Sicher kann obige Elementarisierung in der späteren Berufspraxis nicht mehr für jede Stunde angewandt werden. Wie jedoch schon eingangs erläutert, ist eine konstruktivistische Unterrichtsplanung, wie sie das Elementarisierungsmodell darstellt, auch auf der Ebene einer ganzen Sequenzplanung einsetzbar. So angewandt stellt KUpl eine Möglichkeit dar, Vorbereitung in einem Rahmen zu gestalten, der sowohl der Praxis der Vorbereitung als auch dem gestiegenen Anspruch des RU´s gerecht werden kann.

Impulse:

1. Reflektieren Sie das Verhältnis von „Planbarkeit" und „Offenheit für Unvorhergesehenes" bei der Ausgestaltung von Religionsunterricht an eigenen (selbst erlebten oder gestalteten) Religionsstunden!

2. Notieren Sie die „Sechs Grundsätze konstruktivistischer Unterrichtsplanung" (3.1-3.6) auf einem Blatt und notieren Sie dazu eigene Assoziationen und Interpretationen. Vergleichen und diskutieren Sie die unterschiedlichen Ergebnisse!

3. Versuchen Sie eine Unterrichtsstunde mit einem Thema Ihrer Wahl nach dem Modell der Elementarisierung vorzubereiten:

   Skizzieren Sie dabei kurz die elementaren Strukturen, Erfahrungen, Zugänge und Wahrheiten.
   Versuchen Sie eine Stundenintention für dieses Thema in eigenen Worten zu benennen. Erarbeiten Sie einen groben Unterrichtsverlauf, der eine konstruktivistische Lernlandschaft repräsentiert, in der verschiedene Lernwege eingeschlagen werden können.

4. Greifen Sie das Beispiel-Thema des Beitrags: „Selbstmord – (k)eine Lösung?" nochmals auf! Was ist die „elementare Wahrheit" bei diesem Thema für Sie selber? Welche Positionen zum Thema nehmen Sie bei Jugendlichen wahr? Welche Wahrheit möchten Sie diesen Jugendlichen in einer Unterrichtssequenz zur Thematik zumuten?

5. Überlegen Sie, welche konstruktivistischen Formen des Unterrichtens Sie ohnehin schon kennen (und praktizieren). Welche Erfahrungen haben Sie mit solchen offeneren Lernformen gemacht?

6. „Vermittlungs-Didaktik" –„Aneignungs-Didaktik" – „Ermöglichungsdidaktik": Welcher dieser Begriffe taugt für Ihre Vorstellung von einem „guten" Religionsunterricht?

Josef Kraus

„Nichts Neues unter der Sonne?" Eine Feldstudie zur konstruktivistischen Deutung von Religionsunterricht

1. Innovationen perturbieren

Jede Innovation verwirrt zunächst. Sie bringt gute Gewohnheiten und bewährte Traditionen durcheinander. Diese Haltung der vorsichtigen Skepsis gegenüber dem Neuen ist besonders im Bereich der Pädagogik zu beobachten. Zu oft schon sind Neuerungen mit großem Aufwand an Fortbildungsveranstaltungen und unter Verwerfung bisher gültiger didaktischer Prinzipien eingeführt worden, und nach einiger Zeit der Realisierung musste dann festgestellt werden, dass es sich doch nicht um das Ultimative handelte. Oder man musste als LehrerIn erfahren, dass neue Prinzipien nach einer Eingewöhnungsphase wirklich griffen und sich junge Keime des Erfolgs zeigten, aber die kultusministerielle Bürokratie nicht genug Atem hatte, um das Geplante weiterzuführen. Der Einwand gegen das Neue verschärft sich, wenn die LehrerInnen den Eindruck haben, die Neuerung wäre rein am grünen Tisch der Fachwissenschaft ohne Bezug zur „Praxis" entstanden, sie wäre das Glasperlenspiel einzelner universitärer Didaktiker. Da sich die Lehrkraft berechtigterweise als Fachfrau bzw. als Fachmann ihres/seines Aufgabenbereiches versteht, wird alles, was „von oben" kommt, sofort auf den Prüfstand der Praxis gelegt. Es hat sich zu bewähren, es muss hilfreich sein, sonst taugt es zu nichts!

Skeptische Einwände der genannten Art gelten auch für den konstruktivistischen Ansatz von Unterricht und natürlich auch – oder erst recht - von Religionsunterricht. Dem didaktischen Konstruktivismus haftet immer noch der Geruch des schwer Verständlichen und des Universitären an, und selbst entschiedene Vertreter dieses konstruktivistisch-didaktischen Ansatzes bedauern, „dass für die praktische Umsetzung dieser Forderungen bislang kaum ausgearbeitete und empirisch hinreichend abgesicherte Methoden zur Verfügung stehen" (Reinmann-Rothmeier / Mandl 2001, 617). Andererseits wird eindeutig nachgewiesen, dass das Modell des didaktischen Konstruktivismus eine „nachträgliche Begründung" einer bereits (konstruktivistisch) veränderten Unterrichtspraxis darstellt, dass also in der heutigen Schulwirklichkeit bereits – und das schon seit langem! – konstruktivistisch deutbare Elemente zu finden sind (vgl. oben im einleitenden Beitrag von Mendl in diesem Buch, S.38f.). Alle Unterrichtsformen, die die Neugier der SchülerInnen wecken wollen, Individualisierung ermöglichen, aktivierendes und produzierendes Lernen in den Mittelpunkt stellen, haben zumindest eine Tendenz zum Konstruktivismus. Als historische Vorbilder konstruktivistischer Überlegungen gelten der amerikanische Pragmatismus nach John Dewey, die Arbeitsschule nach Georg Kerschensteiner, die Idee des „genetischen Lernens" nach Martin Wagenschein und überhaupt jede Konzeption des entdeckenden und problemlösenden Lernens (vgl. Reinmann-Rothmeier / Mandl 2001, 621f.).

Also doch nichts Neues? So einfach löst sich das Problem mit „Alt" und „Neu" nicht! Die konstruktivistischen „Schätze" in den derzeit üblichen Gestaltungsformen des Religionsunterrichts müssen erst gehoben werden. Dazu bedarf es einer „konstruktivistischen Brille".

2.   Die konstruktivistische Brille aufsetzen

Der Verfasser dieses Artikels war in ähnlicher Weise – wie oben geschildert – skeptisch eingestellt gegenüber der Idee des pädagogischen Konstruktivismus; er schwankte zwischen neugieriger Akzeptanz und der Überzeugung nach dem Motto „nichts Neues unter der Sonne!". Doch eines Tages wurde ihm zufällig und ungeplant bei einer Unterrichtsberatung eine konstruktivistische Brille aufgesetzt.

Die Lehrerin einer dritten Jahrgangsstufe legte den Kindern nach einer kurzen Einleitung den Text des Psalms 23 vor und gab ihnen den Auftrag, an den Rand des Textes Gedankenwolken zu malen und sie zu beschriften. Es ist zu betonen, dass die Lehrerin dieser Klasse in keiner Weise bewusst konstruktivistisch arbeiten wollte und wahrscheinlich noch nie etwas von einer konstruktivistischen Didaktik gehört hatte. Die Gestaltung durch die Schüler erfolgte also im Rahmen eines „normalen", traditionellen Religionsunterrichts.

In den folgenden Ausführungen dieses Artikels werden nun in einem ersten Schritt einige besonders typische Schülerleistungen ausgewählt und in ihren unterschiedlichen Ausprägungen beschrieben. In einem weiteren Schritt wird untersucht, inwieweit diese individuelle Arbeit mit dem Psalm 23 Merkmale eines konstruktivistischen Unterrichts aufweist. Nachdem der Erweis erbracht ist, dass die Leistungen der Kinder als „individuelle Konstruktionen" im Sinn der konstruktivistischen Theorie gelten können, werden Wege der möglichen Weiterarbeit gesucht, damit das, was die Kinder „konstruiert" haben, für den weiteren Unterricht fruchtbar gemacht werden kann. Hier wird deutlich werden, dass auch auf der Basis eines konstruktivistisch ausgerichteten Unterrichts zielorientiert und auch „instruktional" erfolgreich weitergearbeitet werden kann.

Zur Analyse der Schülerarbeiten muss einschränkend gesagt werden: Es handelt sich bei den Leistungen der Kinder und somit auch bei der Feldstudie um ein zufälliges Unterrichtsergebnis. Weder die soziale Situation noch der jeweilige Leistungsstand der einzelnen Kinder sind bekannt, noch wurde mit den Kindern ein verdeutlichendes Interview geführt. Es kann also nur das analysiert werden, was auf dem Blatt steht. Aussagen über bzw. Schlussfolgerungen auf den emotional-psychischen Hintergrund bei den Kindern können daher nur mit großer Vorsicht gemacht werden.

3.   Ergebnisse einer Feldstudie zur Arbeit mit Psalm 23

Im Folgenden wird dargestellt, wie eine differenzierende, individualisierende und konstruierende Auseinandersetzung in einer dritten Klasse mit Psalm 23 vonstatten geht.

Der Arbeitsauftrag an die SchülerInnen – abgedruckt am unteren Rand des Arbeitsblattes – lautete so:

> **Arbeitsauftrag:** Was denkst du, wenn du die einzelnen Wörter liest?
> Hast du dazu Fragen? Trifft das auch für dich zu? Erinnerst du dich an eigene Erlebnisse?
> Male zu diesen Wörtern Gedankenwolken und schreibe hinein, was immer du für
> wichtig hältst!

3.1 SchülerIn 1 (kein Name)

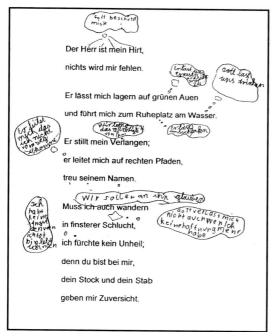

Beobachtungen

- Der Schüler / die Schülerin deutet Vers für Vers auf paraphrasierende Weise.
- Die Darstellung erfolgt verbal und mit der Gestaltung von Gedankenblasen. Bilder und Symbole werden nicht verwendet.
- Quasi als Präambel wird der erste Satz „Der Herr ist mein Hirt" verdeutlicht mit der interpretierenden Aussage „*Gott beschützt mich*".
- Es fällt auf, dass die Worte und Begriffe des Psalms nicht einfach wiederholt werden; vielmehr werden die Aussagen des Psalms adaptiert und in die Welt des Kindes integriert: „lagern auf grünen Auen" wird umschrieben mit „*er lässt uns grasen und sieht uns zu*".

„Wasser" wird transformiert in „*Gott lässt uns trinken*", „Ruheplatz" in „*Er lässt uns schlafen*", „Er stillt mein Verlangen" in „*Wir bekommen das Wichtigste von ihm*", „er leitet mich auf rechten Pfaden" in „*Er leitet mich, dass ich nicht vom Weg abkomme*".

- Die schwierige Passage „treu seinem Namen" wird gedeutet mit „*Wir sollen an ihn glauben*".
- Auffallend ist, dass das Bild von der „finsteren Schlucht" existentiell angegangen wird: „*Gott verlässt mich nicht, auch wenn ich keine Hoffnung mehr habe.*" – „*Ich habe keine Angst, denn wenn ich tot bin, lebe ich noch.*" Das Stichwort „finsteres Tal" gibt also den Impuls für den Gedanken an Angst und Hoffnungslosigkeit und Hoffnung über den Tod hinaus.

Zusammenfassende Deutung

Was zunächst als mehr vordergründige Deutung erscheint, führt im weiteren Verlauf in die Tiefe. Das kräftige Bild von der „finsteren Schlucht" wirkt besonders anregend. Es scheint ein grundsätzliches Gespür für die Metaphorik des Psalms vorhanden zu sein. Interessant wäre es, nachzufragen, was mit „vom Weg abkommen" gemeint ist.

Aufschlussreich ist auch der Weg der Identifikation: zu Beginn scheint noch das Bild vom umsorgten Schaf durch, das Gott grasen lässt; allerdings deuten die „Wir-Aussagen" darauf hin, dass das Kind sich in der Gruppe der Klasse bzw. in der Gemeinschaft der Menschen sieht. Im Kontrast dazu schieben sich im Anschluss an die „finstere Schlucht" emotional tiefe „Ich-Aussagen" in den Vordergrund.

3.2 Melanie

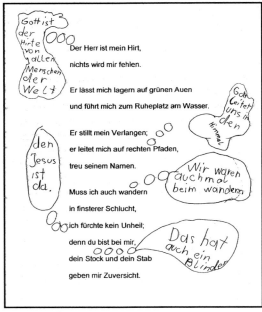

Beobachtungen

- Die Schülerin macht von Anfang an deutlich: Mit dem Hirten im *ersten* Satz des Psalms ist Gott gemeint; er ist der Hirte „*von allen Menschen der Welt*".

- Entsprechend dieser Vorgabe werden auch die „rechten Pfade" als Weg in den Himmel gedeutet: „*Gott leitet uns in den Himmel*".

- Der Satz „Ich fürchte kein Unheil" wird begründet mit „*denn Jesus ist da*". Hier wirkt sicher die schulische und außerschulische Vorbereitung auf die Erstkommunion nach.

- Das „Wandern in finsterer Schlucht" wird nicht als Metapher erfasst, vielmehr weckt dieser Satz Assoziationen zu selbst erlebten Wanderungen.

- Ähnlich werden der „Stock und der Stab" als Hilfen für einen blinden Menschen assoziiert.

Zusammenfassende Deutung

Die Schülerin deutet den Hirten des Psalms religionsunterrichtstypisch auf Gott bzw. Jesus. Metaphorische Deutung kommt nicht/kaum zum Ausdruck. Auffallend ist, dass die „finstere Schlucht" nur assoziativ, aber nicht existentiell angesprochen wird. Es scheint, dass Melanie bei ihrer Gestaltung den Schwerpunkt auf den Impuls der Lehrerin „*Erinnerst du dich an eigene Erlebnisse?*" legte.

3.3 Christian

Beobachtungen

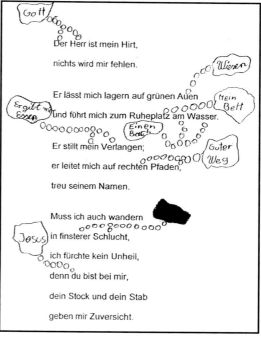

- Der Schüler ist sehr wortkarg und schreibt seine Assoziationen bevorzugt in Stichworten.
- Der Hirte im ersten Satz des Psalms wird auf Gott bezogen; „du bist bei mir" lässt ihn – wahrscheinlich aufgrund des Erlebnisses der Erstkommunion – an Jesus denken.
- Die Deutung erfolgt durchwegs recht handfest und konkret: die „Auen" werden durch „*Wiesen*" ersetzt, der „Ruheplatz" durch „*mein Bett*", das „Wasser" durch „*einen Bach*", „Er stillt mein Verlangen" durch „*Er gibt mir Essen*".
- Die „rechten Pfade" werden – vermutlich – metaphorisch gedeutet mit „*guter Weg*"; möglicherweise scheint hier die im Rahmen der Erstbeichtvorbereitung verwendete Metapher „Weg" durch.
- Aus dem Rahmen fällt die Deutung der „finsteren Schlucht". Hier wird im Gegensatz zu allen anderen verbalen Aussagen stark symbolisch gearbeitet.

Zusammenfassende Deutung

Der Schüler denkt und gestaltet recht realistisch; die mehr stichwortartige Kommentierung belegt dies. Gerade die Formulierungen „*mein* Bett" und „er gibt *mir* zu essen" deuten eine individuell-persönliche Auseinandersetzung mit dem Psalm an. Das Bild von der „finsteren Schlucht" muss eine starke Anziehungskraft haben, weil es einen ganz anderen, einen symbolischen Ausdruck provoziert.

3.4 Simon

Beobachtungen

- Bei Simon fällt die comicartige Kommentierung des Psalms auf.
- Das Bild von einem Hirten mit zwei Schafen illustriert den ersten Satz des Psalms; eine religiöse Deutung ist nicht erkennbar.
- Der „Ruheplatz am Wasser" wird durch Angler am Bach veranschaulicht.
- Die „rechten Pfade" veranlassen zu einer heimatkundlichen Darstellung: Weggabelung mit Wegweisern nach „Essenbach" und „Ergolding".
- Der Hirte und das blökende Schaf bei der Stelle „Wandern in finsterer Schlucht" wird – wahrscheinlich – in Erinnerung an das Gleichnis vom verlorenen Schaf dargestellt.
- „Du bist bei mir" wird mit einer Dorfkirche assoziiert, „Stock und Stab" mit einer steilen Wegstrecke.

Zusammenfassende Deutung

Die Comic-Bilder zeigen eine ausgeprägte Phantasie und einen starken Bezug auf die eigene Lebenswelt. Die religiöse Deutung ist – wenn sie überhaupt durchscheint – stark im Hintergrund. Keine Spur vom „Religionsstunden-Ich"! Ein Interview mit Simon könnte evtl. religiöse Bezüge aufdecken.

3.5 Anna-Lena

Beobachtungen

- Die Kommentierung durch ausdrucksstarke Bildelemente fällt ins Auge.
- „Nichts wird mir fehlen" wird handfest durch Getränk, Brot und Bett dargestellt.
- Ähnlich konkret ist der Ruheplatz am Wasser durch ruhende Schafe (?) gestaltet.
- Auffallend gestaltet ist das „Wandern in finsterer Schlucht", wo mit düsteren Farben die Schlucht gemalt ist, wo ein Gespenst neben einer Mädchengestalt steht und wo das „du bist bei mir" durch zwei sich einander zuwendende Mädchen zum Ausdruck gebracht wird.

Zusammenfassende Deutung

Anna-Lena stellt in ihren Bildern einen starken Bezug zu ihrer Lebenswirklichkeit bzw. zu ihren Gefühlen her. Schwerpunkt ist die Auseinandersetzung mit ihrer eigenen Angst und mit deren Überwindung. Eine „religiöse Dimension" ist dabei nicht sichtbar; Hilfe bei den Ängsten ist die Beziehung zu einer vertrauten Person.

3.6 Tanja

Der Herr ist mein Hirt,

nichts wird mir fehlen.

Er lässt mich lagern auf grünen Auen

und führt mich zum Ruheplatz am Wasser.

Er stillt mein Verlangen;

er leitet mich auf rechten Pfaden,

treu seinem Namen.

Muss ich auch wandern

in finsterer Schlucht,

ich fürchte kein Unheil;

denn du bist bei mir,

dein Stock und dein Stab

geben mir Zuversicht.

Beobachtungen

- Die Schülerin konzentriert sich ganz auf die Erfahrungen der „finsteren Schlucht". Nur zu dieser Stelle des Psalms werden Bild und Sprechblasen gestaltet.
- Die Not und die Ängste werden durch folgende Worte zum Ausdruck gebracht: „*Sieh hinunter!*" und „*Hilfe, hört mich denn keiner?*".
- Das Rettende wird durch eine Gestalt (Gottesgestalt mit angedeutetem Bart?) hoch über der Szene zum Ausdruck gebracht: „*Ich rette dich*" und „*Ich höre dich, mein Sohn! Wo bist du?*"
- Die beiden rechten Sprechblasen und die beiden linken sind jeweils einander zugeordnet: „Sieh hinunter!" und „Ich rette dich" sind aufeinander bezogen ebenso wie „Hilfe, hört mich denn keiner?" und „Ich höre dich, mein Sohn!"

Zusammenfassende Deutung

Die Schülerin bezieht die Anregungen der Lehrerin auf *eine* Szene und gestaltet sie mit Bild und Worten aus. Es fällt auf, dass die Figur in der Schlucht eher männlich dargestellt ist und dass die Figur oben „mein Sohn" sagt, obwohl es ein Mädchen ist, das diese Szene gestaltet. Ob das Mädchen durch diese Verschiebung eine eigene Angstsituation verdecken will?

Im Hintergrund könnte – unbewusst – die Gottesvorstellung der Exodus-Erzählungen stehen: „*Ich habe das Elend meines Volkes in Ägypten gesehen, und ihre laute Klage über ihre Antreiber habe ich gehört.*" (Ex 3,7)

3.7 Nadja

Beobachtungen

- Durch die Überschrift „Der Beschützer" wird der Interpretation des Psalms von Anfang an eine bestimmte Richtung gegeben.
- Die Gestaltung fällt auf durch die große Anzahl von paraphrasierenden Äußerungen, die das Mädchen stark persönlich gestaltet (neben „wir" und „uns" wird sehr häufig „mein", „mir", und „mich" verwendet).
- Das „Aufpassen" und „Behüten" durch den Hirten wird besonders betont.
- Völlig unbefangen wird „und führt mich zum Ruheplatz am Wasser" paraphrasiert und mit *„dass wir wieder Power haben"* erklärt.
- Der vorausgehende Unterricht (Jesus als der gute Hirt) schlägt durch: *„Er kann mit Stock und Stab Wölfe verscheuchen und uns schützen"*.
- „Zuversicht geben" wird mit den Eltern in Verbindung gebracht: *„Wie meine Eltern"*.

Zusammenfassende Deutung
Die Ausgestaltung des Psalms ist durch positive und vertrauensvolle Jesus- bzw. Gottesbeziehung gekennzeichnet. Die bei der Erstkommunionvorbereitung und bei der Erstkommunion gemachten Erfahrungen wirken nach. Das häufig zum Ausdruck gebrachte Aufpassen und Behüten drückt wahrscheinlich die Erfahrung von Geborgenheit bzw. den Wunsch nach Geborgenheit aus. „Aufpassen" wird also nicht mit einem bedrohlich empfundenen „Aufpasser-Gott" in Verbindung gebracht.

113

3.8 Maxi

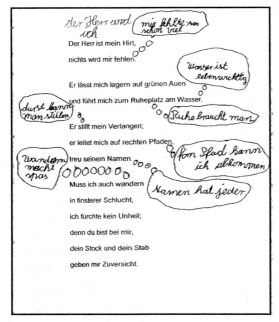

Beobachtungen

- Die lapidare Überschrift „*der Herr und ich*" stellt einen persönlichen Bezug des Kindes zum Psalm und zum „Herrn" her.
- Die Aussagen der Sprechblasen sind sehr sachliche Assoziationen bzw. Erklärungen zu den Psalmversen: „*Wasser ist lebenswichtig*" – „*Ruhe braucht man*" – „*Namen hat jeder*" – „*vom Pfad kann man abkommen*" – „*Durst kann man stillen*" – „*Wandern macht Spaß*".
- Dem Wort „nichts wird mir fehlen" scheint der Schreiber zu widersprechen: „*mir fehlte schon viel*".

Zusammenfassende Deutung

Maxi stellt bei seiner Deutung – abgesehen von der etwas unklaren Überschrift – keine Beziehung zu Gott, Jesus oder den „Herrn" her. Die Assoziationen des Schülers bewegen sich nicht auf der religiösen Ebene. Natürlich würde sich ein LehrerIn Gedanken dazu machen und diese Tatsache einzuordnen versuchen. Andererseits hat der Schüler die Intention der Lehrerin erfüllt und aufgeschrieben, was er zu den einzelnen Wörtern denkt, und somit seiner „Lernlandschaft" Ausdruck verliehen.

4. Konstruktivistische Deutung der Feldstudie

Die Kinder haben sich individuell und eigenständig mit dem Psalm auseinander gesetzt. Sie haben ihre eigenen Erfahrungen mit dem Inhalt des Psalms in Beziehung gebracht und auf je verschiedene Weise dargestellt. Sie haben ihre „individuellen Konstruktionen" gestaltet.

Bei der Bearbeitung des Psalms durch die Kinder lassen sich folgende Schwerpunkte erkennen:

- Die Kinder gestalten mit unterschiedlichen Ausdrucksformen: Gestaltung nur mit „Gedankenwolken", rein comicartige Gestaltung, Kombination von Text und Bild, farbsymbolische Gestaltung.

- Es werden unterschiedliche Schwerpunkte gesetzt, mit welchen Passagen gearbeitet wird: manche paraphrasieren nahezu Vers für Vers bzw. Wort für Wort, andere setzen deutliche Schwerpunkte (meistens ist das der Vers mit der „finsteren Schlucht"), manche fangen oben an und kommen nicht mehr zur Bearbeitung der späteren Verse.
- Fast alle Kinder stellen einen persönlichen Bezug zu den Aussagen des Psalms her und setzen so eigene Erfahrungen mit der Aussage des Psalms in Beziehung: auffallend oft wird in die „Gedankenwolken" ich, mein, mir, mich und weniger oft wir und uns geschrieben. Durch viele Äußerungen scheinen eigene Erlebnisse und Erfahrungen durch.
- Ein besonderes Signalwort scheint „finstere Schlucht" zu sein. Bei sehr vielen Kindern löst dieses Wort Äußerungen zu Angst und Verunsicherung, aber auch zu Vertrauen, Hoffnung und Rettung aus.
- Durchwegs kommt in der Auseinandersetzung mit dem Psalm eine vertrauensvolle, offen und frei dargestellte Beziehung zu Jesus bzw. zu Gott zum Ausdruck. Im Hintergrund steht ein durchwegs positives Gottesbild.
- Auffallend ist die unterschiedliche assoziativ-interpretative Transformations- bzw. Übersetzungsleistung der Kinder: der Text wird in Text, in Bilder und/oder in Symbole umgestaltet.
- In der Transformations- bzw. Übersetzungtätigkeit der Kinder wird auch vielfach ein Verstehen von Metaphern sichtbar: der Hirte als Gott bzw. Jesus, die finstere Schlucht als dunkle, angsterfüllte Lebenssituation, die grünen Auen und der Ruheplatz am Wasser als wohltuende Lebensfülle, die rechten Pfade als Wege zum Himmel, Stock und Stab als Hilfe und Schutz.
- Das Metaphernverstehen bleibt bei vielen Kindern im Vordergründigen: Wasser des Psalms als Fischwasser, Ruheplatz als Bett, Stock und Stab als „Zeichen" von blinden Menschen, Wandern in finsterer Schlucht als Erinnerung an eine Wanderung. Doch selbst das ist eine Transformationsleistung.

Die Leistungen der Schüler können auch mit dem Vokabular einer konstruktivistisch orientierten Didaktik zum Ausdruck gebracht werden:
- Die Schüler werden zu einem aktiven Lernprozess veranlasst.
- Der Verlauf und ganz besonders die Ergebnisse des Lernprozesses sind nicht völlig vorhersagbar, vielmehr ist die Tätigkeit der Kinder von „individuellen Konstruktionen" geprägt.
- Durch die Arbeiten der Kinder scheinen eigene Erfahrungen und somit biographische Elemente durch.
- Vorhandenes Wissen bzw. „vorhandene Strukturen" werden einbezogen, aktiviert und transformiert.
- Die unterschiedlichen Ergebnisse können als „Perturbationen" wirken, besonders dann, wenn die Schüler ihre Produkte gegenseitig betrachten.

5. Die konstruktivistische Spur weiterverfolgen

In der Stunde, in der die Kinder ihre „individuellen Konstruktionen" gestaltet haben, ging die Lehrerin nicht weiter auf die Leistungen ihrer Schüler ein. Die Kinder stellten ihre Blätter kurz vor und legten sie dann zum Bodenbild, so dass sie im Verlauf der Stunde ständig präsent waren. Die Gestaltungen der Kinder geben aber für einen fruchtbaren Lernprozess viel mehr her, wenn entsprechend damit weitergearbeitet wird. Im Folgenden werden solche Möglichkeiten aufgezeigt.

5.1 Individuelle Konstruktionen im Dialog

Im Sinn einer konstruktivistisch orientierten Didaktik (natürlich auch im Sinn der herkömmlichen Didaktik!) sollte nun die dialogische Phase folgen. Elemente einer solchen Phase könnten sein:
- Die Schüler betrachten die Ergebnisse ihrer Mitschüler und sprechen darüber.
- Sie stellen Unterschiede fest und verbalisieren, wie andere ihr Blatt gestaltet haben.
- Dadurch werden die Kinder auf andere Gestaltungsformen aufmerksam und lernen, auch andere Aspekte gelten zu lassen.
- Sie stellen Fragen, ergänzen, korrigieren oder bestätigen. Es erfolgt also eine gewisse Verobjektivierung des subjektiv Gestalteten.
- Es kann durchaus sein, dass sich jetzt schon im Dialog und unter Führung der Lehrerin/der Lehrer neue Perspektiven und Erkenntnisse eröffnen.

In dieser Phase geht es nicht darum, dass die Kinder ihre Ergebnisse jeweils nur vortragen, sondern darum, dass „die pluralen individuellen Konstrukte" aufeinander bezogen werden und so neue Einsichten gewonnen werden können. Es ist für die Kinder z.B. aufschlussreich zu erfahren, welch unterschiedliche Vorstellungen der Ausdruck „finstere Schlucht" auslöst. Darüber hinaus wird durch diesen Dialog der individualistischen Tendenz des Konstruktivismus entgegengewirkt und das Gewicht auf die soziale bzw. ethische Dimension des Religionsunterrichts verlagert.

5.2 Gezielte und reflektierte kognitive Weiterarbeit

Aus der Phase „individuelle Konstruktion im Dialog" ergeben sich Schwerpunkte für die Weiterarbeit, die vielleicht bei der Planung der Sequenz noch gar nicht gesehen werden konnten. Durch ihre individuellen Konstruktionen und durch den Dialog darüber können die Kinder auf neue Ideen kommen und ihr Interesse am Unterrichtsgegenstand kann neu geweckt werden. Die Art der Weiterarbeit kann sich auch daraus ergeben, dass die Lehrerin/der Lehrer aus der konstruktivistischen Phase neue Einsichten über Interessen, kognitive, emotionale und gestalterische Fähigkeiten, über den entwicklungspsychologischen Stand und auch über Defizite der Klasse oder einzelner Schüler erfahren hat.

Die Weiterarbeit an folgenden Aspekten ist denkbar:

- **Im Anschluss an die „Konstruktionen" der Kinder deren Deutungs-kompetenz stärken bzw. ihre Leistung als Deutung bewusst machen:**

Die Kinder können an den eigenen Leistungen und an denen ihrer Mitschüler entdecken, dass sie den Text (aus ihren Erfahrungen heraus) gedeutet haben: z.B. „Stock und Stab" als Zeichen für Blinde, „Wasser" als Zeichen für Fischteich oder für Erfrischung, „Ruheplatz" als Bett, „finstere Schlucht" als Erinnerung an ein Erlebnis oder als Gefahr ganz allgemein.

- **In den Gestaltungen des Psalms die eigenen Erlebnisse und Erfah-rungen entdecken, reflektieren, darstellen:**

Die Kinder können herausfinden, wo eigene Erfahrungen in die Gestaltung des Psalms eingeflossen sind, z.B. die Gefahrensituation beim Bergwandern, die Angst vor Gespenstern in der Nacht, die Erfahrung von Geborgenheit und Wohlgefühl, die Erfahrung von Sicherheit bei Eltern und Freunden. Dadurch werden die Kinder offen für die – mögliche – Situation des Psalmbeters. Diese Erfahrungen können natürlich wiederum in einem neuen „konstruktivistischen" Prozess bildnerisch dargestellt oder in einem Gebet/in einer aktualisierenden Neudichtung des Psalms zum Ausdruck gebracht werden.

- **Die Bilder und Metaphern des Psalms als Bilder und Metaphern verstehen lernen:**

Dadurch, dass die Kinder in ihren Gestaltungen selbst schon – unbewusst, unreflektiert, implizit – die Bilder des Psalms gedeutet haben, dürfte es nicht schwer sein, die im Psalm vorgestellten Bilder in einem gelenkten, kognitiv ausgerichteten Prozess zu finden und als Bilder zu identifizieren: Wasser als Symbol für Freude und Leben, die finstere Schlucht als Zeichen für angstvolle Situationen, der Hirt als Bild für Gott als den Beschützer, als den, „der bei uns ist", die rechten Pfade als Lebensweg. Gerade bei der Symbolerschließung geht es nicht vordergründig um bloße Erklärung, sondern auch wieder um erschließende Gestaltung und um die eigene, selbsttätige Entdeckung der Symbolik.

- **Die theologische Tiefe des Psalms entdecken und zum Ausdruck bringen:**

Aus den Gestaltungen der Kinder spricht durchwegs eine vertrauensvolle Gottesbeziehung. Deshalb bietet es sich an, über die Gottesvorstellung des Psalmbeters nachzudenken, Bezüge zum Gottesnamen der Exoduserzählungen herzustellen (viele Kinder beschreiben das „Da-Sein" Gottes in ihrer Ausgestaltung des Psalms). Auf der Basis der bisherigen Arbeit am Psalm sind die Kinder dazu befähigt, ihre eigene Situation vor Gott im Gebet zum Ausdruck zu bringen oder einen eigenen Psalm zu gestalten.

6. Gesamtreflexion

Bei den Arbeiten der Schüler einer dritten Jahrgangsstufe mit dem Psalm 23 und der anschließenden konstruktivistischen Analyse handelt es sich um ein einzelnes und nicht repräsentatives Beispiel; eine zu rasche Verallgemeinerung ist deshalb nicht angebracht. Und doch scheinen auch an diesem Einzelfall Argumente für die Praktikabilität eines an einem gemäßigten Konstruktivismus ausgerichteten Unterrichts auf.

Es ist eine Grundthese des pädagogischen Konstruktivismus, dass der Verlauf von Lernprozessen nicht völlig vorhersagbar ist. Allerdings können im Unterricht, der ja von seiner Definition her immer auch absichthaft und zielgerichtet angelegt ist, die Lernlandschaften nicht völlig frei gestaltet werden. Die Arbeit mit dem Psalm 23 ist ein passendes Beispiel dafür, wie im Unterricht einerseits freie Gestaltung ermöglicht wird und andererseits diese freie Gestaltung eingegrenzt ist.

Daraus können Folgerungen für die Lernziele bzw. die Lernintentionen gezogen werden. Die Arbeit am Psalm 23 im vorher analysierten Beispiel verläuft nicht beliebig, sie ist geplant und damit auch zielorientiert: Die SchülerInnen sollen je nach ihrer momentanen Situation, entsprechend ihren Assoziationen, mit selbst zu wählenden Mitteln sich gestalterisch mit dem Psalm befassen. Mit dieser Intention will natürlich kein punktgenaues Ergebnis erreicht werden, aber am Ende soll doch „etwas herauskommen". Vielleicht könnte gesagt werden, die Arbeit der Kinder und die Intention der Lehrerin/des Lehrers bewegen sich relativ frei auf einem relativ breiten, aber doch auch durch Randstreifen bzw. Gräben rechts und links deutlich begrenzten Weg. In unserem Beispiel wäre es nicht im Sinne der unterrichtlichen Intention, wenn die SchülerInnen den Psalm in Schönschrift abschreiben würden (was sicher auch eine angemessene Auseinandersetzung mit dem Psalm wäre) oder wenn sie überhaupt einen anderen Psalm aussuchen würden. Solche Maßnahmen bedeuten eine Abweichung vom geplanten Weg und von der Intention der Lehrkraft.

Die Schüler haben bei der Auseinandersetzung mit dem Psalm 23 auf beeindruckende Weise ein Stück divergierendes, d.h. von Assoziationen und von Phantasie geleitetes Denken gezeigt. Es wurde aber auch aufgewiesen, dass dieses offene Denken und Gestalten ein notwendiges Pendant in der Weiterarbeit braucht, nämlich ein geleitetes, konvergierendes, auf Erkenntnisse und neues Wissen ausgerichtetes Lernen. Damit ist aber auch aufgezeigt, dass Konstruktion und Instruktion im Prozess des schulischen Lernens keine Gegensätze bilden, sondern sich aufeinander beziehen.

So hat diese Studie insgesamt erbracht, dass im „normalen" Religionsunterricht durchaus Elemente und Ansätze zu finden sind, die einer konstruktivistischen Didaktik entsprechen oder in Richtung einer solchen weitergeführt und ausgebaut werden können. Wenn Lehrerinnen und Lehrer durch die „konstruktivistische Brille" feststellen können, dass sie in Methoden und Arbeitsformen ihres eigenen Religionsunterrichts bereits Teilaspekte konstruktivistischen Lernens realisieren, dann finden sie in ihrem „normalen" Unterricht konstruktivistische Schätze, fühlen sie sich in ihrer Arbeit bestätigt und verlieren die Skepsis und die Angst vor dem „Neuen". Sie werden ermutigt, konstruktivistisch zu denken und ihren Unterricht bewusst von der konstrukti-vistischen Idee her zu planen.

Doch nicht allein an der Lehrerin, am Lehrer liegt es, ob dem pädagogischen Konstruktivismus Erfolg beschieden sein wird. Die akademischen Vertreter dieses didaktischen Neuansatzes werden sich bemühen müssen – in ständigem Kontakt mit denen, die an der Basis arbeiten –. die nicht auf Anhieb ein-leuchtenden Grundansätze der konstruktivistischen Idee und die doch recht ungewohnte Terminologie den Lehrerinnen und Lehrern einsichtig zu machen. Vielleicht wird es in manchen Fällen nicht anders gehen, als Abstriche von der reinen Lehre des Konstruktivismus zu machen; denn die Praktikabilität einer neuen didaktischen bzw. pädagogischen Konzeption ist für deren Erfolg wichtiger als nichtpraktikable Reinkultur. Auch dies ist eine Erkenntnis aus der Feldstudie über die Arbeit mit dem Psalm 23.

Impulse

1. Überlegen Sie anhand der vorgestellten Schülerergebnisse zu Ps 23, mit welchen didaktischen Strategien Sie die unterschiedlichen Deutungen der SchülerInnen aufgreifen könnten, so dass ein Dialog zwischen den SchülerInnen zustande kommt!

2. Der Beitrag verdeutlicht, dass die Chance eines konstruktivistisch orientierten Religionsunterrichts in der Arbeit mit „offenen Strukturen" besteht: Kollektive inhaltliche und formale Vorgaben können inhaltlich individuell gefüllt werden. Sammeln Sie weitere didaktische Möglich-keiten, die Sie als solche „offene Struktur" bezeichnen würden!

3. Suchen Sie nach Beispielen aus dem eigenen Unterricht (selbst erlebt bzw. selbst gehalten) oder aus der didaktischen Literatur, wo Schüler zur individuellen Gestaltung einer gemeinsamen Vorlage angeregt werden!

4. Mehrere Beiträge in diesem Buch formulieren das Desiderat, dass im Religionsunterricht noch stärker die Fähigkeit zum Diskurs über unter-schiedliche Konstruktionen gefördert werden müsse, weil dies dazu beitrage, dass SchülerInnen Pluralität bewältigen können. - Überlegen Sie vor dem Hintergrund dieser These, wo und wie Sie selber in Ihrem Unterricht differenziert individualisierende Phasen überführen können in diskursiv-kollektive!

Hans Mendl

Konstruktivistischen Unterrichtselementen auf der Spur. Eine Feldstudie von Studierenden

1. Studierende als Beobachter zweiter Ordnung

Inwieweit haben die Vorstellungen eines pädagogischen Konstruktivismus in Schulen Einzug gehalten? Lassen sich konstruktivistische Unterrichtselemente und -effekte über die Beobachtung von Unterricht ausmachen? Im Rahmen des Seminars „Religionsunterricht als Hilfe zur Selbstkonstruktion des Glaubens?" führten Studierende zu diesen Fragen eine empirische Feldstudie durch. Erkenntnisleitend für das Seminar und das Projekt war also die Lerntheorie des Konstruktivismus. Das Projekt zielte auf eine Förderung des wissenschaftlich-reflexiven Habitus (vgl. Ziebertz / Heil / Mendl / Simon 2005): Die Studierenden überprüften die theoretischen Eckdaten des pädagogischen Konstruktivismus, die in den Seminarsitzungen zuvor erarbeitet wurden, in einem Praxisfeld. Die Erkenntnisse der theoretischen Auseinandersetzung und Diskussionen im Seminar dienten gleichsam als Wahrnehmungsfilter für die Beobachtung von Religionsunterricht.

Nach konstruktivistischer Vorstellung verhalten sich die Studierenden bei ihrer Studie wie Beobachter zweiter Ordnung: Sie betrachten aus der Distanz heraus Konstruktionsprozesse von Schülern und Lehrern im Bereich des Religionsunterrichts. Dass sie dabei auch selber Konstruierende sind und eigene Konstrukte somit in die Untersuchung einfließen, wird in mehrfacher Hinsicht deutlich: Zum einen schränken die konstruktivistischen Postulate (z.B.: zur Individualisierung von Lernprozessen, methodische Affinitäten zur Theorie des Konstruktivismus ...) als Brillen der Wahrnehmung das zu beobachtende Feld ein, zum anderen bedingt die Situierung als Lernende, für die vieles neu ist (z.B. die Theorie des Konstruktivismus, Methoden der empirischen Unterrichtsforschung, aber auch Unterricht aus der Perspektive des Beobachters selbst), dass natürlich wie immer bei Lernprozessen die Wahrnehmungskompetenz in unterschiedlichem Grad bereits ausgeprägt ist. Im Schlussteil wird jedoch nochmals darüber nachzudenken sein, inwiefern nicht gerade die Positionierung als Beobachter zweiter Ordnung im Praxisfeld für die Schulung einer konstruktivistischen Wahrnehmungskompetenz förderlich sein und welche Methoden man hier entwickeln könnte.

Die Studierenden erstellten ein eigenes Forschungsdesign für ihre Untersuchung, die sie alleine oder zu zweit in selbst gewählten Schulklassen durchführten. Grundlegende Methoden waren
- die teilnehmende Beobachtung einer Unterrichtsstunde durch die Studierenden,
- die Beobachtung und Befragung einzelner SchülerInnen,
- die Befragung der beteiligten Lehrkraft,
- die Auswertung von Unterrichtsprodukten.

2.   Ergebnisse der Feldstudien

Dass eine solche Feldstudie einen unmittelbaren Gewinn für die eigene Wahrnehmungskompetenz derjenigen, die sie durchführen, mit sich bringt, steht
außer Frage. Die Konzeption, Durchführung und Auswertung auf der Basis
einer Grundlagentheorie ermöglichen differenzierte Einblicke in die Art und
Weise, wie Religionsunterricht vonstatten geht. Der Erkenntnisfokus war auf
die Entdeckung konstruktivistischer Elemente gerichtet:

- Kann man individuelle Lernprozesse beobachten?
- Setzen Lehrende ihren Unterricht in Beziehung zur konstruktivistischen
  Lerntheorie?
- Welche Elemente einer konstruktivistischen Unterrichtskultur lassen sich
  ausmachen?
- Auf welchen Feldern zeigen sich „Perturbationen", wo verhält sich die
  beobachtete Praxis zur mitgebrachten Theorie sperrig?

Im Folgenden werden einige zentrale Erkenntnisse dieser Studien vorgestellt.

2.1   Evaluierung von Lernprozessen

Läuft Unterricht extrem instruktivistisch ab (z.B. ersichtlich an einer sehr engen
Lehrersteuerung, identischen Hefteinträgen, reinen Reproduktionen), so fällt es
bei der teilnehmenden Beobachtung schwer, individuelle Schülerrezeptionen
auszumachen. Bei den beobachteten Unterrichtsstunden war dies kaum der Fall.
Dies deutet darauf hin, dass tatsächlich in der Praxis die oben beschriebene
Tendenzverschiebung hin zu konstruktivistischen Lernverfahren festzustellen
ist. Liegen beispielsweise Lernprodukte einer ganzen Klasse vor, so lassen sich
diese auf unterschiedliche Rezeptionen hin untersuchen. Die Methode der
Schülerbefragung nach einer Stunde, von der die Studierenden häufig Gebrauch
gemacht haben, bietet weitere wichtige Hinweise auf Nuancen in der Konstruktion von Wissen.

Unterschiedliche Rezeptionsmodalitäten kann man beispielsweise erkennen,

- wenn manche Schüler auf die Frage „Was weißt du noch von der
  Stunde?" im Sinne der gewohnten instruktivistischen Strategie kumulativer Wissensspeicherung möglichst viele Elemente einer Unterrichtsstunde zum Islam benennen, andere hingegen deutliche Schwerpunkte setzen (z.B. die Häufigkeit des Gebets oder die Gebetsrichtung),
  zwei Schüler jedoch bereits ko-konstruierend feststellen: „Der Islam hat
  viele Ähnlichkeiten mit uns."
- wenn Schüler nach einer Unterrichtsstunde zum Thema „Sich auf den
  Weg machen" auf die Frage „Was, glaubst du, solltest du heute in der
  Religionsstunde lernen?" ganz unterschiedliche Antworten geben: „Dass
  ich auf den Rat von anderen hören sollte" – „Dass man Vertrauen zueinander haben soll" – „Dass man nicht immer seinen Weg gehen sollte".
  Ein Schüler schreibt: „Mehr über Jesus!" (von dem in der ganzen Stunde
  nicht die Rede war!). Ähnliche individuelle Rezeptionen werden deutlich,
  wenn auf die Frage „Wie und wann können dir Wegweiser helfen" die
  Aussage einer Schülerin, deren Mutter erst wenige Tage zuvor verstorben
  war, besonders betroffen macht: „Wenn man sich in einer traurigen

Situation befindet". Die Studentin folgert: „Die Religionsstunde war ein gelungenes Beispiel für einen kreativen, allumfassenden Unterricht, bei welchem jeder einzelne Schüler direkt involviert und dessen eigene Lebens- und Erfahrungswelt mit eingeschlossen und berücksichtigt wurde. Die Schüler konnten von sich erzählen, anderen zuhören und dabei ganz andere Sichtweisen kennen lernen. Ihnen wurde die Möglichkeit gegeben, neue Erfahrungen zu machen, diese in sich aufzunehmen oder mit ähnlichen zu ergänzen. Sie konnten eigenständig kreativ arbeiten sowie sich in der Gruppe mit anderen Mitschülern bereden."

- wenn bei einer Stunde zum Gleichnis (!) vom verlorenen Schaf (Stundenthema: „Jesus, der gute Hirte") die Schüler folgende ganz unterschiedliche Schlussgedanken formulieren: „Danke, Jesus, dass du das Schaf gefunden hast" – „Jesus, du hast mir gezeigt, dass du ein guter Hirte bist und ich ein gutes Schaf bin" – „Danke, Jesus, dass du dem Schaf geholfen hast, das ist ganz lieb von dir!" – „Jesus, jetzt weiß ich, dass du auf alle Menschen aufpasst". – Eine wahre Fundgrube für Religionspädagogen, wenn sie darüber diskutieren, ob und wie Kinder Gleichnisse verstehen! Um welche Jahrgangsstufe handelt es sich Ihrer Meinung nach?

Diese Beobachtungen deuten darauf hin, dass Lehrende heute mehr Wert darauf legen, dass sich Schüler aktiv mit Lerngegenständen beschäftigen. Die Eindrücke, die die Lerninhalte auslösen, werden mit den entsprechenden, methodisch vielfältig angelegten Ausdrücken verbunden.

Deutlich wird aber auch ein markantes Defizit: Zwar wird in den beschriebenen Stunden die Fähigkeit zur individuellen Konstruktion gefördert, was aber nach wie vor zu kurz kommt ist der Austausch über diese Unterschiede, d.h. die Auseinandersetzung mit den unterschiedlichen Konstruktionen. Je eigene Konstruktionen werden zwar wahrgenommen, aber zu wenig hinsichtlich der Folgen für anschließende, vertiefende Unterrichtsprozesse ausgewertet. So könnte eine Unterrichtssequenz zu den Zehn Geboten eine größere Tiefendimension erlangen, wenn die Lehrerin das, was der Unterricht bei Schülern auslöst, wahrnehmen und unterrichtlich integrieren würde: Ein Schüler schreibt beispielsweise auf die Frage im Fragebogen der Studierenden, was denn in der Stunde schwer gefallen sei: „Ich kann nicht verstehen, dass Gott nicht zu uns spricht!" Werden solche Äußerungen nicht aufgegriffen bzw. gar nicht erhoben, so löst dies einen Teufelskreis aus: Die Schüler gewöhnen sich daran, dass das, was sie bewegt, keine Rolle spielt, und emigrieren in die rezeptive Position: Die Studentin formuliert dies so: „Ich empfand die Stunde zu sehr vom Lehrer geführt. Es war ein klarer Weg mit klarem Ziel vor Augen und es bestand keine Möglichkeit, vom Weg abzukommen. Den Schülern wurde keine große Möglichkeit geboten, bestimmte Dinge zu hinterfragen und selbst zu entdecken."

2.2 Lehrer-Sichten

Dass der pädagogische Konstruktivismus den Lehrenden zumindest begrifflich bekannt ist und in den zentralen Postulaten (besonders: Stichwort Individualisierung) auch in seiner Bedeutung umrissen wird, verdeutlichen die Aussagen der Lehrenden auf die Fragen der Studierenden. Lehrende können durchaus konstruktivistische Elemente ihres Unterrichts selber ausmachen: z.B. die erfahrungsorientierte Gestaltung des Unterrichts, methodische Variabilität, das Anlegen eines eigenen Gebetshefts der Schüler. Sie sind sich aber auch darüber im Klaren, dass konstruktivistischer Unterricht schwer zu planen ist. Die Vertrautheit mit Postulaten des Konstruktivismus gilt in besonderem Maße für jüngere Lehrkräfte, die bereits im Studium und Referendariat konstruktivistische Lerntheorien kennen gelernt haben. Eine Studierende folgert aus dem unten angefügten Interview einer „Junglehrerin": „Die von ihr aufgeführten Elemente sind tatsächlich alle konstruktivistisch, da den SchülerInnen ermöglicht wird, die Inhalte individuell zu verarbeiten und deren Selbsttätigkeit gefördert wird."

Ob und wie weit diese bekannten Konstrukte und Postulate bereits das eigene didaktische Handeln bestimmen oder gar völlig durchdringen, muss allerdings vom Beobachter dritter Ordnung (der die Auswertung von Beobachtungen der Beobachter zweiter Ordnung zur Konstruktion von Lernprozessen im Unterricht kritisch sichtet; in verständlichem Deutsch: der Dozent, der eine didaktische Feldstudie von Studierenden korrigiert!) bezweifelt werden: Manche der beschriebenen Unterrichtsstunden wirken tatsächlich sehr eng geführt. Das ist kein Vorwurf, sondern eine nüchterne Feststellung, die man unschwer auch auf die (eigene!) Hochschuldidaktik übertragen könnte: Der Beobachter einer Vorlesung wird vermutlich phasenweise ausschließlich instruktivistische Elemente ausmachen können. Meine These hierzu lautet: Wir sind in unserem eigenen Bildungsgang vom Instruktivismus geprägt und haben ihn weit mehr internalisiert, als wir das selber zugeben würden. Zwischen der wünschenswerten Praxis aufgrund theoretischer Reflexionen und dem faktischen didaktischen Handeln ergibt sich dann doch eine nicht unbeträchtliche Kluft (vgl. Mendl 2002, 173).

Die Studierenden, selbst mehr oder weniger vom Gedankengebäude des Konstruktivismus begeistert, merken allerdings auch, dass die Alltagspraxis zu einer größeren Nüchternheit führt, wie das folgende Zitat einer Lehrerin zeigt: „Wie soll ich bei einer solchen Klasse, mit diesem gemischten Anteil von hyperaktiven, aggressiven und lernschwachen Schülern, konstruktivistisch arbeiten? Das ist eigentlich nicht möglich. Diese Schüler brauchen klare Anweisungen und Führungen." Wie im folgenden Teil-Kapitel gezeigt wird, lösen solche unterschiedlichen Konstrukte (das selber für richtig Gehaltene und die desillusionierte Aussage einer erfahrenen Lehrkraft) Perturbationen aus, die eine notwendige Herausforderung für die Entwicklung einer reflektierten Wissenschaftlichkeit darstellen; die Studierende folgert: „Die alltägliche Praxis lässt wohl beim praktizierenden Lehrer oft u.a. auf Grund überfüllten Lehrplans keine größeren Handlungsspielräume zu, wo hingegen ‚Studierende' oft leicht euphorisch tolle theoretische Konzepte zu verwirklichen versuchen. Studierende mit ihrer zarten und leisen Kritik an bestehenden, oft schon lang praktizierten Unterrichtsmethoden, hoffen in ihrem späteren Berufsalltag nie in einer ‚Einbahnstraße' oder auf einer eingefahrenen Schiene zu enden, verbunden mit der Erkenntnis, dass es doch einen leidigen Unterschied gibt zwischen Theorie und Praxis."

Im Anschluss an die Unterrichtsstunde fand ein Gespräch mit der Lehrerin statt. In diesem sollte sie bestimmte Fragen zum Konstruktivismus allgemein, in Bezug auf die Klasse und in Bezug auf die eben gehaltene Stunde beantworten:

Ist Ihnen der Begriff „Konstruktivismus" vertraut?
Frau L.: Ja, der Begriff ist mir durch das Religionsseminar vertraut. Konstruktivismus ist eine Lerntheorie, die v. a. die Individualität der Schüler betont. Es geht um Kommutation und soziale Zusammenhänge. Aus etwas Äußerem wird etwas Eigenes. Jedes Kind verarbeitet Informationen anders, was die Notwendigkeit von freiem Unterricht und Phasen eigener Verarbeitung zur Folge hat.

Verwenden Sie konstruktivistische Elemente in ihrem Unterricht? Wenn ja, welche?
Frau L.: Ja, in meinen Unterricht baue ich öfters Elemente wie die Formulierung eines eigenen Gebetes oder eines Satzes ein, so können die Kinder das aus der Stunde festhalten, was ihnen am besten im Gedächtnis geblieben ist. Manchmal dürfen sie auch den Hefteintrag selbst gestalten, wobei ich ihnen hierfür Materialien zur Verfügung stelle. Auch mit Stabfiguren ohne Gesicht und Fußspuren arbeite ich gern, da sie einen Identifikationsprozess der Schüler mit z. B. Personen aus der Bibel ermöglichen. Einzelarbeit – wie schon erwähnt – und Erzählkreise (Gebete vorstellen, Gespräch) kommen bei mir außerdem noch oft zum Einsatz.

Wie beurteilen Sie die Vorbereitung und Umsetzung konstruktivistischen Arbeitens im Gegensatz zu den üblichen Unterrichtsformen (wie z. B. Frontalunterricht)?
Frau L.: Es ist schwieriger zu planen, da man nicht weiß, was als Ergebnis rauskommt, da die Kinder auf unterschiedlichen Stufen der Entwicklung stehen. Der Vorteil ist, dass man keinen Hefteintrag vorformulieren muss, wobei die Vorbereitung durch die schwerere Umsetzung dann doch wieder gleich bleibt.

Welchen Eindruck haben Sie in Bezug auf die Teilnahmebereitschaft der Schüler und Schülerinnen beim konstruktivistischen Arbeiten?
Frau L.: Die Teilnahmebereitschaft ist gut. Die Kinder können weniger falsch sagen und das spüren sie auch. Außerdem spricht es sie direkt an, mit ihren eigenen Erfahrungen.

Können Sie einen Unterschied zwischen Mädchen und Jungen in Bezug auf das konstruktivistische Arbeiten feststellen?
Frau L.: Nein, allgemein trauen sich manche Schüler mehr zu als andere.

Was sollten die Schüler und Schülerinnen in dieser Stunde „Aysche betet" erfahren/lernen?
Frau L.: Sie sollten lernen, dass Menschen unterschiedlich beten, aber es wiederum auch Gemeinsamkeiten gibt, wie z. B. die Gebetszeiten oder das Beten

mit Gesten. Sie sollten dafür ein Gefühl bekommen und nicht unbedingt die einzelnen Gebetsphasen der Muslime können.

Welche konstruktivistischen Elemente hatten Sie für diese Stunde geplant?
Frau L.: Den Satz auf die Säule schreiben, die Vertiefung des Inhalts in einem Gespräch, das Nachahmen der Gebetshaltungen und was sie bedeuten könnten.

Empfinden Sie die Umsetzung als gelungen?
Frau L.: Ja. Bei den Gebetshaltungen hätte man evtl. welche auslassen können und nicht alle acht behandeln sollen, das hätte zu einer Verlangsamung geführt.

Hätten Sie den Schülern und Schülerinnen den Inhalt dieser Unterrichtsstunde ohne konstruktivistische Elemente besser oder schlechter vermitteln können? Wäre mehr oder weniger sinnvoll gewesen?
Frau L.: Schlechter, da eigene Erfahrungen der Schüler notwendig sind. Außerdem ist so eine Kontrolle möglich, was hängen geblieben ist.

2.3 Perturbationen: Schülerrezeptionen

Bei den Feldstudien wurden auch die SchülerInnen unmittelbar zur Unterrichtsstunde und / oder zum Religionsunterricht allgemein befragt. Die Ergebnisse sind ambivalent und verdeutlichen in ihrer Komplexität die Vielschichtigkeit der Fragestellung. Ob SchülerInnen Lernverfahren, die man als konstruktivistisch bezeichnen könnte (siehe oben …), positiv einschätzen, hängt auch von den Vorerfahrungen mit (Religions-)Unterricht, ihren Einstellungen und Erwartungen zusammen:

So wertet eine Studierende ihre Schülerumfrage so aus: Die Schüler wollen gerne etwas Neues ausprobieren und neue Erfahrungen machen, z.B. im Bereich des Meditierens. Über eigene Konstruktionen reden wollen sie allerdings gerade in einer 8. Klasse nicht. Schüler einer 11. Klasse schätzen religiöse Themen, die etwas mit ihrem Alltag zu tun haben; sie wollen sich über die unterschiedlichen Konstruktionen auch austauschen: „Man könnte sagen, dass sich Schüler wünschen, zu Konstruktionen angeleitet zu werden, und dass sie erkannt haben, dass es in Religion eben nicht nur darum gehen kann, vermeintlich Richtiges auswendig zu lernen." Das scheint auch die Chance eines entsprechend gestalteten Religionsunterrichts zu sein, bei dem Schüler lernen, eigene Meinungen zu bilden: „Es erstaunt fast, wie kurz und prägnant ein Schüler den pädagogischen Konstruktivismus hier auf den Punkt bringt: ‚nicht stur richtig – falsch lernen, sondern eine Ansicht vertreten'." Ein anderer Studierender interpretiert den überwiegenden Wunsch der Schüler einer neunten Klasse, im Religionsunterricht gerne öfter selber aktiv zu werden und ihr Wissen selber zu konstruieren, so, „dass konstruktivistischer Unterricht immer schüleraktiver Unterricht sein muss" und hält die Bevorzugung von Gruppenarbeit oder zumindest Partnerarbeit als Sozialform für ein „eindeutiges Indiz, wie wichtig den Schülern die soziale Bestätigung als Evidenzquelle ist".

Andererseits sympathisieren auch diese Schüler durchaus mit instruktiven Methoden: „Die Schüler dieser Klasse sind es wohl wenig gewohnt, sich ganz auf sich gestellt mit einem Problem auseinander zu setzen, und manche finden es bequemer, einfach die Meinungen anderer zu übernehmen." Noch drastischer kommt dies bei einer 6. Klasse zum Ausdruck: Viele Schüler dieser Klasse meiden regelrecht aktivierende Lernformen (z.B. Projekte, aber auch Arbeitsblätter!) und bevorzugen rezeptive, wie bei mehreren Fragekomplexen deutlich wird. Die Studierende problematisiert sehr pointiert die systemischen Bedingungen solcher Vorlieben: „Die Schüler sind meist ,eine' Arbeitsweise seit der 1. Klasse Grundschule gewohnt. Die Schüler ,genießen' den Unterricht mit Frontalunterricht und Lehrererzählungen. Das konstruktivistische Arbeiten ist bei den älteren (aber auch jüngeren) Lehrergenerationen nicht verbreitet, und wenn, dann wird es nicht angewendet, weil es zu aufwändig ist und manche Lehrer diese ,neumodischen' Arbeits- formen nicht anwenden möchten."

Mit konstruktivistischem Vokabular gesprochen stellen diese unterschiedlichen Schülerrezeptionen für die Studierenden Perturbationen dar; sie provozieren die Formulierung eigener Standpunkte, ein Ausloten der Möglichkeiten und Grenzen eines konstruktivistisch orientierten Religions- unterrichts und global die Frage nach der praktischen Umsetzbarkeit einer Lerntheorie in konkreten Lernumfeldern. Deutlich wird auch, dass keine der Studierenden einen naiven Konstruktivismus vertritt, sondern sich des in diesem Buch hinreichend beschriebenen Spagats bewusst ist, die thematische Bindung und Zielgerichtetheit von Unterricht mit einer konstruktivistischen Lern- steuerung zusammenzudenken: „Um den pädagogischen Konstruktivismus im (Religions-)Unterricht zu verwirklichen, braucht es weder einen Verzicht auf Noten noch die Abkehr von allem, was sich bisher als sinnvoll erwiesen hat, auch der Instruktivismus behält seine Berechtigung. Als ReligionslehrerIn sollte man vielmehr in der Lage sein, Lehrplanangaben, die es auch in Zukunft geben wird, so umzusetzen, dass sich Schüler entsprechend dem jeweiligen Alter angesprochen fühlen, dass sie motiviert sind, sich selbstständig und /oder miteinander mit den Themen auseinander zu setzen."

3. Desiderat: Rezeptionsstudien

Auf der Basis solcher Feldstudien wären intensivere Untersuchungen nötig, um die Unterschiedlichkeit von Schülerrezeptionen nicht nur festzustellen, sondern auch didaktische Folgerungen daraus zu formulieren und in entsprechende Konzepte überzuführen. Wie bereits erwähnt: das Feld der gemeinsamen Ko- Konstruktion unterschiedlicher Konstrukte ist ein wichtiges Desiderat; wenn schon verschiedene, einander widersprechende Konstruktionen evoziert werden, dann wäre es gerade von einem entwicklungspsychologischen Blickwinkel aus betrachtet sinnvoll, diese auch in weiteren Unterrichtsprozessen zu thema- tisieren. Dies entspräche dem Ineinander der Prozesse von Assimilation und Akkomodation (Piaget!) bei der Denkentwicklung, welche in einer sozialen Gruppierung angesichts der faktischen Streuung von Entwicklungszuständen in reichhaltigem Maße möglich wären.

Wie bereits öfter in der Geschichte der Didaktik erscheint auch eine behut- same Überführung von empirischen Verfahren auf (hochschul-)didaktische Methoden hin wünschenswert: Wer sich auf die Warte des Beobachters begibt, nimmt einen kritischeren Blickwinkel auf Unterrichtsprozesse ein. Insofern erscheint eine theoriegestützte Analyse von Religionsunterricht ein unverzichtbares Element einer didaktischen Ausbildung im Bereich der schulpraktischen Studien; dass hier Theoriebausteine des Konstruktivismus wahrnehmungsförderlich sind, zeigen die Ergebnisse der vorgestellten Feldstudie. Wünschenswert wäre freilich auch, wenn die folgenden Fragen zur Reflexion des eigenen Unterrichts führen oder gar Felder der kollegialen Beratung eröffnen würden!

Die Projektstudien folgender Studierender wurden eingearbeitet:
Martina Auer, Christof Anolick, Michael Fehrer, Astrid Fischer, Christina Hölzl, Stefanie Lerchl, Angelika Pirkl, Stephanie Reiner, Steffi Reischl, Sabine Schmöller, Tanja Spermann, Steffi Welker.
Ich danke den Studierenden herzlich für ihre engagierte Mitarbeit!

Impulse:

1. Notieren Sie, welche Elemente einer konstruktivistischen Lernkultur Sie im eigenen Unterricht ausmachen können!

2. Studieren Sie Lernprodukte Ihrer SchülerInnen (z.B. Hefteinträge, Gebetshefte, Proben, Exen, Projektergebnisse) auf die unterschiedliche Rezeption Ihres Unterrichts. Überlegen Sie, in welchen Fällen Sie im Unterricht auf einzelne Äußerungen eingegangen sind bzw. wann es sinnvoll gewesen wäre, Aussagen nochmals aufzugreifen oder von unterschiedlichen, einander widersprechenden Konstruktionen der SchülerInnen aus den Unterricht zu vertiefen!

3. Welche didaktische Möglichkeiten sehen Sie / nutzen Sie, um unterschiedliche Schülerkonstruktionen produktiv im weiteren Unterrichtsverlauf ins Spiel zu bringen?

4. Beobachten Sie gegenseitig Ihre Unterrichtsstunden: Notieren Sie das Ineinander von konstruktivistischen und instruktivistischen Phasen und diskutieren Sie Alternativen!

5. Welche Methoden haben Sie in der Schule / im Studium besonders bevorzugt?

Christian Herrmann

Konstruktivistisch(en) Unterricht evaluieren

„Hab' ein altes Heft gefunden mit krak'liger Kinderschrift. Abgewetzt, vergilbt, geschunden – und ein böser, roter Stift metzelt in den Höhenflügen meiner armen Niederschrift mit sadistischem Vergnügen und verspritzt sein Schlangengift. Und ich spüre, jeder rote Strich am Rand trifft wie ein Pfeil, die Zensur ist keine Note, die Zensur ist wie ein Beil, ich spür's, als ob es heut wäre und ich blick' zurück im Zorn, Sträfling auf einer Galeere und der Einpeitscher steht vorn..."

(Aus dem Lied: „Der unendliche Tango der deutschen Rechtschreibung", auf der CD „Immer weiter", zitiert nach dem Songbook: Reinhard Mey, Immer weiter, Maikäfer Musik Verlags-Gesellschaft mbH, Berlin 1994, S. 46-47).

1.   Die Ausgangslage

Auch wenn diese Zeilen von Reinhard Mey pointiert übertrieben erscheinen mögen, so bringen sie doch eine Erfahrung zur Sprache, die wohl nicht wenige Menschen mit dem Sänger teilen und die sogar krank machen kann. Wenn in der Schule nicht das Gute und Kreative – und sei es auch noch so wenig - hervorgehoben wird, sondern nur Fehler offen zur Schau gestellt werden, die einen jungen Menschen als Versager bloßstellen, ist der „Blick zurück im Zorn" nur allzu gut verständlich.

Die Zeiten haben sich Gott sei Dank inzwischen geändert, und sowohl der Unterrichtsstil als auch die Formen der Leistungsmessung oder der Evaluation entsprechen (hoffentlich!) nicht mehr der krassen Darstellung im Lied von Reinhard Mey.

Eine weitere Vorbemerkung scheint mir noch wichtig, um Missverständnissen vorzubeugen. Es geht in diesem Beitrag nicht um die Grundsatzfrage, ob (religiöse) Lernprozesse im RU überhaupt bewertet und benotet werden sollen oder besser nicht. Es geht auch nicht um die für viele KollegInnen drängende Frage, ob das spezifische Profil des RU als Hilfe zu Persönlichkeitsbildung, Lebensbewältigung und Identitätsfindung im Horizont von Grundwissenskatalogen und Bildungsstandards nicht verloren zu gehen droht. Es geht vielmehr darum, vom Ist-Zustand einer Notwendigkeit zur Evaluation auszugehen, (konstruktivistischen) RU eher pragmatisch im aktuellen Kontext von Schulentwicklung zu sehen und die Evaluierbarkeit und Möglichkeiten zur Leistungsfeststellung eines konstruktivistischen RU's darzulegen. Der RU wird sich von anderen „harten" Fächern immer unterscheiden (müssen), um seinen Zielsetzungen treu zu bleiben. Er kann aber mit anderen Fächern vom emotionalen, seelischen und ganz dezidiert auch vom kognitiven Anspruch her sicherlich mithalten, ja, er kann ein Vorreiter mancher didaktischer Entwicklungen sein, wie es z. B. bei der Verwendung ganzheitlich geprägter Lernmethoden der Fall war, bei denen Emotion und Kognition wie die zwei stets zusammengehörenden Seiten einer Medaille sind.

Wie evaluiert man nun konstruktivistisches Lernen im RU? Und wie steht es mit der notwendigen Leistungsmessung und Notengebung?

Der Titel dieses Beitrags lautet ganz bewusst – und vielleicht auch ein wenig irritierend – „konstruktivistisch Unterricht evaluieren". Zwei Perspektiven sollen dadurch angezeigt werden:

Perspektive A: Konstruktivistisch Unterricht/Lernen evaluieren

Es geht dabei um eine konstruktivistisch geprägte Art und Weise, Unterricht und Lernen auf Effektivität und Qualität hin zu überprüfen.

Perspektive B: Konstruktivistischen Unterricht evaluieren / konstruktivistisches Lernen evaluieren

Hierbei geht es um die Effektivitäts- und Qualitätsüberprüfung eines konstruktivistischen Unterrichts und konstruktivistischen Lernens.

2. Konstruktivistisch Unterricht evaluieren (Perspektive A)

2.1 Notwendigkeit und Grenzen der Evaluation im RU

Im Religionsunterricht gibt es einerseits Lernprozesse und Lernergebnisse (Produkte), die direkt im Unterricht evaluierbar sind (z. B. Sachwissen zur Bibel und zu biblischen Texten, zu Weltreligionen, zu Gottesbildern, zu Ursachen von Unterentwicklung oder Konflikten, zu Kirche und Sakramenten, zu christlichem Brauchtum, schnelleres und komplexeres Verständnis eines Sachverhalts, bessere Ausdrucksfähigkeit, größere Sicherheit beim Nachschlagen von Bibelstellen u.a.m.). Und es gibt andererseits solche, die nicht direkt im Unterricht evaluierbar sind (z. B. Veränderung von Einstellungen und Verhaltensweisen etwa im Sinne von echter Solidarität und Nächstenliebe, die Qualität der Gottesbeziehung und der Gebetspraxis). Dass sich manches der direkten Evaluierbarkeit und vor allem der Leistungsmessung entzieht, sollte als Tatsache anerkannt und mit Gelassenheit gesehen werden. Wer Religion unterrichtet, dem ist die folgende Paradoxie bekannt: häufig sind gerade solche Unterrichtsprozesse, deren Auswirkungen und Ergebnisse nicht direkt und umgehend evaluierbar sind, besonders nachhaltig; sie bleiben in Erinnerung und tragen unter Umständen langfristig und nachhaltig zur Identitätsfindung und Persönlichkeitsentwicklung junger Menschen bei. Was aber im RU unter den Modalitäten der schulrechtlichen Rahmenbedingungen evaluierbar ist, sollte evaluiert und gegebenenfalls auch benotet werden. Vor einer Evaluation des Evaluierbaren sollten sich Religionslehrende und ihr RU nicht verstecken (müssen). RU im Fächerkanon der Schule unserer Zeit muss auch auf der kognitiven Ebene im Horizont von Bildungsstandards Farbe bekennen (können) und Profil zeigen (vgl. hierzu die Thesen 3 und 7 des Positionspapiers des DKV-Vorstands zur „Leistungserhebung und Notengebung in Schule und Religionsunterricht", September 2003).

2.2 Horizont und Ziel konstruktivistischer Evaluation

Wichtig erscheint aber auch, dass man das Paradigma der Evaluation nicht auf die traditionellen und leider immer noch dominierenden Formen der Notengebung (mündliches Ausfragen, schriftliche Proben) einschränkt, sondern den Horizont weitet: Es geht um Selbstvergewisserungsprozesse der Lernenden über ihre Lernprozesse sowie verschiedene Arten der Rückmeldung an sie durch Lehrende.

Gibt es nun aber eine spezielle konstruktivistische Art und Weise, Unterricht und Lernen auf Effizienz und Qualität hin zu überprüfen? Das ist zunächst die Frage nach einer speziellen konstruktivistischen Methodik des Evaluierens.

In den einleitenden Beiträgen dieses Buches wurde ja bereits herausgestellt, dass die konstruktivistische Lerntheorie insgesamt nichts völlig Neues darstellt, sondern als bündelnde Theorie all dass, was man unter einem schüler-, erfahrungs- und handlungsorientiertem Unterricht versteht, wissenschaftstheoretisch auf den Punkt zu bringen versucht. Deshalb sind auch die Formen der Evaluation nicht völlig neu. Sie knüpfen an den bekannten und notwendigen Formen (z.B. Tests, Proben, Vergleichsarbeiten) an, verleihen diesen aber unter den Vorzeichen eines praxisrelevanten gemäßigten Konstruktivismus eine konstruktivistische Spitze (vgl. viele weiterführende Anregungen: Gudjons 1997, 127-130); Denn der Akzent einer Evaluation von Lernprozessen liegt hier verstärkt und dezidiert auf der Schülerorientierung und damit auf einer Förderung der Eigenverantwortung der jungen Menschen. Konstruktivistische Unterrichts- und Lernevaluation schließt also den Lernenden, so weit es möglich ist, aktiv in die Überprüfung seines Lernens mit ein (vgl. Hilger / Leimgruber / Ziebertz 2001, 269f; Mendl 2004, 92-101). Bei der Notengebung erscheint noch mehr Vorsicht geboten bezüglich quantitativer Benotungsverfahren, z.B. bei der Ermittlung des arithmetischen Mittels, denn eine konstruktivistische Leistungsbewertung wird bewusst und verstärkt die – hoffentlich positiven – Entwicklungstendenzen beim Lernenden berücksichtigen und dabei den pädagogischen Ermessensspielraum eigenverantwortlich nützen.

2.3 Methoden konstruktivistischer Evaluation

Wie in der Problemstellung im einleitenden Kapitel dieses Buches (vgl. S.36ff., 16ff.) bereits dargelegt wurde, muss der Horizont konstruktivistischer Unterrichtsevaluation breiter angelegt sein als das Feld üblicher Reproduktionen:

- Nicht nur die Inhalte, die „hängen geblieben sind", sind Gegenstand einer Überprüfung (= übergreifendes instruktivistisches Material),
- sondern auch die Konstruktionen, die durch die Auseinandersetzung mit den Bildungsinhalten ausgelöst wurden (= individueller konstruktivistischer Prozess)
- sowie die Fähigkeit, verschiedene Konstruktionen zu verstehen und sich selbstständig damit auseinander zu setzen (= diskursiver ko-konstruktiver Prozess).

Insofern verschränken sich beide Perspektiven: ist Unterricht konstruktivistisch angelegt, dann erfordert dies auch eine konstruktivistische Evaluations-Methodik.

Im Folgenden werden nun zunächst verschiedene Methoden möglicher Lern-Evaluationen auf unterschiedlichen Ebenen vorgestellt, die Elemente einer konstruktivistischen Evaluationskultur aufweisen. Die erste Frage bei deren Beurteilung sollte sein, inwieweit auf diese Weise ein Reflexionsprozess über individuelle Lernprozesse in Gang gesetzt wird, erst die zweite dann, ob und wie man solche Prozesse auch in verantwortbare Noten fassen kann (vgl. die entsprechenden Impulsfragen hierzu, die zur Reflexion und zum Widerspruch anregen wollen!).

2.3.1 Individueller und kollektiver Vergleich des aktuellen Lernprozesses mit früheren

Solche Evaluationsimpulse („Wie hat sich mein Lernen verändert? Was ging besser? Wo liegen noch meine Schwierigkeiten?") dienen der Forcierung biographischer Lernprozesse. Wie das Beispiel zeigt, zielen sie durchaus auch auf die Frage der Entwicklung von methodischer Kompetenz. Die individuelle Reflexion kann in einem gemeinsamen Auswertungsgespräch auch zu einem Vergleich verschiedener Konstruktionsmodalitäten führen.

Beispiel einer Vorlage für ein Auswertungsgespräch über einen Lernprozess

Wir werden jetzt darüber sprechen, wie zufrieden oder unzufrieden du mit deinem Lernen an diesem Thema bist.
- *Erzähle zunächst, womit du dich leicht oder schwer getan hast ...*
- *Warum fiel es dir diesmal leicht/er? Warum schwer/er?*
- *Welche Hilfe würdest du dir wünschen?*
- *Was kannst du selbst nächstes Mal besser machen?*
- *Schreibe mindestens zwei Dinge auf, die dir diesmal gut oder wenigstens besser als das letzte Mal gelungen sind!*

2.3.2 Konstruktivistisch geprägte Fragestellungen bei schriftlichen oder mündlichen Leistungsfeststellungen

Die folgenden Beispiele wurden bewusst so gewählt, dass sie zur Diskussion anregen (vgl. auch die Impulsfragen im Arbeitsteil): Darf man so etwas überhaupt benoten? Kann man das? Überfordert das nicht die Lehrenden? Vermutlich gehen die Meinungen auch bezüglich einzelner konkreter Fragestellungen auseinander. Vielleicht hilft ein Vergleich weiter: Bei der weit verbreiteten Traditionslinie bei schriftlichen Evaluationen im Religionsunterricht orientiert man sich an der Praxis anderer gesellschaftswissenschaftlicher Fächer, wo reproduzierende und gelegentlich transferierende Aufgabentypen dominieren. Man sollte sich eventuell eher an die Praxis im Fach Deutsch anlehnen, wo im Bereich der Aufsatzlehre durchaus gemeinsame formale Merkmale mit individuellen Konkretionen verbunden werden. Freilich:

für die Lehrenden ist dies mit einem Mehraufwand im Bereich der Korrekturen verbunden.

Beispiele für Fragestellungen bei mündlichen und schriftlichen Leistungsfeststellungen

„Du hast dich mit .... auseinander gesetzt. Nenne mindestens 2 Aspekte, die dir dabei wichtig erscheinen und begründe deine Auswahl. "

„Ordne die verschiedenen Aussagen über Jesus den vier Evangelien richtig zu. Welche Aussage scheint dir besonders wichtig? Begründe!"

„Beschreibe mit eigenen Worten das Verhalten von Jesus gegenüber notleidenden Menschen!"

„Schau dir die Satzbaurolle an. Wähle einen Eigennamen aus und vervollständige den Satz durch Drehen der anderen Papierringe. (+ 2 weitere Durchgänge)"

„Ordne die einzelnen Satzstreifen zu einem zusammenhängenden Text und ergänze dann die fehlenden Wörter, indem du die Textstelle in deiner Bibel nachschlägst. "

„Du hast die Geschichte von Felix, dem Zeitungsjungen, kennen gelernt. Was würdest du ihm in seiner Situation raten? Schreibe es ihm in einem eMail!"

„Es gibt verschiedene Bilder für die Gemeinschaft der Kirche. Nenne mindestens drei und beschreibe dann dein eigenes Lieblingsbild von Kirche. "

„Du siehst hier mehrere Kirchenbaustile. Schreibe zu jedem Bild, um welchen Baustil es sich handelt und ordne dann die einzelnen Aussagen unten den Bildern zu, indem du den jeweiligen Buchstaben in das Kirchenbild schreibst. "

„Formuliere fünf Fragen für ein Interview mit einem Pfarrer!"

„Schreibe eine Rede an die Menschheit, in der du sagst, was sich ändern sollte und wie das deiner Meinung nach geschehen könnte!"

„Hier findest du ein Gespräch zwischen einem Jesus-Anhänger und einem Jesus-Gegner. Was sagt der eine, was antwortet der andere? Ordne die Aussagen einander zu!" Welches Argument wäre für dich besonders wichtig? Begründe!"

„Lies dir die Stelle Mt 25,31-40 gut durch. Versuche an zwei Textstellen aus den Versen 35 – 36 die Aussagen etwas zeitgemäßer (und vielleicht sogar jugendgemäßer) auszudrücken. "

„Folgendes Mail deines arabischen Brieffreundes Abdul enthält auch einige Fragen über den christlichen Glauben. Antworte deinem Freund in einem Mail und gehe dabei auf seine Fragen ein!"

„Du hast dich mit dem Glauben des Moslems, dem Islam beschäftigt. Nenne die „Fünf Säulen" des Islam und nimm dann Stellung dazu (z.B.: Das ... finde ich gut/ weniger gut, weil ...)!"

2.3.3 Schüler-Schüler-Feedback

Schüler können als Experten in die Bewertung einbezogen werden, indem sie evtl. nach gemeinsam erstellten Kriterien die Leistungen anderer Schüler bewerten.

Beispiel einer Vorlage für ein schriftliches Feedback nach Referaten und Präsentationen

a) Notiere in Stichpunkten, was dir vom Referat hängen geblieben ist.
b) Welche Fragen hast du an die Referentin / den Referenten?
   Schreibe sie auf!
c) Bewerte auf der Skala von „Sehr gut" bis „Oh je!"
   - den Vortragsstil des Referenten / der Referentin
   - die Länge des Vortrags
   - die Art der Gestaltung des Vortrags
   - die Anschaulichkeit der Aussagen
   - die Verständlichkeit des Ganzen

Sehr gut	*Gut*	*Geht gerade so*	*Wenig brauchbar*	*Oh je!*

d) Welchen besonderen Rat gibst du dem Referenten:

2.3.4 Reflexionsfragebögen für Schüler und Schülerinnen

Eine reflexive Auswertung von Lernprozessen und deren Methodik, die fast nur danach fragt, was den Schülerinnen und Schülern gefallen hat, ist meiner Ansicht nach defizitär und macht es sowohl den Schülerinnen und Schülern als auch der Lehrkraft zu leicht. Die Reflexion sollte immer auch die Lernergebnisse und die Veränderungen im Lernverhalten in den Blick nehmen..

Ein Beispiel für einen Evaluationsfragebogen, den eine Lehrerin unter der Überschrift „Mach mal einen Punkt" zur Evaluation des ersten Schulhalbjahres eingesetzt hat, findet man bei Mendl (Mendl 2004, 102-10f). Er verbindet inhaltliche und methodische Aspekte mit der Frage der Selbstkonstruktion.

2.3.5 Vergleich mit den Ergebnissen, Denk- und Handlungsprozessen anderer

Die Fähigkeit zur Ko-Konstruktion (vgl. oben S.127) wird gefördert, wenn SchülerInnen lernen, eigene Denk- und Handlungsprozesse sowie Lernergebnisse mit denen anderer zu vergleichen.

Beispiel einer schriftlichen Vorlage für einen auswertenden Vergleich von Denk- und Handlungsprozessen verschiedener Schülerinnen und Schüler zu einem Thema

Ihr sprecht nun darüber, wie ihr eure Aufgaben gelöst habt. Zuerst trägt jeder vor, was er gemacht hat; die anderen hören nur zu. Dann vergleicht bitte eure Ergebnisse und eure Arbeitszeiten. Was fällt euch auf? Was könnt ihr eventuell voneinander lernen, um gute Ergebnisse relativ schnell zu erlangen?

2.3.6 Vergleich mit der vorgegebenen Lösung zu einer Fragestellung (Selbstkorrektur)

In der Freiarbeits-Theorie wird der Ausbildung eigener Lösungswege ein hoher Stellenwert beigemessen. Konsequenterweise spricht man dort auch nicht von einer eindeutigen Musterlösung, sondern eher von „Lösungsvorschlägen" oder „Lösungsideen", „Mustervorschlägen" oder „Beispielantworten".

Beispiel einer Anleitung zur Selbstkorrektur

Nach getaner Arbeit kannst du nun deine Ergebnisse selbst überprüfen und ggf. ausbessern.
Vergleiche deine Ergebnisse mit dem Lösungsblatt!

Aus meinem Gesamtergebnis lerne ich:
    dass ich gut gearbeitet habe
    dass ich den Stoff beherrsche
    dass ich etwas unkonzentriert war und leichte Fehler gemacht habe
    dass ich manche Aufgaben nicht gründlich genug gelesen habe
    dass ich zu wenig gelernt habe
    dass ich manches nicht mehr wusste, weil ich aufgeregt war
    dass ich mir einige Dinge noch einmal genauer anschauen oder sie mir erklären lassen muss
    ....
    ....

2.3.7 Problemlösende Anwendung des Ergebnisses auf neue Fragestellungen.

Wie in einem konstruktivistischen Unterricht insgesamt die Frage, welche unterschiedlichen Deutungshorizonte bei den Lernenden ausgelöst werden, stärker interessiert als bei einem traditionellen Unterricht, so wird konsequenterweise auch in einer konstruktivistischen Evaluationskultur der Ebene des Transfers und seiner individuellen Füllung ein größerer Stellenwert beigemessen.

Beispiel einer Leistungsfeststellung durch eine Transferaufgabe

Du hast in den letzten Stunden das Gleichnis vom barmherzigen Samariter kennen gelernt.
  Schlage die Stelle Lk 10,25-37 in deiner Bibel nach und erinnere dich daran, warum Jesus dieses Gleichnis erzählt. Nenne nun mindestens drei Beispiele, wie ein Mensch einem anderen auch heute „zum Nächsten werden" kann!

  Wir haben uns in den letzten Stunden damit beschäftigt, wie es zu Konflikten kommen kann und wie man sie lösen könnte.

Lies dir die folgende Fallgeschichte durch. Stell dir nun vor, du bist eine der Personen. Was könntest du tun? (Nenne 3 Möglichkeiten) Was würdest du tun? Begründe!

2.3.8 Fazit: Produkt- und prozessorientierte Evaluation als Kennzeichen konstruktivistischer Evaluationskultur

Unabdingbare Voraussetzung einer verstärkt eigenverantwortlichen schüler-aktiven Evaluation ist der Wille der Lernenden, den Prozess und das Produkt ihres Lernens zu hinterfragen, zu verifizieren, um dadurch noch kompetenter zu werden (vgl. zum „Lernen durch Selbstbewertung" von Foerster / Renk 1999). Dies gilt unbedingt auch für die Lehrkraft, die ihrerseits eine Lernende an ihrer eigenen Unterrichtsplanung und -durchführung ist.

Die Auseinandersetzung der Schülerinnen und Schüler mit den Lernprozessen und Lernresultaten anderer oder einer bestimmten Lösungsangabe ist Anreiz für wieder neue eigene Erkenntniskonstrukte. Selbstgesteuertes konstruktivistisches Lernen, das schon bei der gemeinsamen Unterrichtsplanung beginnen sollte, verlangt direkt nach selbstgesteuerter und selbstkritischer Evaluation. Schüle-rinnen und Schüler im System Schule bringen diese Bereitschaft – genauso wie die Lehrenden – nicht von vornherein einfach mit. Hier braucht es viel Erziehungsarbeit, um selbstgesteuertes Lernen und Eigenverantwortung für die persönliche Lernbiografie zu stärken. Zu sehr sehen und erleben sich Schülerinnen und Schüler im Schulalltag (noch) als Objekte der Wissensvermittlung und nicht als Subjekte der Wissensaneignung. Ab der ersten Grundschulklasse verändert sich das Verhalten vieler Schülerinnen und Schüler vom motivierenden Wunsch etwas lernen zu wollen hin zum demotivierenden Lernen-Müssen; schließlich lernen SchülerInnen gezwun-genermaßen nur noch für die Noten, nicht mehr aus Interesse an der Sache selbst. Das ist die tragische Realität unseres derzeitigen Schulwesens (und übrigens auch der universitären Ausbildung). Aber so muss es nicht bleiben. Es braucht eine grundsätzlich neue Einstellung zum schulischen Lernen, eine gesellschaftspolitisch initiierte und unterstützte Einstellung, die schulisches Lernen als echte Chance und nicht als Zwangsbeglückung versteht.

Auch eine „konstruktivistische" Messung von Schulleistungen muss sich, soll ihr Ergebnis sinnvoll verwertbar und pädagogisch verantwortbar sein, an bestimmten, auch den Schülerinnen und Schülern einsichtigen Gütekriterien (z.B. sachliche Richtigkeit, innere Logik, kreatives Niveau, Frage- und Reflexionskompetenz) orientieren.

Das in diesem Kapitel 2 zu Perspektive A Ausgeführte gilt natürlich auch für die Evaluation und Lernstandskontrolle bzw. Leistungsfeststellung in einem konstruktivistischen Unterricht und braucht dort nicht eigens wiederholt werden.

3. Konstruktivistischen Unterricht evaluieren (Perspektive B)

3.1 Lernen als individuelle Konstruktion

Jedes echte und nachhaltige Lernen ist von Natur aus konstruktivistisch. Lernen an sich ist immer eine individuelle, subjektive Konstruktion des Lernenden. Wenn ich am Dreifaltigkeitssonntag eine Predigt über den dreifaltigen Gott höre und die Ausführungen und verbalen Impulse des Pfarrers mich dazu anregen, mir meine eigenen Gedanken und Vorstellungen auf dem Hintergrund meiner eigenen Erfahrungen und meiner momentanen kognitiven und emotionalen Verfassung zu machen, dann ist dieses neu entstehende Gedankengebilde in meiner Vorstellung meine individuelle Konstruktion – sogar in Folge einer „instruktivistischen" Predigt. Sie schließt das Verständnis der Worte des Pfarrers ein und ich könnte wohl in etwa wiedergeben, was er gesagt hat, aber sie geht auch darüber hinaus, weil mein eigenes Konstrukt meine ureigensten Gefühle, Gedanken, Zweifel und Gewissheiten enthält und damit für mich nicht nur kognitiv, sondern emotional-affektiv wertvoll macht. *Solche* Predigten, in die ich mich selbst involviere und weiterdenke, vergesse ich nicht mehr. Hier habe ich - fast schon automatisch – für's Leben gelernt. Und mit dem Ergebnis bin ich einigermaßen zufrieden, sowohl intellektuell als auch emotional. Ein anschließendes Gespräch mit dem Prediger würde vermutlich einen weiteren Denkprozess anstoßen, verifizieren, ob ich seine Ausführungen richtig verstanden habe und mir die Möglichkeit geben, mein eigenes „Konstrukt" konstruktiv in den Dialog einzubringen.

Ein konstruktivistischer Unterricht geht – soweit dies möglich ist – von einer gemeinsamen Unterrichtsplanung aus, enthält entdeckendes Lernen, offene Unterrichtsformen (z.B. Freiarbeit), soziales Lernen im Gruppen- und Projektunterricht, ist erfahrungsbezogen und handlungsorientiert, in modifizierter Form sogar lehrzielorientiert und kennt auch instruktivistische Phasen. Er versteht Lernen als einen bei jedem Individuum aufgrund seiner (Lern-)Biographie anders verlaufenden subjektiven Prozess (vgl. Gudjons 1997, 24-36).

Ziel eines konstruktivistischen Unterrichts in der Schule ist es, dass sich Schülerinnen und Schüler durch individuelle Konstruktionen im Umgang mit dem Lerngegenstand wesentliche kognitive und affektiv-emotionale Inhalte als lebendiges Wissen aneignen und dieses anwenden können. Dieses Wissen schließt die Fähigkeit zur Reproduktion kultureller Wissensgüter ebenso ein wie individuell neue Erkenntnisse und kreative Handlungsweisen. Wenn dies nicht beachtet wird, läuft konstruktivistisches Lernen Gefahr, zu einem individuell sehr selektiven, subjektivistisch enggeführten „Spaß-Lernen" zu werden, das nur wenig gesellschaftliche Relevanz hat. Es wäre letztlich Ausdruck eines postmodernen „Anything goes"-Denkens, das sich jeden äußeren Normanspruches und der Wahrheitsfrage entziehen möchte.

3.2 Zielintentionen im Kontext konstruktivistischer Lernprozesse

Auch konstruktivistischer Unterricht braucht und hat Ziele (angesiedelt in einem Zielfeld; nicht im Sinne punktgenauer Lernzielformulierungen, sondern eher im Sinne von Zielintentionen – vgl. die Ausführungen aus S.71) und einen thematischen Rahmen, in dem die Lernprozesse ablaufen. Der selbstgesteuerte und konstruktive Lernprozess ist also *nicht* subjektivistisch *beliebig*. Auch wenn kein Lernergebnis schlechthin degradiert und verworfen wird, so muss es doch in der Regel begründet verifiziert oder falsifiziert werden können. Es gelten, wie weiter oben schon erwähnt, auch hier ganz bestimmte Gütekriterien.

Was eine konstruktivistische Zielermittlung von einer instruktivistischen unterscheidet, ist das Offenlegen der Zielhorizonte und damit die Chance zu einer gemeinsame Planung der Art und Weise, wie Unterricht gestaltet wird; insofern sind gerade in Methoden strukturierter Freiarbeit (Lernzirkel, Stationentraining…) vielfältige Aspekte konstruktivistischen Lernens enthalten.

Beispiel für eine Zielintentionsbeschreibung:

HS-Lehrplan 7.1: „Zu den grundlegenden Inhalten des Christentums gehören die Evangelien mit ihrer Botschaft vom Reich Gottes. ... Indem die Schüler weitere Glaubenszeugnisse des Neuen Testaments und Menschen, die aus der Kraft des Evangeliums leben, kennen lernen, sollen sie <u>auf die Bedeutung der Bibel für den Glauben des Einzelnen und der Kirche</u> aufmerksam werden."

LP 7.1.3:
„aus der Kraft des Evangeliums leben: sich für Gottes Reich einsetzen"
„die Bibel: Richtschnur des Glaubens und der Kirche"

Beschreibung der „Lernlandschaft" für den Schüler:

„In den nächsten beiden Stunden wirst du dich mit dem Bestseller der Weltliteratur beschäftigen: der Bibel. Du findest dich inzwischen in der Bibel schon recht gut zurecht und hast erfahren, dass Jesus in seinen Worten und Taten vor allem eines deutlich machte: das Kommen des Reiches Gottes, des Reiches der Liebe und des Friedens.
Die herausfordernde Aufgabe besteht für dich nun darin, herauszufinden, welche Bedeutung die Bibel
a) für den einzelnen Christen und
b) für die ganze Kirche hat.

Die verschiedenen Unterrichtsmaterialien (Texte, Filme, Infos aus dem Internet) findest du bei mehreren ‚Ausgrabungsstätten'. Sie helfen dir dabei, deine Aufgabe zu lösen. Benutze deinen ‚Laufzettel', um deine Ergebnisse aufzuschreiben und am Ende eine Lösung zu präsentieren. Es steht dir frei, alleine oder mit einem Partner zu arbeiten."

Zur Verfügung gestellte Arbeitsmaterialien zur Auswahl wie z. B.:
Ausgrabungsstätte 1: Text und Videoausschnitt (AB mit AA) über Mutter Teresa, ihre Arbeit und ihre „Quellen"
Ausgrabungsstätte 2: Text über Ruth Pfau, ihre Arbeit und ihre „Quellen"
Ausgrabungsstätte 3: Text und Videoausschnitt (AB mit AA) zu Franz von Assisi

Ausgrabungsstätte 4: AB *mit Text und AA zur Bedeutung der Bibel als Wort Gottes*

Ausgrabungsstätte 5: AB: *Dem Buch der Bibel Symbole zuordnen, die seine Bedeutung veranschaulichen (Licht, Brunnen, Wasserquelle in der Wüste, Sonne, Tür, Weg, Wegweiser, Schranke ...)*

Ausgrabungsstätte 6: AB: *Die Bibel als Glaubenszeugnis: Phil 3, 7-11*

Ausgrabungsstätte 7: AB: *Die Bibel als Mahnung und Wegweisung: 1 Thess 5, 12-18.21-22*

Ausgrabungsstätte 8: AB: *Aussagen von Persönlichkeiten über die Bedeutung der Bibel für ihr Leben*

Ausgrabungsstätte 9: *Internetrecherche (frei oder besser mit konkreten Suchangaben)*

„Laufzettel"
Zettel mit Arbeitsaufträgen zu den einzelnen Arbeitsbereichen

3.3 Motivation, Planung und Evaluation

Ist konstruktivistisches Lernen in der Schule nur ein mehr oder weniger spaßvoller, medial oft sehr aufwändiger Zeitvertreib, bei dem die Schülerinnen und Schüler aber im Grunde genommen nichts lernen? Beschäftigen sie sich nur mehr oder weniger motiviert mit Lerngegenständen, sind aber am Ende nicht klüger geworden? Dieser Vorwurf ist berechtigt, wenn auf Seiten der Lernenden am Anfang des Lernens keine echte, interessierte Lernbereitschaft und Neugier an der Sache besteht oder wachgerufen wird und wenn es am Ende der Lernphasen kein kritisches Feedback und keine Auswertung gibt. Es braucht Motivation von innen und von außen. Und es braucht reflektierende Evaluation. Beides beeinflusst die Effizienz und Qualität des Lernens außerordentlich.

Motivation fürs Lernen sollte dabei nicht von der Aussicht auf eine gute Note bestimmt, sondern von echten Fragen zur Sache geleitet sein (z.B. „Warum geht Jesus *eigentlich* einen Konflikt mit den jüdischen Oberbehörden ein, wenn er doch weiß, dass ihn das in große Schwierigkeiten bringt?", „Wie ist *eigentlich* das Neue Testament entstanden?", „Warum soll man *eigentlich* einen Konflikt nicht mit Gewalt lösen?", „Warum soll eine Frau ihr Kind *eigentlich* nicht abtreiben, wenn es voraussichtlich behindert ist?"). Den Schülerinnen und Schülern suggerierte oder mühevoll herausgepresste, rein formale Fragestellungen bei der Zielangabe (z.B. „Wir brauchen noch unsere Stundenfrage", „Du hast jetzt sicher eine Frage!") führen nachweislich in eine Sackgasse und verhindern von Beginn an die Echtheit des Lernprozesses. Authentische Motivation setzt bei Lehrenden voraus, dass sie sich auf die SchülerInnen und den Lerngegenstand wirklich einlassen. Es kann dann bei einer gemeinsamen Unterrichtsplanung eine oder mehrere für die ganze Klasse gültige Fragestellungen und darüber hinaus auch viele individuelle Einzelfragestellungen geben. Der konstruktivistische Unterricht wird versuchen, beide Bereiche zeitlich und methodisch angemessen zu berücksichtigen (z. B. durch gemeinsame Arbeitsphasen zu den gemeinsamen Fragen und individuelle Arbeitsphasen zu den speziellen Fragen des Einzelnen; in Form von Referaten oder einem Arbeitsergebnisheft, das die Referate, Handouts, Arbeitsblätter von Internetrecherchen, kreativen Texte und Zeichnungen usw. enthält, können auch die Einzelergebnisse der Allgemeinheit zugänglich gemacht werden). Sehr sinnvoll ist es, wenn die SchülerInnen sich Portfolios anlegen und kontinuierlich führen. Diese können später in die Evaluation mit einbezogen werden.

Genauso wichtig wie die Motivation ist *das reflektierende Feedback* als eine Form der Evaluation. Das Feedback kann eine Note sein, muss und sollte sich jedoch – wie schon gesagt – keinesfalls darauf beschränken.

Da Evaluation der Qualitätssicherung dient, müssen sich auch ein konstruktivistisch geprägter Lernweg und sein Ergebnis evaluieren lassen. Bei der Evaluation des konstruktivistischen Lernens im RU sind, wie bei jeder anderen Unterrichtsevaluation, mehrere „Objekte" zu betrachten, die in Wechselwirkung zueinander stehen.

Zu evaluieren sind   - die Leistungen der Lernenden
                     - die Leistungen der Lehrenden
                     - die Rahmenbedingungen des Lernens
und   - ihre Wechselwirkung.

3.4   Die Leistungen der Lernenden: Fremd- und Selbstevaluation

3.4.1 *Leistung*

Evaluiert werden in der Schule vorwiegend Leistungen. „Etwas kann zur Leistung werden, wenn eine bestimmte Handlung oder ein Handlungsergebnis als ‚Leistung' anerkannt und bewertet wird. So muss man damit rechnen, dass manche Aktivitäten – je nach dem Wertmaßstab derjenigen, die bestimmen können, was ‚Leistung' ist - keine Chance haben, als solche honoriert zu werden, weil sie von ihnen nicht erwünscht sind (z.B. ein Streik). So ist Leistung stets das Resultat einer Be-Wertung von Handlungen und somit auf ein normatives Kriterium bezogen. Leistung gibt es stets nur in Verbindung mit Inhalten und Handlungen. ... ‚Leistung' in diesem Sinne stellt sich als ‚objektive' von außen kommende Normerwartung an einzelne Subjekte dar und ist folglich stets daraufhin zu befragen, welchen Sinn und welchen Zweck sie hat. Vom Subjekt her kann mit Klafki Leistung als Ergebnis oder Vollzug von Tätigkeiten und Handlungen umschrieben werden, die mit Anstrengung verbunden sind, für die Gütemaßstäbe gesetzt sind oder von den betreffenden Subjekten selbst gesetzt werden ..." (Hilger / Leimgruber / Ziebertz 2001, 260f).

Zu beachten ist in unserem Zusammenhang besonders der Hinweis auf die nicht honorierten, weil nicht erwünschten Leistungen. Dabei kommt mir auch die 2. Strophe des eingangs zitierten Liedes von Reinhard Mey in den Sinn: die Übermacht der honorierten Rechtschreibung gegenüber der nicht honorierten Erzählkunst. Noch zu häufig werden in der Schule von Schülerinnen und Schülern erbrachte Leistungen gar nicht wahrgenommen und honoriert, weil die Lehrenden nur die eine „richtige" Antwort hören wollen. Daran wird auch deutlich, dass Leistungsbeurteilungen sich zumindest nicht ausschließlich an strikt vorgegebenen Lernzielen und ihrer punktgenauen und termingerechten Erreichung durch alle Schülerinnen und Schüler gleichzeitig orientieren dürfen.

Die Notwendigkeit der Evaluation als Effektivitätsüberprüfung (Lernerfolgskontrolle, Lernstandskontrolle) von Lernprozessen und ihrer kognitiven und affektiv-emotionalen Ergebnisse im Rahmen des Schulwesens im Dienste von Qualitätsentwicklung und neuer Lernmotivation ist unstrittig. Formen der Evaluation sind die Selbst- und die Fremdevaluation.

3.4.2 Selbstevaluation und freiwillige Fremdevaluation

Evaluation ist also mehr als ausschließlich Notengebung. Sie umfasst den gesamten Komplex einer Auswertung von Lernprozessen und ihrer Ergebnisse. Zu Recht fordert der Vorstand des DKV: „Leistungsmessung und Notengebung haben in Schule und Religionsunterricht ihren berechtigten Platz; sie dürfen jedoch nicht die einzige und nicht die dominierende Form schulischer Rückmeldung sein" (Vorstand des Deutschen Katechetenvereins e.V. 2003).

Bei einer konstruktivistischen Evaluierung des individuellen Lernerfolgs kommt m. E. der Selbstevaluation und der freiwilligen Fremdevaluation eine besondere Bedeutung zu. Nur wenn der Lernende durch die Evaluation *selber* weiter lernen *will*, wenn er sich von der Evaluation etwas Positives erwartet, kann sie effektiv sein. Diese Haltung muss bewusst gemacht und eingeübt werden. Die Beispiele zu Evaluation und Leistungsfeststellung, die im 2. Kapitel dieses Beitrags unter Perspektive A gemacht wurden, gelten selbstverständlich auch hier und müssen nicht extra wiederholt werden.

Schließlich gehört es in den Bereich der immer bedeutsamer werdenden Wahrnehmungsdiagnostik der Lehrkraft, die Lernenden -- so weit es geht – kontinuierlich zu beobachten und ihre Lernleistung einzuschätzen und festzuhalten. Ein konstruktivistischer RU braucht sich vor Effizienz- und Qualitätsüberprüfung nicht mehr zu fürchten als jeder andere Unterricht auch.

Natürlich kann in der Schule die Evaluation nicht nur freiwillig geschehen.

3.4.3 Konstruktivistische Fremdevaluation

Die Benotung von Leistungen ist eine Form der Fremdevaluation. Konstruktivistischem Lernverständnis „schmeckt" sie zwar nicht, besonders nicht im RU! Schule ohne Leistungsbewertung und Noten ist aber reine Utopie. Da konstruktivistischer Unterricht schulischer Unterricht ist, müssen seine Prozesse und Ergebnisse zumindest teilweise auch benotbar sein.

Wie benotet man aber die subjektiven Lernleistungen, die individuellen Konstrukte der SchülerInnen?

Bei dieser Problemstellung handelt es sich um einen Konflikt zwischen dem Wert der Offenheit des Lernprozesses und seines Ergebnisses und der Sanktionierung derselben speziell durch die Notengebung. Für manche Lehrende ist das ein echtes Dilemma. Aber es ist kein unlösbares!

Die Bewertung von Leistungen hängt von der jeweiligen zugrunde gelegten Bezugsnorm ab. „Bei subjektbezogenen Bezugsnormen wird das Lernergebnis mit dem verglichen, was dieselbe Person bei gleichen oder ähnlichen Aufgaben bislang erzielt hat. Bei sachbezogenen Bezugsnormen entscheidet die

Richtigkeit einer Aufgabenlösung oder Antwort, bei sozialen Bezugsnormen wird die erbrachte Leistung mit dem verglichen, was andere Personen bei der gleichen Aufgabe gezeigt haben. Je nach Bezugsnorm fällt die Bewertung eines gleichen Ergebnisses unterschiedlich aus" (Hilger / Leimgruber / Ziebertz 2001, 264). Was aber z.B. im Klassenvergleich unter dem Durchschnitt liegt, kann für den betreffenden Schüler oder die betreffende Schülerin schon eine individuell enorme Leistung darstellen, die unbedingt honoriert werden sollte.

„Sorgfältige Leistungsüberprüfung und -bewertung – am Ende oder auch während eines Lernabschnittes – sind Ausdruck einer Wertschätzung und Achtung der Leistungen von Kindern und Jugendlichen. Sie sind unverzichtbares Feedback und enthalten Hinweise für die Lehrenden. Sie tragen zur Lerndiagnose, zur Effizienz der eigenen Unterrichtsgestaltung und zur Verbesserung der Lernprozesse bei" (Hilger / Leimgruber / Ziebertz 2001, 263).

Zu evaluieren und zu benoten sind auf Seiten der Lernleistungen sowohl die Prozesse und Ergebnisse der instruktivistisch-übergreifenden als auch die der konstruktivistisch-individuellen oder konstruktivistisch-kollektiven, konfrontativ-dialogischen Lernphasen des Unterrichts (vgl. oben S.136, grundsätzlich auch S.36). Dabei können instruktivistische Lernphasen auch konstruktivistische Elemente enthalten und umgekehrt. In der Regel gibt es keinen rein instruktivistischen und rein konstruktivistischen Unterricht.

Schon die qualifizierte Wiedergabe instruktivistischer Elemente muss nicht zwangsläufig uniform angelegt sein (vgl. oben 131). Mündliche oder schriftliche Leistungsfeststellungen können individuelle Auswahlmöglichkeiten der Bearbeitung enthalten (z.B.: „Nenne die wichtigsten biblischen Würdenamen Jesu und gehe dann auf denjenigen näher ein, der dir für die Erklärung der Bedeutung Jesu besonders geeignet erscheint.") (vgl. die Beispiele bei 2.3.2). In einem guten Unterricht wurde dieser Aspekt übrigens auch schon „vor" der Entdeckung des Konstruktivismus beachtet!

Kompetenzbereiche, die über die reine Reproduktionsfähigkeit hinausgehen und als sinnvolle und schülerorientierte Bewertungskriterien dienen können, sind nach Rainer Oberthür die Frage-, die Wahrnehmungs-, die Gestaltungs- und Urteilskompetenz, sowie die kommunikative, die korrelative, die interreligiöse, die ethische und die theologische Kompetenz (vgl. Oberthür 2001, 10-12). Darin kommen Werthaltungen und emotionale Erkenntnisse zum Ausdruck, die breiter angelegt sind als ein bloßes Faktenwissen und praktische Fertigkeiten. Das sollte auch innerhalb eines Religionsunterrichts, der sich als Hilfe zur ganzheitlichen Persönlichkeitsbildung versteht, bei der Bewertung zum Tragen kommen.

In einem konstruktivistischen Unterricht werden klassische Formen der Leistungsmessung (Test, Probe, Vergleichsarbeiten, mündliche Abfrage, regelmäßige Mitarbeit, Hausaufgabenkontrolle) ergänzt durch schüleraktive Formen wie Autokorrektur, gegenseitige Korrektur, Präsentationen (Projekte/ Referate) mit Feedback, Spiele. Außerdem dienen der Lehrkraft Beobachtungen zu o.g. Kompetenzbereichen als Grundlage für die (unumgängliche) Notengebung (methodische Empfehlungen siehe Weidmann 1997, 403-407; Jendorff 1992, 234-246).

Die Fremdevaluation der mündlichen, schriftlichen oder kreativen Schülerleistungen geschieht auf den Ebenen Lehrer – Schüler und Schüler – Schüler, und zwar sowohl hinsichtlich des Lernprozesses (feststellbarer Lernfortschritt auf der Erkenntnis- und der Methodenebene) als auch hinsichtlich des Lernprodukts (konkretes Ergebnis). Lernende brauchen ein Feedback.

Eine sinnvolle Selbstevaluation der Schülerinnen und Schüler (Selbsteinschätzung von Lernen) setzt, wie nochmals betont werden soll, die Fähigkeit zur Selbstkritik, Kenntnis und Akzeptanz der Gütekriterien, Interesse an der Sache, Leistungsbereitschaft und den Willen zur Qualitätssteigerung des eigenen Lernens voraus.

3.4.4 Leistungsbewertung im Kontext konstruktivistischer Evaluation

Damit Leistungsbewertungen nicht zu einer Beurteilung der Person werden und auch nicht so empfunden werden, müssen sie sich auf nachweisbare Phänomene beziehen und die Formulierungen so gewählt sein, dass sie sich nicht im Bereich der Charakterisierung von Schülereigenschaften bewegen. Leistungsbewertungen beziehen sich auf Glaubensinhalte im weitesten Sinn (Wissen, Können, Haltungen), nicht auf den Glauben selbst. Respekt vor der Schülerin / dem Schüler und Anerkennung der individuellen Leistung sollten immer im Vordergrund stehen.

Wie objektiv ist jedoch die Beobachtung oder dialogische Auswertung des subjektiven Lernprozesses? Wie objektiv gerecht ist die anschließende Benotung, wenn die Lehrerin/der Lehrer selbst als Subjekt aus seiner subjektiv geprägten Beobachtung und Wahrnehmung heraus eine Bewertung abgibt?

Das ist ein echtes Problem, vor allem in der Praxis. Die Lösung liegt vielleicht zum einen im Bereich einer verbesserten Wahrnehmungsdiagnostik auf Seiten der Lehrkräfte. Dazu braucht es Zeit und Einschulung. Zum anderen können subjektive Lernprozesse und ihre Ergebnisse nur im Dialog zwischen Lehrer und Schüler bzw. zwischen Schüler und Mitschülern, Schüler und Klasse (etwa bei Referat und Präsentation) zum Ausdruck kommen bzw. erklärt werden. Solch ein intensives dialogisches Evaluieren ist aber bei großen Klassen nur bedingt möglich.

Die Note muss sich letztlich von den oben genannten Gütekriterien her begründen lassen. Sie wird das vermutete intellektuelle Entwicklungspotential des jungen Menschen berücksichtigen. Sofern die Note nicht mehr die dominierende Form schulischen Feedbacks ist, kann sie auch mit größerer Gelassenheit betrachtet werden. Dies gilt es, auch den Eltern deutlich zu machen.

Bleibt aber bei der starken Subjektorientierung mit ihrer ausdrücklichen Betonung und Anerkennung von individuellen Lernprozessen und -produkten nicht die objektive Wahrheit – zumal im RU – auf der Strecke? Diese kritische Anfrage an konstruktivistisches Lernen ist immer wieder zu hören.

Im RU geht es heutzutage nicht mehr um die Vermittlung festliegender Wahrheiten, die nicht mehr hinterfragt werden dürften („Katechismus-Lernen"). Art. 7,3 GG ist religionspädagogisch nicht im Sinne der Vermittlung von Lehrsätzen und Dogmen zu verstehen. Wenn junge Menschen im RU Subjekte des Lernens sind, dann müssen sie als ernst zu nehmende altersgemäße

„Theologen" oder „Exegeten" auch das Recht dazu haben, z. B. einen biblischen Text exegetisch „unrichtig" zu verstehen (vgl. dazu Wegenast, Klaus u. Philipp, Biblische Geschichten dürfen auch ‚unrichtig' verstanden werden. Zum Erzählen und Verstehen ntl. Erzählungen, in: Bell, Desmond u.a. (Hg.) (1999), Menschen suchen – Zugänge finden, Wuppertal, 246-263). Dieses „unrichtig" kann im Einzelfall lebensrelevanter für den Schüler oder die Schülerin sein, als die „richtige" Deutung, sofern sie im großen Rahmen der Zielintention angesiedelt ist. Bei der Frage nach der Wahrheit geht es immer auch um die Frage danach, aus welcher Perspektive heraus ein Gegenstand (Bild, Bibeltext, Symbol u.a.) betrachtet wird: Betrachte ich das Gleichnis vom verlorenen Sohn tiefenpsychologisch, dann komme ich im Detail zu anderen Wahrheiten als wenn ich es soziologisch, theologisch oder exegetisch betrachte. So geht es in einem RU, der lebensbedeutsam und auch heilend sein will, nicht so sehr um die Wahrheit „an sich", sondern um die Wahrheit „für mich" (vgl. dazu auch S.177ff., hier besonders: 184). Ein solcher RU rechnet damit, dass alle Antworten, die Erwachsene oder auch die Bibel selbst Kindern geben, immer nur vorläufig sind. Und so wie Kinder und Jugendliche in Auseinandersetzung mit Fragen und tradierten Antworten reifen können und sich weiterentwickeln, so entwickelt sich auch das Verständnis für die Texte der Bibel in der Kirche selbst weiter. Die „objektive Wahrheit" ist immer eine relative, weil das Verständnis für die Offenbarung sich selbst weiter entwickelt. Die Wahrheit „für mich" ergibt sich aus der eigenen Auseinandersetzung und aus dem Dialog mit den anderen. Schließlich ist die Wahrheit des christlichen Glaubens nicht in erster Linie eine Sammlung von Lehrsätzen, sondern eine Person: Jesus von Nazaret als Lebensmodell, der als Christus erkannt werden will. Insofern ist jede Suche nach Wahrheit ein individueller und dialogischer Prozess; das sieht auch Joseph Kardinal Ratzinger so, der auf die Frage, wie viel Wege zu Gott es gibt, antwortet: „So viele, wie es Menschen gibt. Denn auch innerhalb des gleichen Glaubens ist der Weg eines jeden Menschen ein ganz persönlicher. Wir haben das Wort Christi: Ich bin der Weg. Insofern gibt es letztenendes einen Weg, und jeder, der zu Gott unterwegs ist, ist damit auf irgendeine Weise auch auf dem Weg Jesu Christi. Aber das heißt nicht, daß bewußtseinsmäßig, willensmäßig alle Wege identisch sind, sondern im Gegenteil, der eine Weg ist eben so groß, daß er in jedem Menschen zu seinem persönlichen Weg wird." (Ratzinger 1996, 35).

Ganz etwas anderes ist es dann noch einmal, wenn es sich bei der Wahrheitsfrage um das schlichte „richtig" und „falsch" einer Aussage gegenüber einem eindeutigen Sachverhalt handelt. Hier hat die „subjektive Interpretation" des Einzelnen ihre Grenzen, ansonsten würde sich konstruktivistisches Lernen ad absurdum führen und zu reiner Beliebigkeit werden. Auch der konstruktivistische Unterricht ist ja nicht beliebig, sondern bewegt sich im Rahmen und auf dem Feld seiner Zielintentionen, die vom Lehrer oder von der Lehrerin selbst oder in kooperativer Planung von Lehrenden und Lernenden gemeinsam festgelegt wurden.

3.5 Die Evaluation der Lehrenden

Ebenso unstrittig wie der Wert und die Notwendigkeit der Evaluation des Lernens und der Leistungen der Schülerinnen und Schüler ist die Notwendigkeit der Evaluation der Qualität des Lehrerverhaltens und – in einem konstruktivistischen Unterricht - der von ihm angebotenen „Lernlandschaften" (Inhalte, Lernstrategien, Lerntechniken) (vgl. hierzu Wiater 1997, 261-263).

Auf Seite der Lehrenden ist zu evaluieren, ob und in welchem Maß einerseits das Lernzielfeld (die Zielintentionen) passend war und andererseits ob und in welchem Maß die materiale und methodische Gestaltung des Unterrichtsverlaufs den Lernprozess gefördert hat, was demnach zu verbessern wäre oder beibehalten werden kann.

Was weiter oben von der Selbstevaluation des Schülers gesagt wurde, gilt gleichermaßen und sogar noch darüber hinaus für die Lehrkraft, steht sie doch in der Verantwortung einen für die Persönlichkeitsentwicklung des jungen Menschen guten und sinnvollen Unterricht zu planen und zu gestalten. Auch eine sinnvolle Selbstevaluation der Lehrenden setzt die Fähigkeit zur Selbstkritik, Kenntnis und Akzeptanz von Gütekriterien, Interesse an der Sache, Leistungsbereitschaft und den Willen zur Qualitätssteigerung des eigenen Lehrens voraus. Oft ist diese Fähigkeit zum kritischen Blick auf das eigene Handeln nur sehr schwach ausgebildet. Dies führt häufig dazu, dass in Lehrerzimmergesprächen nur die SchülerInnen die „Bösen" und die „Faulen" sind. Abhilfe kann hier nur eine bewusste Rückbesinnung auf die eigenen, ursprünglichen und vielleicht auch idealistischen Motive für den Lehrberuf schaffen, die dann möglicherweise auch in eine (freiwillige) Fremdevaluation einmündet.

Die freiwillige Fremdevaluation des Lehrers oder der Lehrerin geschieht in der Regel durch kollegiale Beratung. Aber auch das verbale und non-verbale Feedback der Kinder und die erreichte Qualität der Schülerleistungen sind Formen von Fremdevaluation. Eine sensibel durchgeführte kollegiale Beratung wird meistens als sehr fruchtbar erlebt. Die Fremdevaluation durch Schülerfeedback bzw. die selbstredende Qualität ihrer Leistungen ist häufig drastischer, vor allem, wenn es nicht so gut gelaufen ist. Immer aber kann die Fremdevaluation ein Impuls für einen Neuanfang und für eine Verbesserung sein.

3.6 Evaluation der Rahmenbedingungen des Lernens

Abschließend werfe ich noch einen Blick auf die Evaluation der Rahmenbedingungen des konstruktivistischen Lernens und auf die Wechselwirkung der drei genannten Evaluationsobjekte. Die Evaluation der Rahmenbedingungen ist deshalb wichtig, weil von ihnen der Erfolg des Lernens wesentlich mit abhängen kann. Zu den Rahmenbedingungen gehören:

- die Größe und Gestaltung des Lernortes,
- die Größe und Zusammensetzung der Lerngruppe,
- das Image selbstgesteuerten Lernens an der Schule,
- die Intensität der Unterstützung durch die Eltern bzw. Erziehungsberechtigten, Schulleitung und Kollegenschaft.

Fragen zur Evaluation des *Lernortes*:

- *Lädt der Klassenraum zum Verweilen ein (Sauberkeit, Geruch, Helligkeit)? Ist er wohnlich gestaltet (z.B. Bilder, Pflanzen, kreative Schülerarbeiten)?*
- *Lässt sich die Beleuchtung variieren (Deckenlicht, Tafellicht, Strahler, Deckenfluter)? Lässt er sich verdunkeln (Rollos, Vorhänge)?*
- *Sind die Arbeitsmaterialien sauber, systematisch und ordentlich sortiert?*
- *Hat jede Schülerin / jeder Schüler genügend Platz zum Arbeiten?*
- *Sind Sitzkreise, Gruppenarbeit bzw. Lernzirkelarbeit und Stationenlernen rein vom Platzangebot her durchführbar?*
- *Was wird insgesamt als störend, was als förderlich erlebt? Was kann geändert werden?*

Fragen zur Evaluation des *Lerngruppe*:

- *Ist die Lerngruppe homogen oder heterogen? Was bedeutet dies hinsichtlich der Qualität des Lernens? Wie kann darauf angemessen reagiert werden?*
- *Wie viel Zeit muss dem Aufbau und der Stärkung der Beziehungen vor allem in heterogenen Lerngruppen beigemessen werden (z.B. „warming up" zu Stundenbeginn, Konfliktklärungen, Interaktionsspiele, interne Hierarchien)?*
- *Lässt die Größe der Lerngruppe sinnvolles, handlungsorientiertes Arbeiten noch zu (z.B. Gruppenarbeit plus sinnvolle Auswertung, Rollenspiele oder Interaktionsspiele plus Reflexion, integrative Bibelarbeit plus Reflexion innerhalb des vorgegebenen Zeitrahmens einer Schulstunde)?*

Fragen zum *Image konstruktivistischen Lernens* an der Schule:

- *Ist konstruktivistischer Unterricht noch etwas Exotisches, nur von wenigen Lehrern Praktiziertes mit schwachem Durchsetzungsvermögen im Schulalltag und deshalb auch nur schwachem Image?*
- *Kann ein positives Image aufgrund erbrachter Leistungen und Erfolge erzeugt werden und wachsen?*
- *Kann ein positives Image aufgrund dessen wachsen, dass Lernen für die SchülerInnen wieder spannend ist und Freude bereitet?*
- *Entsteht ein evtl. schlechtes Image konstruktivistischen Unterrichts wegen Überforderung, Unterforderung, methodischer Unsicherheit, Unergiebigkeit?*

Zu den Rahmenbedingungen gehört auch die *Intensität der Unterstützung* durch Eltern, Schulleitung und Kollegenschaft.

- *Sind die Eltern/Erziehungsberechtigten über neue Unterrichtsformen informiert worden, so dass sie deren Bedeutung und Sinn für das Lernen ihrer Kinder verstehen und diese angemessen fördern und fordern können?*

- *Unterstützt die Schulleitung und Administration konstruktivistisch ange-legten Unterricht z.B. durch entsprechende Raumeinteilung?*
- *Gibt es in der Kollegenschaft eine Gesprächsbereitschaft und engagierte Gesprächskultur über neue Lernformen und die gemeinsame Arbeit oder herrschen Alltagsroutine und täglich ausgefochtener Überlebenskampf der einzelnen LehrerInnen vor?*
- *Gibt es sinnvolle Absprachen bez. fächerverbindendem und fächerüber-greifendem Unterricht?*
- *Wird Projektarbeit positiv oder nur als zusätzliche Belastung gesehen und erlebt?*

3.7   Wechselwirkung

Die Wechselwirkung der drei genannten Evaluationsobjekte (Leistungen der Lernenden, Leistungen der Lehrenden, Rahmenbedingungen) liegt auf der Hand. Bei jeder Nachbereitung des Unterrichts – ob in wenigen Sekunden zwischen zwei Unterrichtsstunden oder ausführlicher – werden sie von einer guten Lehrerin oder einem guten Lehrer ganz selbstverständlich in den Blick genommen, analysiert und evaluiert. Nur so kann sich Unterricht qualitätsmäßig positiv weiterentwickeln. Dies gilt natürlich auch für einen konstruktivistischen Unterricht und muss hier nicht weiter ausgeführt werden.

4.   Fazit

Leistungsmessung, Leistungsbeurteilung und Notengebung sind sehr sensible Themen, weil viele Lehrerinnen und Lehrer dazu ziemlich feste Vorstellungen und liebgewonnene Praktiken haben. In Hinblick auf konstruktivistischen Religionsunterricht sind Klärungen zu dieser Frage aber unbedingt notwendig, damit konstruktivistisches Lernen im RU nicht in Verruf kommt, unproduktiv und rein subjektivistisch verengt zu sein. Entscheidend ist die Frage, was als Leistung gesehen und honoriert wird. Hier hat konstruktivistischer Unterricht sicherlich einen weiteren Horizont als „gewöhnlicher", strikt lernzielorientierter Unterricht und ist dadurch humaner und schülerorientierter.

Evaluation muss - das gilt es festzuhalten - immer gleichermaßen sowohl den Prozess des Lernens (Lernstrategie, Lerntechnik, Lernfortschritt, Entwicklungs-tendenz) als auch das Produkt des Lernens (konkrete Ergebnisse) mit den dabei aktiven kognitiven, affektiv-emotionalen, kreativen und sozialen Kompetenzen in den Blick nehmen. Beide dürfen nicht gegeneinander ausgespielt werden. Ein Lernprozess darf nicht nur ein technischer Trick zur Erreichung eines vorbestimmten Zieles sein; er kann seinen Zweck auch schon in sich selbst tragen. Es kann durchaus das Ergebnis sein, dass es keine allgemeingültige letzte Lösung gibt, wie etwa bei der Arbeit mit Dilemmageschichten, wo der Weg selbst schon das Ziel im Kontext des Modells der Wertentwicklung darstellt (vgl. Hilger / Leimgruber / Ziebertz 2001, 409f). Bereits der Weg, nicht erst sein Endpunkt enthält schon maßgebliche Bildungsmomente für junge Menschen. Gleichzeitig ist doch auch festzuhalten, dass ein Lernprozess ohne stimmiges, zum Teil auch sichtbar werdendes Ergebnis Kompetenzdefizite offenbaren kann und Gefahr läuft, sowohl SchülerInnen als auch LehrerInnen letztlich nur unzufrieden zu machen. Prozess und Produkt, Lernen und Erkenntnis / Können / Verhalten gehören grundsätzlich zusammen, auch wenn das Pendel sowohl in der theoretischen Diskussion als auch in der Schulpraxis bis hin zur Durchführung einzelner Sequenzstunden mal mehr auf die eine, mal mehr auf die andere Seite hin ausschlägt. Zur Zeit wird fast ausschließlich von einer notwendigen Prozessorientierung gesprochen und das Produkt vernachlässigt, wobei es aber vielmehr auf die Balance zwischen beiden ankommt. Einerseits ist ja der Prozess des Lernens von Fragen bestimmt und geleitet („Warum *eigentlich* ...?“) und werden im Prozess bildungsrelevante Kompetenzen erworben, andererseits stößt in der Regel auch ein erreichtes Ziel (Produkt) wieder neue Prozesse an, weil neue Fragen auf dem Hintergrund neuer Erkenntnisse gestellt werden (können). Produkte wie kreative Schülerarbeiten, Referate, Präsentationen, Projekte, kritische Anfragen, Tests müssen zunächst einmal differenziert wahrgenommen und dann angemessen honoriert und auch beurteilt werden. Wichtige Instrumentarien dazu sind die Wahrnehmungs- und Beurteilungskompetenz des Lehrers, die von den Schülerinnen und Schülern selbstgesteuerte Auswertung und Beurteilung ihrer Arbeitsergebnisse sowie ganz besonders die Fähigkeit zum Dialog. Bezüglich des Prozesses ist abschließend nochmals hervorzuheben, dass Fragen der SchülerInnen während des Unterrichts von strikt lernzielorientierten Lehrern leider immer noch zu häufig als störend empfunden und sanktioniert bzw. unbeachtet gelassen werden. Aber gerade diese (nicht nur suggerierten und formalen, sondern aus der Sache selbst gewonnenen) Fragen können Ausgangspunkt konstruktivistischen Lernens zumal im RU sein. Und nicht nur die Lösungsfindung, sondern z.B. auch die Fragekompetenz sollte wesentliches Beurteilungskriterium von Leistung sein. „Die Schülerinnen und Schüler haben ein Recht auf ihre Umwege, wenn sie dann besser verstehen, worum es geht, auch wenn der Lehrer/die Lehrerin einen kürzeren Weg weiß. Das gilt vor allem für existentielle Lernvorgänge“ (Weidmann 1997, 403).

Impulse:

1. Welche Form von Evaluation haben Sie am eigenen Leib – als SchülerIn, Studierende, Lehrkraft – erlebt? Welche haben Sie als befriedigend, welche als belastend empfunden?

2. Erstellen Sie eine Mind Map mit verschiedenen Ebenen der Evaluation, die Sie in diesem Kapitel kennen gelernt haben. Welche waren neu für Sie? Welche zusätzlichen kennen Sie? Markieren Sie farblich, welche dieser Methoden Ihnen vertraut sind, mit welchen Sie nichts anfangen können und welche Sie ausprobieren möchten!

3. Falls Sie bereits unterrichten: Nehmen Sie aktuelle Prüfungsaufgaben zur Hand, die Sie Ihren SchülerInnen gestellt haben und reflektieren Sie, inwiefern diese konstruktivistischen Vorstellungen von Evaluation und Leistungsmessung entsprechen! Formulieren Sie Aufgaben konstruktivistisch weiter!

4. Studieren Sie die konkreten Evaluationsbeispiele in diesem Kapitel. Bewerten Sie sie nach selbst erstellten Kriterien, z.B. a) halte ich für sinnvoll, b) halte ich prüfungs- und korrektur-technisch für fragwürdig. Überlegen Sie Alternativen! Falls Sie das Kapitel in einer Lerngruppe diskutieren, haben Sie genügend Stoff für kontroverse Diskussionen!

5. Evaluieren Sie Ihre eigenen Rahmenbedingungen des Lernens mit den Impulsfragen aus Kap. 3.6!

Wolfgang Rieß

„Damit Schüler in Bewegung kommen". Annäherungsversuche an das Konzept konstruktivistischen Unterrichtens im Religionsunterricht am Thema Tod und Auferstehung

> *„Das Lehren lehne ich eigentlich ab. (...) Ich denke der Lehrer*
> *sollte herausfinden, was der Schüler weiß - und das ist nicht leicht -*
> *und ihn dann ermutigen, sein Wissen (...) fruchtbar zu machen."*
> *John Cage*

Arbeitsgruppe des Katechetischen Instituts der Diözese Würzburg: Franz Emmerling, Thomas Henn, Ulrike Hieronymus, Michael Hofmann, Günter Krönert, Guido Kunkel, Wolfgang Rieß, Winfried Schrödl, Hildegard Veira

1. Der Prozess der Arbeitsgruppe

1.1 Die Themenfindung zur Überprüfung der Praxisrelevanz des Konstruktivismus-Theorems

Auf der Suche nach einem Thema, „mit" oder „in" dem Annäherungsversuche an das Konzept konstruktivistischen Unterrichtens gestartet werden sollten, einigte sich die Arbeitsgruppe (ziemlich schnell) auf das Thema Tod und Auferstehung. Die Lehrpläne für den katholischen Religionsunterricht der Grund- und Hauptschule greifen das Thema mehrfach auf, so in den Jahrgangsstufen 4, 5, 6, und 9. Es spricht Schülerinnen und Schüler, Religionslehrerinnen und -lehrer persönlich an, hat eine deutliche Nähe zu den persönlichen Interessen und kreativen Kräften der Beteiligten und betrifft Menschen in jeder Lebensphase. Selbst wenn gerade auf diesem Feld mit Verdrängung und Abwehr gerechnet werden muss, so begleiten die Fragen nach Tod und Auferstehung Menschen zumindest „halbbewusst".

Besonders die große Vielfalt der möglichen Meinungen, Einstellungen und Erfahrungen zu diesem Thema legte es nahe, gerade dieses Thema sozusagen als exemplarisches Feld für konstruktivistische Versuche heranzuziehen. Das mag in theologischer Hinsicht nicht ohne Probleme sein, in konstruktivistischer Sicht ergeben sich dadurch interessante und aufschlussreiche Perspektiven.

1.2 Suche nach der richtigen Vorgehensweise

Wie kann nun eine Arbeitsgruppe von Ausbildern für das Fach Religionslehre, die auch selbst noch einige Stunden Religionsunterricht erteilen, vorgehen, um sich dem Thema Tod und Auferstehung zu nähern?

Da sich die Beteiligten dank der Veröffentlichungen und Referate von Hans Mendl schon längere Zeit theoretisch mit dem Thema Konstruktivismus beschäftigt hatten, wollten sie die Gefahr vermeiden, sich in – möglicherweise - endlose und sich wiederholende theoretische Erörterungen zu verstricken. Es sollte die Probe auf die Praxis gemacht werden, und zwar auf die Praxis des eigenen Religionsunterrichts bzw. auf die Praxis der persönlichen Erfahrungen und Einstellungen. Dabei sollten mögliche unterrichtliche Vorgehensweisen in den Blick kommen und darauf befragt werden, ob sie das Qualitätsmerkmal „konstruktivistisch" verdienen.

Es war klar, dass die Unterschiedlichkeit der beteiligten Personen, Lebensgeschichten und theologisch-spirituellen Prägungen auch eine große Bandbreite von Auffassungen und Meinungen zu dem, was Konstruktivismus eigentlich sei und wie er sich unterrichtlich umsetzen lasse, mit sich brachte.

Damit war für die Arbeitsgruppe ein Weg vorgezeichnet, der sich charakterisieren lässt als ein schmaler Pfad, auf dem sich die Beteiligten einerseits auf bestimmte theoretische und konzeptionelle Vorgaben zum Thema Konstruktivismus einließen und für diese Vorgaben nach unterrichtlichen Umsetzungen suchten. Andererseits musste auch mit der Möglichkeit gerechnet werden, dass die unterrichtlichen Erfahrungen zu - weiterführenden - Anfragen an die konstruktivistische Konzeption von Religionsunterricht führen könnten.

1.3 Brainstorming zum Thema Tod und Auferstehung - erste Schritte in eine Lernlandschaft

Die Arbeitsgruppe begann mit einem Brainstorming und dem anschließenden Versuch, eine gewisse Ordnung in den Ideensturm einzubringen. Um einen Eindruck von diesem Schritt zu vermitteln, wird das Ergebnis hier – mit einem gewissen Vorbehalt - abgedruckt. „Ergebnisse" von Brainstormings sind zunächst nur für die Beteiligten verstehbar und bedeutungsvoll. Nicht-Beteiligte haben große Mühen, die Inhalte, innere Beziehung und Bedeutungen zu erkennen. Daher soll hier auch nicht der Versuch gemacht werden, alles was „hinter" den Stichworten steckt auszuformulieren. Ein paar Hinweise mögen genügen:

Bei der Sichtung des Brainstormings kristallisierten sich zwei Schwerpunkte heraus: der Bereich der Erfahrungen und der Bereich der Inhalte. Die Bereiche der Methoden und Unterrichtsplanungen wurden – an dieser Stelle - nur sporadisch angetippt.

Das Stichwort „Veränderung" meint, dass Menschen sich bei der Beschäftigung mit Inhalten und in Beziehungen entwickeln und verändern können. Inhalte „machen" etwas mit dem Menschen und umgekehrt „gestaltet" der Mensch die Inhalte.

Relativ schnell wurde klar, dass ein radikaler Konstruktivismus theoretisch und praktisch an Grenzen stößt. Dabei kamen neben eher „philosophischen" Überlegungen auch die „Grenzen" in Form von Lehrplänen und biblischen und kirchlichen „Vorgaben" in den Blick. Aber es wurde auch der Wille deutlich, dem im konstruktivistischen Ansatz liegendem theoretischen und praktischen Potential auf die Spur kommen zu wollen und sich den damit verbundenen Herausforderungen zu stellen.

Allen Beteiligten wurden der Sinn und die Bedeutung des Brainstormings im Laufe der Arbeit immer deutlicher. Es diente als „Feldbeschreibung", konstruktivistisch gesprochen als „Lernlandschaft".

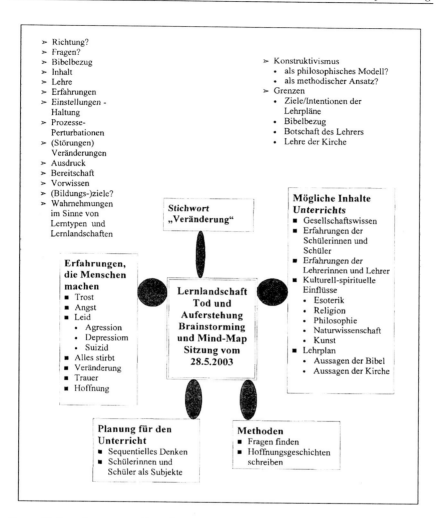

➤ Richtung?
➤ Fragen?
➤ Bibelbezug
➤ Inhalt
➤ Lehre
➤ Erfahrungen
➤ Einstellungen - Haltung
➤ Prozesse-Perturbationen
➤ (Störungen) Veränderungen
➤ Ausdruck
➤ Bereitschaft
➤ Vorwissen
➤ (Bildungs-)ziele?
➤ Wahrnehmungen im Sinne von Lerntypen und Lernlandschaften

➤ Konstruktivismus
  • als philosophisches Modell?
  • als methodischer Ansatz?
➤ Grenzen
  • Ziele/Intentionen der Lehrpläne
  • Bibelbezug
  • Botschaft des Lehrers
  • Lehre der Kirche

Stichwort „Veränderung"

Mögliche Inhalte Unterrichts
  ▪ Gesellschaftswissen
  ▪ Erfahrungen der Schülerinnen und Schüler
  ▪ Erfahrungen der Lehrerinnen und Lehrer
  ▪ Kulturell-spirituelle Einflüsse
    • Esoterik
    • Religion
    • Philosophie
    • Naturwissenschaft
    • Kunst
  ▪ Lehrplan
    • Aussagen der Bibel
    • Aussagen der Kirche

Erfahrungen, die Menschen machen
  ▪ Trost
  ▪ Angst
  ▪ Leid
    • Agression
    • Depressiom
    • Suizid
  ▪ Alles stirbt
  ▪ Veränderung
  ▪ Trauer
  ▪ Hoffnung

Lernlandschaft Tod und Auferstehung Brainstorming und Mind-Map Sitzung vom 28.5.2003

Planung für den Unterricht
  ▪ Sequentielles Denken
  ▪ Schülerinnen und Schüler als Subjekte

Methoden
  ▪ Fragen finden
  ▪ Hoffnungsgeschichten schreiben

2. Erkundung von Lernlandschaften

Der Begriff „Konstruktivismus" wirkt auf den ersten Blick eher theoretisch und abstrakt. Der Verdacht, sich einem „konstruierten", d.h. lebensfremden und so letztlich bedeutungslosen Thema zu widmen, liegt nahe. Deshalb ist es wichtig, den Ort und das Umfeld, auf dem sich das Konstruieren ereignet, von Anfang an in den Blick zu nehmen. Dieses Umfeld des Konstruierens wird oft Lernlandschaft genannt. Die Arbeitsgruppe nahm diesen Begriff auf und einigte sich darauf, zwischen zwei verschiedenen (aber letztlich auch zusammenhängenden) Lernlandschaften zu unterscheiden. Zum einen soll darunter der Innenbereich der menschlichen Person verstanden werden. Dieser Innenbereich ist danach kein kühler Ort logischen Denkens, sondern eine vielgestaltige lebendige Landschaft, die geprägt ist von vielfältigen Größen: genetischen Strukturen, persönlichen Erfahrungen und Erinnerungen, Gefühlen und Einstellungen der unterschiedlichsten Art, wie Hoffnungen und Sehnsüchte, Enttäuschungen und Trauer. Daneben gibt es zum anderen noch andere Lernlandschaften die zunächst nicht im Innern der Person angesiedelt sind, sondern die ihr entgegenkommen und mit denen sie sich auseinander setzen muss.

Beiden Lernlandschaften wollte die Arbeitsgruppe ein Stück weit auf die Spur kommen. Die drei folgenden Beispiele zeigen Wege auf, wie Lernlandschaften „begangen" werden können.

2.1 Gestaltete Lernlandschaft „Lebensweg"

Bei diesem Beispiel handelt es sich um eine „Hausaufgabe" der Arbeitsgruppe. Alle waren eingeladen, sich zu Hause Zeit zu nehmen und zum Thema „Tod und Auferstehung in meinem Leben" ein Bild als Lernlandschaft zu gestalten. Bei der folgenden Sitzung der Arbeitsgruppe wurden die Bilder gemeinsam betrachtet (die MalerInnen erläuterten: „An meinem Bild ist mir wichtig ...; die Gruppenmitglieder äußerten sich: „An deinem Bild fällt mir auf ..."). Dabei ging es nicht um Analyse, sondern um einfühlende Wahrnehmung. Ein Beispiel:

Die einfache Pastellzeichnung ist zweigeteilt. Eine Mauer mit einem Tor teilt den rechten Teil, der etwa ein Drittel des Blattes einnimmt, von der linken Seite. In der Mitte der linken Seite beginnt ein braun gezeichneter Weg und zieht sich mit vielen Biegungen, Windungen, einer Spirale und einer Sackgasse zum Tor in der Mauer. Der Weg führt durch unterschiedlich farbig gestaltete Felder und an symbolischen Zeichen vorbei.

Er beginnt in einem blauen Feld. Dann führt der Weg durch ein Feld mit unterschiedlich farbigen konzentrischen Kreisen. Die Kreise sind in gedeckten und in hellen Farben gezeichnet. Die beiden inneren Ringe sind in leuchtendem Rot und Gelb. Der Weg führt ein weites Stück über „freies Feld". Dabei durchquert er zwei gelbe Kreise, die wie Eheringe ineinander geschlungen sind. An diesen Ringen lodern zwei rote Feuer. In einer Schleife setzt sich der Weg fort durch ein in dunklem Grün gehaltenen Feld. Eine lange gerade Strecke führt zu einer Spirale. An diesem Stück liegen drei intensivblaue Felder. Sie sehen aus wie Wolken oder Wasserquellen. Die anschließende Spirale streift einen der Ringe und führt durch ein graues Feld. In ihm befinden sich drei Kreuze nahe beieinander. Vorher und nachher liegen am Weg verstreut noch fünf weitere Kreuze. Aus der Spirale heraus kreuzt der Weg nochmals die Ringe und trifft in ein hellgrünes Feld. Wie in einer Sackgasse führt er rückwärts wieder heraus und mündet schließlich nach weiteren Windungen in des Tor.

Unter dem Tor löst sich der Weg in das Feld dahinter in einer hellen, in gelb und rot gehaltenen energievollen Wolke auf. Es sind die gleichen Farben, die sich auch auf der linken Seite der Mauer in den konzentrischen Kreisen und den Ringen und Feuern finden.

2.2 Lernlandschaft der eigenen Gedanken und Gefühle

Bei dieser Lernlandschaft handelt es sich um die gleiche Hausaufgabe zum gleichen Thema wie oben, nur wurde sie nicht als Bild, sondern als Text in Form einer Selbstbefragung gestaltet (Vgl. Max Frisch (1998), Fragebogen, Frankfurt). Mit solchen Texten kann in der Gruppe ebenso umgegangen werden wie mit Bildern.

- Habe ich Angst vor dem Tod und seit welchem Lebensjahr? Wie gehe ich damit um?
- Habe ich keine Angst vor dem Tod, aber Angst vor dem Sterben?
- Möchte ich unsterblich sein?
- Wovor habe ich mehr Angst: dass ich auf dem Totenbett jemanden beschimpfen könnte, der es nicht verdient - oder dass ich allen verzeihe, die es nicht verdienen?
- Möchte ich wissen, wie Sterben ist?
- Habe ich schon manchmal jemanden den eigenen Tod gegönnt?
- Wenn ich jemanden bemitleide oder gehasst habe und diese Person stirbt, was mache ich mit meinem bisherigen Hass bzw. mit meinem Mitleid?
- Habe ich Freunde unter den Toten?
- Wenn ich einen toten Menschen sehe, habe ich dann den Eindruck, dass ich diesen Menschen gekannt habe?
- Habe ich schon Tote geküsst?
- Weiß ich, wie und wo ich begraben sein möchte?
- Wenn ich an meinen persönlichen Tod denke, bin ich erschüttert, oder tue ich mir selbst leid oder denke ich an Personen, die mir nach meinem Tod Leid tun?
- Möchte ich lieber mit Bewusstsein sterben oder vom Tod überrascht werden?

- Welche Qualen ziehe ich dem Tod vor?
- Wenn ich an ein Jenseits oder an ein Reich der Toten glaube: beruhigt mich die Vorstellung, dass wir uns alle wiedersehen, oder habe ich deshalb Angst vor dem Tod?
- Wenn ich jemanden liebe: warum möchte ich nicht der überlebende Teil sein, sondern das dem andern überlassen?
- Es gibt Menschen, die behaupten, man stirbt mit der Geburt, mit dem Schwinden der Hoffnung oder dem Vergessen der Träume.

2.3 Lernlandschaften, denen Lehrer und Schüler begegnen (können)

Zu den Lernlandschaften gehört nicht nur der Innenbereich des Menschen, Lernlandschaften kommen auch von außen auf den Menschen zu. Manchmal zwingen sie sich geradezu auf, so dass man ihnen nicht entrinnen kann. Solche Lernlandschaften unterschiedlichster Art können das Bewusstsein von SchülerInnen (und LehrerInnen) tief prägen und gehören in diesem Verständnis zu den Lernlandschaften, die die SchülerInnen und LehrerInnen mit in den Unterricht bringen. Diese Lernlandschaften können aber auch (bis zu einem gewissen Grad) im Unterricht bzw. in der Schule präsent gemacht werden, um dann die SchülerInnen (ein Stück weit) in diese hinein zu führen.
Die Arbeitsgruppe entdeckte folgende Lernlandschaften:

- Die Erfahrung, wenn ein (Haus-)Tier stirbt,
- Erfahrung, wenn ein Angehöriger stirbt oder Suizid begeht,
- Ausstellung „Körperwelten" von Hagen,
- heutige Bestattungskultur, z.B. Krematorien,
- Friedhöfe, ihre Gestaltung und Symbole,
- Friedwälder und anonyme Bestattungen,
- Seebestattungen,
- Tierfriedhöfe,
- Glaube an die Reinkarnation,
- Erinnerung an Verstorbene als Form des Weiterlebens der Verstorbenen,
- Auferstehungsglaube in der Gegenwartskultur,
- Erfahrungen, dass Verstorbene in der Vorstellung von Menschen präsent sein können,
- Überzeugung/Berichte, mit Verstorbenen Kontakt aufnehmen zu können,
- alte und gegenwärtige (Welt-)Religionen und ihre Erfahrungen und Einstellungen zu Tod und Weiterleben,
- Bilder in den Kirchen,
- (Kinder- und Jugend-)Literatur,
- Kino- und Fernsehfilme,
- Tagesschau, Nachrichtenkultur,
- religiöse Symbole in der Warenwelt (VW),
- Nahtoderfahrungen,
- Todeskulturen in anderen Ländern, z. B. in Südamerika und Asien.

Durch Erlebnisse und Erfahrungen mit diesen Lernlandschaften können unterschiedliche Prozesse angeregt bzw. verstärkt werden.

LehrerInnen und SchülerInnen können ...
- sich Erfahrungen öffnen und sie aufnehmen,
- sie gemeinsam besprechen,
- zu Fragen angeregt werden,
- konkretes Wissen aufnehmen,
- Erkenntnisse und Überzeugungen gewinnen,
- verschiedene Gefühle (nach)empfinden, z.B. Betroffenheit, Angst, Verzweiflung, Trauer, Mitleid, Anteilnahme, Hilfsbereitschaft, Abwehr, Gleichgültigkeit, Aggressivität,
- unterschiedliche Formen symbolischen Umgangs mit diesem Gefühlen ausprobieren (kreative Gestaltungen),
- Konsequenzen für das persönliche Handeln überlegen oder sogar umsetzen.

3. Schülerkonstruktionen in Lernlandschaften

Bei den folgenden Beispielen handelt es sich um die exemplarische Darstellung unterschiedlicher methodischer Versuche der Arbeitsgruppe, Schüler zu „Konstruktionen" anzuregen. Dabei soll das breite Feld von Lernlandschaften unterschiedlicher Schüler und Altersstufen veranschaulicht werden. Einzelne SchülerInnenergebnisse sind mit kurzen Kommentaren versehen.

Beispiel 1

Um den Status-Quo zum Thema „Tod/Sterben und Auferstehung" zu erheben, wurde mit 8-jährigen Kindern das Buch „Hat Opa einen Anzug an?" von Amelie Fried gelesen.
Folgende Ergebnisse aus dem Lehrer-Schüler-Gespräch wurden protokolliert:

- im Himmel wohnt Gott, der entscheidet, wer in die Hölle muss oder nicht
- in der Hölle wohnt der Satan/Teufel; auch: Dämonen
- der „Teufel" ist ein anderes Wort für Satan; der „Satan" war der „böse Engel", der sich gegen Gott entschieden hat
- im Himmel wohnt das Gute, die guten Engel, die Seelen
- beim Tod wandern die Seelen (Herzen) aus dem Körper heraus und gehen direkt in den Himmel; dort wird dann entschieden, was passiert
- „man muss sich im Leben verdienen, ob man zu Gott kommt oder nicht"
- „Ich halte Kontakt zu meinem Vater, der schon gestorben ist und nun im Himmel wohnt. Ich spreche mit ihm. Es ist, als ob mein Vater da wäre."

Beispiel 2

SchülerInnen im Alter von 10-11 Jahren wurden eingeladen in freier Form Bilder und kurze Geschichten zum Thema „Wenn ich einmal sterbe, wenn ich einmal tot bin" anzufertigen.
Anders als in den Fächern Mathematik oder Rechtschreiben, in welchen die Lehrkraft unstrittige Wahrheiten vermitteln will, können SchülerInnen im Religionsunterricht dazu animiert werden, eigene Ansichten zu entwickeln und diese zur Disposition zu stellen. Nur durch offene Unterrichtsprozesse, die „absichtsfrei"

und „unvorhersagbar" sind, kommen LehrerInnen an authentische Überzeugungen der SchülerInnen heran. Es gilt nun, keine christliche Inkulturation bzw. Doktrinierung zu betreiben, sondern auch nichtchristliche Lösungen zu akzeptieren. Als religiös ist letztlich dabei derjenige anzusehen, der sich auf der Suche und beim Forschen nach der Wahrheit befindet. Nur durch ein Anknüpfen an bisherige Überzeugungen von SchülerInnen kann Religionsunterricht vorsichtig auf der Suche begleiten. Akzeptiert werden muss, wenn SchülerInnen trotz der Konfrontation mit der christlichen Anschauung bei ihrer bisherigen Auffassung bleiben, so wie im folgenden Beispiel:

Das nachfolgende Schülerbild lässt die Sicht einer „objektiven Wirklichkeit" im Augenblick des Sterbens in Frage stellen. Weltwissen insgesamt stellt ein „individuelles Konstrukt" dar. Die objektive Erkennbarkeit von Realitäten bzw. das Vorhandensein von objektiven Wahrheiten scheint in Frage zu stehen. Schüler erfinden durch ihren individuellen Filter (Lebenserfahrungen) ihren eigenen Stand der Dinge.

Für die religionspädagogische Sichtung erscheinen in dieser Abbildung „Wächter, die zu Gott führen" als interessanter Ansatzpunkt. Das bei Grundschülern beliebte Wegmotiv (hier mit Entscheidungsmöglichkeiten post mortem) taucht ebenfalls auf.

Alles Lernen ist von eigenen Konstruktionen der Wirklichkeit geprägt. Zur Veränderung oder Erweiterung von Einsichten ist es wichtig, von eigenen Vorerfahrungen und Lernlandschaften auszugehen und diese mit neuen Erfahrungen zu konfrontieren.

Die Schülerin des nächsten Bildes befindet sich als „Hoffende" auf einer aktiven Suche nach der Wahrheit: „Vielleicht komme ich in den Himmel, vielleicht auch nicht!"

Im Sinne des Konstruktivismus wäre es eine Anmaßung, vor einem stattfindenden Lernprozess zu versprechen, die Zweifel der Schülerin innerhalb der Lernsequenz beseitigen zu können. Der Religionslehrer muss es aushalten, wenn Unentschiedenheit bleibt und Einsichtserweiterung in die eine Richtung ausbleibt oder sogar dieselbe sich in die andere Richtung entwickelt. Wichtig ist es jedoch, die Offen- und Wachheit von fragenden, suchenden, zweifelnden

Menschen zu nutzen, um gemeinsam über wesentliche Fragestellungen zu philosophieren.

Die Auffassung von Reinkarnation ist vielen GrundschülerInnen zu eigen. Die Vorstellung von diesseitigem Leben als absolutes Glück und die Sehnsucht nach Andauern von Sicherheit bietenden Faktoren („Es soll immer so bleiben wie es jetzt ist!") begünstigen diese Gedankenwelt. Immerhin wird Gott als Lebensspender nach dem Tod benannt.

Das Normale ist heute das Heterogene in der Klasse. Es ergibt sich so ein konfrontativer Gedankenaustausch zwischen Kindern mit christlicher Sozialisation und anderen Schülern. Der Lehrer als Initiator und Begleiter von offenen Prozessen begünstigt ein spekulatives Forschen und Suchen. Dabei muss er sich als Wahrheitsvermittler stärker in Frage stellen lassen. Das Ziel des Religionsunterrichtes kann es aber sein, Gott zu bitten, mit auf der Suche zu bleiben und da zu sein, auch wenn wir nicht genau wissen, wie es nach dem Sterben sein wird.

Durch spezifisch christliche Auferstehungszeugnisse von SchülerInnen entsteht für Mitschüler mit anderweitigen Vorstellungen die Möglichkeit, von eigenständiger Einsichtsveränderung bzw. -erweiterung. In diesem Sinne ist es für den konstruktivistischen Religionsunterricht „legitim", andere Schüler an den Osterglauben heranzuführen, eben wenn dies nicht durch Gängelung passiert. Ein die Schülerin, den Schüler „betreffender" Prozess, dessen Ergebnis zuvor offen ist, kann hierzu aber vom Lehrer angestoßen werden. Am Ende können in einer Reflexionsrunde die durch kontroverse Auseinandersetzung innerlich ausgelösten Konstruktionen abgerufen und mit den Einstellungen zuvor verglichen werden.

Beispiel 3

SchülerInnen im Alter von 10-11 Jahren erhielten in Tischgruppen Blätter, auf denen in der Mitte das Wort „Tod" geschrieben war. In stiller Arbeitsweise notierten die SchülerInnen um das Stichwort herum eigene Ideen. Die abgedruckten Blätter wurden aus den Ergebnissen mehrerer Tischgruppen ausgewählt.

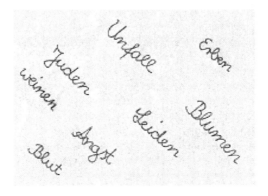

Beispiel 4

Die Briefe wurden von SchülerInnen einer 6. Klasse Hauptschule geschrieben. Sie entstanden innerhalb des Themenbereiches 6.1. „Menschen fragen nach Gott – auf der Suche nach Antworten". Inhaltlich setzten sich die Kinder in den Stunden vor dem Verfassen der Briefe mit Fragen zum Thema „Gott" und mit „fremden" Gottesbildern bzw. dem eigenen auseinander. Bevor die SchülerInnen ihre Briefe schrieben, wurden sie durch eine Stilleübung und eine kurze Gedankenreise in ihre eigene Lebenswelt „geführt". Sie wurden dann eingeladen, ihre Gedanken, Emotionen und Fragen in einem Brief an Gott zum Ausdruck zu bringen. Für mehrere SchülerInnen stand das Thema „Tod" im Vordergrund.

Hallo Gott!
Ich hatte mal einen Opa, der
sehr krank war aber dan
gestorben ist ich habe die ganze
Zeit gebetet dass er nicht stirbt
aber dan ist er doch gestorben
und die ganze Familye hat geweint
oder vor 5 Wochen hatten wir uns
einen Golden redweva kekauft der
noch ganz jung war aber dann
ist unser Vermieter gekommen
und hat zu uns gesagt der
Hund muss raus alle aus meiner
Familie haben so was von
geweint und ich am aller
meisten und jetzt ist der
schönste Hund der welt weg

Rasty!

Hallo Gott!
Warum zeigtst du dich nicht.
Warum hast dues zu gelasen das
mein Opa vor 4 Jahren gestorben ist
Warum lässt du Krieg zu. Wieso hast
du unseren einzigen Hund sterben lassen
der Hund war führ mich wie meine
Mutter oder Papa . ich habe in einfach
geliebt Es gibt so viele Tote warum läst
du das zu.

Dein Michael

Beispiel 5

Ein Teilnehmer der Arbeitsgruppe lädt SchülerInnen der 9. Klassen (HS) regelmäßig ein, ihren Glauben (auch) in „Worten" darzustellen. Dazu erhalten die Schüler einfache Blätter mit - je nach Situation - unterschiedlichen Impulsen, z. B. „Was ich glauben kann ... und was ich nicht glauben kann ..." Durch die Wiederholung in größeren Abständen gewinnen die Schüler Zutrauen zu ihrem Formulierungsvermögen und trauen sich auch an kompliziertere Aussagen heran.

Schülerglaube 9. Klasse

- Ich weiß nicht, ob ich an Gott glauben soll. Vielleicht gibt es ihn ja wirklich. Aber die Geschichten in der Bibel sind alle für mich ein bisschen unwahrscheinlich.
- Ich weiß nicht, ob es Jesus wirklich gab oder noch gibt. Aber manchmal glaube ich schon an Gott; manchmal aber auch nicht.
- Irgendwie glaube ich schon an Gott. Aber ich glaube nicht, dass Jesus der Sohn Gottes war, und ich glaube nicht, dass er Wunder vollbracht hat.
- Ich glaube zwar an Gott, aber in manchen Momenten fällt es mir ziemlich schwer an ihn zu glauben. Wenn ich, zum Beispiel, in einer gefährlichen Situation bin und Hilfe bräuchte, ist er nicht da. Das lässt mich an ihm zweifeln.
- Ich weiß nicht, ob ich an Jesus glauben soll, weil ich nicht weiß, ob es ihn wirklich gegeben hat. Deshalb glaube ich nicht immer an Jesus. Wenn ich an ihn glaube, dann meistens nur, wenn es mir schlecht geht oder wenn eine Probe ansteht.
- Ich glaube schon an Jesus. Aber man kann ja nicht sagen, ob es ihn wirklich gegeben hat. Es gibt ja nur die Geschichten in der Bibel von ihm.
- Ich glaube nicht an Gott, weil es gibt keinen. Es gibt keinen Menschen, der zweimal auf der Erde war. Das ist ziemlich unwahrscheinlich. Ich glaube nur eher ein bisschen an Jesus, wegen der Kirche und so. Aber sonst glaube ich, dass der Jesus, der vor 2000 Jahren gelebt hat, nicht der Sohn Gottes ist.
- Ich denke an Gott, wenn es mir schlecht geht; aber nicht immer kann er mir helfen. Er will jedem helfen, auch denen, die nicht an ihn glauben.
- Ich denke, dass Jesus mir schon oft geholfen hat. Er ist in schwierigen Situationen bei mir (z.B. bei Entscheidungen oder schlimmen Ereignissen), aber auch in guten Zeiten.
- Ich glaube nicht an Gott; aber manchmal denke ich, dass er mir hilft. Kann ja sein, dass es einen Gott gibt. Aber ich kann es mir nicht vorstellen.
- Menschen denken sich höhere Wesen aus, beispielsweise Gott, um sie dann für ihr Leben verantwortlich zu machen oder um sich beschützt zu fühlen. Ich glaube, dass jeder für sich selbst verantwortlich ist und nichts und niemand den Verlauf unseres Lebens ändern kann - ob wir nun an Gott glauben und beten, oder nicht. Ich denke, unser Leben ist Schicksal, und deshalb glaube ich an keinen Gott.

- Ich weiß nicht. Soll ich jetzt glauben oder nicht? Ich meine, es gab eine Zeit in meinem Leben, da glaubte ich fest an Gott. Doch als ich merkte, dass es mir noch schlechter geht als zuvor, dachte ich wieder wie früher. Denn wer kann schon sagen, dass es Gott gibt? Es hat ihn niemals jemand gesehen. Ich kann nicht an etwas glauben, das ich nicht kenne oder von dem ich nicht weiß, ob es das gibt. Ich kann auch nicht an ihn glauben, weil, wenn es mir schlecht geht, fühle ich mich, als würde er von oben runter starren und mich auslachen; sich an meinen Schmerzen und Leid ergötzen.
- Ich glaube schon an Gott. Er hilft mir in schweren Situationen, obwohl ich nicht so oft in die Kirche gehe. Mit ihm kann man reden. Er ist immer da, wenn man was loswerden will.
- Ich glaube, dass Gott manchmal für mich da ist. Zum Beispiel, in schlechten Zeiten, wenn es mir richtig mies geht, glaube ich, dass er bei mir ist. Es gibt aber auch schlechte Zeiten, wo er nicht bei mir ist, und da fühle ich mich dann allein gelassen. Früher war er auch öfters bei mir; heute nicht mehr so oft oder fast nicht mehr. Wenn ein Mensch aus meiner Familie stirbt, ist er z.B. bei mir. Aber wenn ich in der Familie Streit habe, ist er nicht für mich da.
- Ich glaube schon, dass es Jesus gegeben hat. Aber ich kann auch verstehen, wenn andere, denen es nicht so gut geht, nicht an Gott glauben. Mir steht Gott in schlimmen Situationen bei und hilft mir, sie zu lösen. Wenn ich ihn brauche, ist er meistens für mich da.
- Ich glaube nicht wirklich an Gott. Ich denke, dass da bestimmt irgendetwas ist und dass nicht alles erfunden ist. Ich habe ihn noch nie gebraucht, aber ich weiß ja nicht, wie es in der Zukunft aussieht. Ich bin der Meinung, jeder soll denken, was er will. Ich habe mich auch taufen und firmen lassen. Aber sonst gehe ich nie in die Kirche.
- Ich glaube irgendwie nicht, dass es Jesus gibt, weil es nicht wirklich Beweise gibt, dass er wirklich gelebt hat. Andererseits würden aber, wenn er nicht gelebt hätte, nicht so viele Geschichten über ihn erzählt werden.
- Ich glaube nicht immer an Gott. An schönen Tagen denke ich, dass er bei mir ist. An schlechten denke ich, dass er weg ist. Da fühle ich mich allein.
- Ich glaube schon daran, dass es Gott gibt. Wie hätte sonst die Erde entstehen können und alle Tiere, Menschen und Bäume. Ohne ihn wären wir vielleicht nicht auf der Welt. Wer soll es denn dann getan haben, wenn Gott es nicht alles erschaffen hat.
- Ich glaube an Gott, weil er mir schon oft geholfen hat, wenn es mir oder jemand anderem schlecht ging. Er hat mir in schweren Situationen Kraft gegeben.

Beispiel 6

Von ernsthaften Konstruktivisten mögen Befragungen von SchülerInnen (zu Recht) nicht als die Kür des Konstruktivismus angesehen werden. Trotzdem muss auf diese Methode nicht verzichtet werden, um SchülerInnen auf den Weg des Konstruierens zu führen. Gerade Befragungen zu Themen des Religionsunterrichts können Schülern helfen, die Themen differenzierter zu sehen und ihre sprachlich-konstruktiven Möglichkeiten zu erweitern.

Fragebogen zum Thema Tod und Sterben

Alles, was lebt, stirbt nicht! Nicht alles Leben stirbt auf die gleiche Weise. Versuche die hier angeführten Arten des Sterbens mit einem Beispiel zu belegen

fallen	Soldat ....
ableben	....
verenden	....
verscheiden	....
sich aufopfern	....
eingehen	....
verrecken	....
hinübergehen	....
sein Leben verwirken	....

In der Bundesrepublik sterben jährlich laut Statistik ungefähr 25000 Menschen im Straßenverkehr. Hast du schon einmal daran gedacht, dass jemand aus deiner Familie darunter sein könnte?

	Sehr oft		Selten
	Manchmal		Nie

Wann hast du schon einmal an deinen Tod gedacht?
Kreuze eine oder mehrere Situationen an oder/und füge eine spezielle Situation aus deinem Leben hinzu!

	Allerseelen/Gräberbesuch		Als ich länger allein war
	Als ich krank war		Als ich einen Leichenwagen sah
	Beim Bericht über eine Katastrophe		Als ich niedergeschlagen und enttäuscht war
	Nie		

In vielen Häusern findest du Bilder von verstorbenen Familienangehörigen. Dies ist eine sinnvolle Art der Toten zu gedenken.

	Stimme stark zu		Lehne ab
	Stimme zu		Lehne stark ab
	Ich weiß nicht		

In Deutschland tragen die Angehörigen der Verstorbenen zum Zeichen der Trauer schwarze Kleidung.

Ich halte diesen Brauch für sinnvoll	Ich halte diesen Brauch für unsinnig
Ich habe dazu keine Meinung	

Wenn ein Mensch freiwillig aus dem Leben scheiden möchte, sollte man ihn daran hindern.

Stimme stark zu	Lehne ab
Stimme zu	Lehne stark ab
Ich weiß nicht	

Versuche kurz deine Meinung zu begründen:

_____ ...

Meinst du, es sei gerechtfertigt, dass man oft unvorstellbar große Summen ausgibt, um das Leben eines einzigen Menschen zu retten?

Ja, auf jeden Fall	Ich weiß nicht
Ja, in besonderen Fällen	Nein, auf keinen Fall

Es ist sinnlos, sich als junger Mensch mit dem Tod zu befassen.

Stimme stark zu	Lehne ab
Stimme zu	Lehne stark ab
Ich weiß nicht	

Jeder Mensch hat von Zeit zu Zeit Angst vor dem Tod.

Stimme stark zu	Lehne ab
Stimme zu	Lehne stark ab
Ich weiß nicht	

Man sollte mit einem Sterbenden über den Tod reden.

Stimme stark zu	Lehne ab
Stimme zu	Lehne stark ab
Ich weiß nicht	

Aus Protest gegen den Einmarsch russischer Truppen in der CSSR hat sich der Student Jan Pallach im Januar 1969 auf dem Wenzelsplatz in Prag öffentlich verbrannt. Glaubst du, dass es Sinn hat, für politische Ideen sein Leben zu lassen?

	Ja, auf jeden Fall
	Ja, in besonderen Fällen

	Ich weiß nicht
	Nein, auf keinen Fall

Menschen verschiedener Religionen sind für ihre religiöse Überzeugung in den Tod gegangen. Kannst du darin einen Sinn sehen?

	Ja, ich halte es für sinnvoll
	Ja, ich halte es manchmal für sinnvoll
	Ich weiß nicht

	Ich halte es für wenig sinnvoll
	Ich halte es für absolut sinnlos

Mehrfach haben Piloten den Tod in Kauf genommen, um den Absturz ihres Flugzeuges über bewohnten Gebieten zu verhindern. Kannst du darin einen Sinn sehen?

	Ja, ich halte es für sinnvoll
	Ja, ich halte es manchmal für sinnvoll
	Ich weiß nicht

	Ich halte es für wenig sinnvoll
	Ich halte es für absolut sinnlos

Was hältst du von dem Satz: Nach dem Tod ist alles aus?

	Der Satz ist richtig
	Ich weiß es nicht
	Der Satz ist falsch

Eigene Gedanken dazu

....

....

....

Abschließend bitte ich um einige persönliche Angaben:

Alter: _____   Geschlecht: _____

Welche Fragen haben dich gestört (warum)?
Welche Fragen waren zur Beantwortung besonders schwierig (warum)?

Beispiel 7

Die abschließenden Schlüsselerfahrungen Jugendlicher sollen als Hinweis dafür dienen, welch unglaubliche Tiefe und Dramatik SchülerInnen in ihren Lernlandschaften erleben. Das sollte als Impuls verstanden werden, Schüler im Religionsunterricht immer wieder an und mit diesen Erfahrungen und Prägungen konstruktivistisch arbeiten zu lassen.

Schlüsselerfahrungen Jugendlicher 2000 - (Gymnasiasten aus Aachen)

Anna (16):	Scheidung der Eltern als ich fünf Jahre alt war
Linda (16):	tödlicher Unfall eines Klassenkameraden mit dem Roller als ich fünfzehn war
D. (15):	Auswanderung
Lisa (17):	Suizidversuch einer Person als ich elf war und ich allein verantwortlich handeln musste
Lisa:	schwere psychische Krankheit meiner Mutter nach der Geburt meines Bruders Trennung der Eltern als ich vierzehn war Essstörung, Magersucht ein Jahr nach der Trennung der Eltern
Vladik (16)	Umzug aus Usbekistan nach Deutschland
Johannes (15):	Lesen des ersten Buches mit viereinhalb Jahren
Uta (14):	Geburt des zehn Jahre jüngeren Bruders
Flora (15):	Scheidung meiner Eltern
Andrea (15):	die erste Reise ohne meine Eltern vor einem Jahr
Karin (18):	schwere Erkrankung der Mutter als ich zwölf Jahre alt war Epilepsie der Schwester
Biljana (18):	Unfall des Freundes mit nachfolgender Querschnittslähmung
Saskia (18):	schwerer Autounfall der Familie
Sarah (17):	dreieinhalb Monate Aufenthalt in Südafrika
Anne (19):	dreiwöchiger Aufenthalt in amerikanischer Gastfamilie → mich selbst lieben
Sarah (18):	schwerer Unfall des Bruders vor zwei Jahren
XY:	Verlust der Liebe, Verletzung des Partners und Feigheit beim Abbruch einer dreijährigen intensiven Beziehung
Julia (19):	Tod der Urgroßeltern und der Patin Krebserkrankung des Vaters einer engen Freundin Trennung der Eltern

Anna (16):	Scheidung der Eltern als ich fünf Jahre alt war
Nina (17):	Verlust des Freundeskreises im Alter von ca. vierzehn Jahren
	mit sechzehn Streit mit dem Vater wegen der Vorwürfe, sich zu wenig um die behinderte Schwester zu kümmern
	Eintritt in die gymnasiale Oberstufe

aus: Schlüsselerfahrungen. Jahrbuch der Religionspädagogik, Bd. 16, Neukirchen-Vluyn 2000, 175 – 188.

4. Bestätigung des Konstruktivismus durch Wahrnehmungen in den Lernlandschaften nebst einigen kleinen Anfragen

Zusammenfassende Einsichten aus dem abschließenden Werkstattgespräch der Arbeitsgruppe

- Der geltende bayerische Lehrplan für katholische Religionslehre, der mit seinem ganzheitlichen Ansatz die Sinne, Erfahrungen und Fähigkeiten der Schülerinnen und Schüler ansprechen und sie dort abholen möchte, wo sie sind, bietet eine gute Ausgangsbasis, im konkreten Unterricht die Möglichkeiten konstruktivistischen Unterrichtens noch weiter auszuloten als es bisher üblich ist.
- Zentrale Aussagen des Konstruktivismus werden von der (pädagogischen) Psychologie und insbesondere auch von neurolinguistischen Ansätzen gestützt, z.B. das Konzept der „Landkarte" als dem individuellen Referenzpotential, auf das sich Menschen mit ihren Gefühlen, ihrem Denken und Handeln beziehen, oder die Bedeutung der Sinne für die Art und Weise, wie Menschen die Wirklichkeit wahrnehmen und verarbeiten („filtern"). Daher müssen im Bereich der Unterrichtsplanung und –durchführung die verschiedenen Begabungen, Lerntypen und Zugangskanäle sensibel beachtet werden, besonders im Hinblick auf entsprechende methodisch-didaktische Angebote.
- Konstruktivistische Ansätze im Unterricht müssen nicht dazu führen, die Konstruktionen durch die SchülerInnen zu idealisieren und zu isolieren. Die Prägung der SchülerInnen durch die familiäre Erziehung und durch das Verhältnis zu den LehrerInnen kann und muss weiterhin im Blick bleiben.
- LehrerInnen sollten sich öfters fragen: Was muss ich tun, damit SchülerInnen in „Bewegung" kommen können? Wichtig ist ein Gespür für die Eigendynamik von Prozessen. Sie werden oft durch einen „Gedanken", einen Beitrag, ein Medium ausgelöst und entwickeln sich weiter. Lehrer benötigen große Sensibilität, um mit solchen Vorgängen umzugehen. Wo muss etwas im Fluss gehalten werden? An welcher Stelle muss eingegriffen werden?

- Wie die Ergebnisse der SchülerInnen nach Lernprozessen aussehen, ist individuell und muss akzeptiert werden. Allerdings kommt es darauf an, „Veränderungen" im eigenem Denken als SchülerIn/als LehrerIn benennen und analysieren zu können.
- Im Fach Religionslehre bestehen im Vergleich zu anderen Fächern wesentlich größere Freiräume, die eigene Lernwege der SchülerInnen begünstigen.
- Wesentlich ist die Aktivierung der SchülerInnen, sich mit eigenen Einsichten und anderen Lernlandschaften auseinander zu setzen.
- Ein radikaler Konstruktivismus ist nicht akzeptabel, auch nicht im Fach Religionslehre. Es kann nur ein konstruktivistisch orientierter Religionsunterricht angestrebt werden.
- LehrerInnen müssen reflektieren und planen, wie instruktivistische und konstruktivistische Aspekte des Unterrichts in Balance gehalten werden können. LehrerInnen müssen sich dabei stärker in Frage stellen als bisher.
- LehrerInnen sind Initiatoren und Begleiter bei den Lernprozessen. Sie müssen offen sein und nicht bloß ergebnis-, sondern auch prozessorientiert arbeiten.
- Da die SchülerInnen bei ihren individuellen Konstruktionen zu differenten Ergebnissen kommen können und kommen sollen, ist es problematisch, einfach von einem gesicherten Basiswissen auszugehen und dieses undifferenziert umzusetzen.
- Wie gewinnen und behalten LehrerInnen den Respekt auch vor der Lernlandschaft einer Schülerin oder eines Schülers, die sich auf einen Inhalt bewusst nicht einlassen können?
- Manche Lehrplanziele sind allerdings nur teilweise „konstruktivistisch". Sie wollen zu stark ein bestimmtes Ergebnis für alle, ohne die individuelle Ausgangsbasis und die momentane Situation der SchülerInnen zu berücksichtigen. Das Prozesshafte kommt zu wenig zum Ausdruck.
- Prozesshafter Unterricht muss durch bestimmte Angebote, die die einzelne Schülerin, den einzelnen Schüler „betreffen", angestoßen werden, aber der Prozess selbst kann nicht bis in alle Einzelheiten genau geplant werden.
- Was ist, wenn SchülerInnen sich auf ein bestimmtes Angebot nicht einlassen, ihm sogar ausweichen?
- Ein Prozess muss am Anfang angestoßen und am Ende von der Lehrerin, dem Lehrer und den SchülerInnen reflektiert werden.
- Eine zentrale Frage lautet: Wie können Sachwissen (und anderes grundlegendes Wissen - z.B. Grundgebete) und konstruktivistische Vorgehensweisen vermittelt werden?
- Lernziele formulieren heißt, sich in die Schülerin, den Schüler zu versetzen und zu versuchen sich vorzustellen, was bei ihr/ihm an diesem Gegenstand/Bild/Erfahrungsbericht etc. passieren könnte.
- LehrerInnen sollten die Landkarten der Lerngebiete im Kopf haben, so dass sie die Möglichkeiten entdecken, bei überraschenden, unvorhergesehenen Situationen kreativ zu reagieren.

- Am Ende eines Konstruktionsprozesses muss eine doppelte Reflexion stattfinden. Zum einen muss die Lerngruppe darüber nachdenken, wie ihr Lernprozess verlaufen ist: Wo ging mein Lernen gut voran, wo bin ich stehen geblieben, wo war ich blockiert?
- Zum anderen muss sich der Lehrer fragen, ob es ihm gelungen ist die SchülerInnen so in die Lernlandschaft hineinzuführen, dass eine fruchtbare Begegnung zustande kommen konnte, die es dem Einzelnen ermöglichte in eine fruchtbare Konstruktion hineinzufinden.
- Der Konstruktivismus entlarvt das curriculare Lernzieldenken als Anmaßung. Es ist anmaßend, zu glauben, den Konstruktionsprozess der Kinder und Jugendlichen im voraus festlegen zu können. Die SchülerInnen finden in einer Lernlandschaft ihre eigenen Ziele und setzen so ihre eigenen Schwerpunkte.
- Von der Gestaltpädagogik her lassen sich wichtige Einsichten gewinnen, die dem konstruktivistisch orientierten Unterricht wichtige Hilfen geben, z.B. die Bedeutsamkeit des gemeinsamen Austausches über die Konstruktionen.
- Wichtig ist eine Konfrontation mit alten Ansichten und die Ermöglichung neuer Erfahrungen/Wahrnehmungen, um Ansichten zu erweitern und zu verändern.
- Wenn ich nur Pro und Contra diskutieren lasse, dann bleibt immer alles beim Gleichen. Nur wenn ich neue Erfahrungen ermögliche, ist eine Veränderung von Einsichten/Einstellungen evtl. möglich.
- ReligionslehrerInnen müssen lernen, auch die Konstruktionen der SchülerInnen zu akzeptieren, die mit den Formulierungen des Katechismus nicht deckungsgleich verlaufen.
- Vorsichtiges Umgehen mit christlichen Antworten bedeutet Nicht-Indoktrinieren-Wollen von SchülerInnen.

Impulse:
1. Studieren Sie das Ergebnis des Brainstormings im Kap 1.3. und ermitteln Sie Ihre eigene Lernlandschaft zur Thematik „Tod und Auferstehung": Markieren Sie mit verschiedenen Farben diejenigen Aspekte, die Ihnen als besonders wichtig erscheinen, streichen Sie für Sie unwichtige und ergänzen Sie eigene Ideen! – Sollte Ihnen das Buch nicht selber gehören, empfiehlt sich, diesen Arbeitsauftrag auf einer Kopie auszuführen ...

2. Diskutieren Sie nach dem Studium der Schülerbeispiele in der Arbeitsgruppe, welche Grundeinsichten des christlichen Glauben Sie *diesen* SchülerInnen vermitteln möchten und wie Sie diese Grundeinsichten (z.B. Glaubensaussagen, biblische Perikopen, liturgische Texte, Liedgut) didaktisch ins Spiel bringen würden!

3. „Akzeptiert werden muss, wenn SchülerInnen trotz der Konfrontation mit der christlichen Anschauung bei ihrer bisherigen Auffassung bleiben". – LehrerInnen benötigen also eine „Ambiguitäts-Toleranz": Wie kommen Sie im Fach Religionsunterricht mit abweichenden Schülermeinungen klar?

4. Die Theodizee-Frage gilt als (mehrdeutig zu verstehende!) „Einbruchsstelle für den christlichen Glauben" (Karl Ernst Nipkow). Sammeln Sie Situationen im Schulalltag, in denen diese Frage virulent wird und diskutieren Sie mögliche Wege, sie aufzugreifen. Konkret: Was tun Sie, wenn ein Schüler, eine Lehrerin, ein Elternteil stirbt?

5. Die vielfältigen Impulse in diesem Kapitel eignen sich auch dafür, sie selber zu bearbeiten, bevor Sie die Schülerbeispiele lesen!

6. Sammeln Sie in einer Mindmap verschiedene Methoden, die Sie dafür geeignet halten, „damit Schüler in Bewegung kommen"!

C. Konstruktivismus und Tradition

Hans Mendl

Ein Zwischenruf: Konstruktivismus, Theologie und Wahrheit

1.   Konstruktivismus und Wahrheit

1.1   Die konstruktivistische Provokation

„Die Umwelt, so wie wir sie wahrnehmen, ist unsere Erfindung" (von Foerster 1995, 40). Und zwar die Erfindung eines jeden Einzelnen. Anstelle verbindlicher objektiver Wahrheiten tritt die Pluralität der Wirklichkeitskonstruktion (vgl. Siebert 1999, 15). Solche Positionen stellen eine besondere Herausforderung für die Theologie dar. „Entscheidend ist schließlich die Frage, ob christlicher Glaube und Konstruktivismus sich miteinander vereinbaren lassen" (Born 2003, 241).

Sind also konstruktivistische Weltanschauung und Theologie miteinander kompatibel? Die Anfrage geht in zwei Richtungen:

- Die These von der Strukturdeterminiertheit jedes Lebewesens scheint dem christlichen Menschenbild, das den Menschen in seiner prinzipiellen Offenheit und damit Fähigkeit zur Kommunikation entfaltet, zu widersprechen. Der Konstruktivismus präsentiert eine Vorstellung von Entwicklung und Wachstum, welche als einziges Merkmal „Viabilität", Brauchbarkeit, anerkennt und in eine radikale Anthropozentrik und Egozentrik mündet. Ist das mit christlicher Ethik vereinbar?
- „Die Zeit der großen Wahrheiten ist vorbei" (Siebert 1999, 192). Diese Absage an jede verbindliche Wahrheit lässt sich nur schwer mit dem christlichen Offenbarungsverständnis in Einklang bringen. Denn der archimedische Anker, an dem die Welt hängt, ist gemäß der christlichen Theologie ein außerhalb ihrer selbst liegender; Ausgangspunkt ist der sich der Welt zuwendende Gott. Das Handeln des Menschen ist Reaktion darauf, nicht Aktion.

Hinter solchen Anfragen steckt natürlich auch ein „Schwindelgefühl" (Maturana / Varela 1987, 258), die grundlegende Angst davor, dass alle Sicherheiten zerfließen: „Erst haben wir Gott verloren, jetzt erkennen wir auch noch, dass uns die Welt fremd ist", formuliert Horst Siebert in Anlehnung an den Philosophen Peter Sloterdijk (Siebert 1994, 38).

Heribert Seifert – ein pädagogischer, nicht theologischer Kritiker – bündelt beide angefragten Aspekte folgendermaßen: „Jeder Einzelne gilt hier als geschlossenes System, das sich mit allen seinen Aktivitäten nur auf sich selbst bezieht. Seine interne Struktur bestimmt seine Handlungsmöglichkeiten. Mit der Außenwelt ist diese Monade nur insofern verbunden, als dass sie subjektive Schemata und Handlungsmuster für den Umgang mit der Umwelt entwickelt, die sich jeweils als brauchbar (,viabel') oder unbrauchbar erweisen. Die Frage nach Wahrheit ist damit erledigt: Es gibt nur noch die unendliche Vielzahl subjektiver Wirklichkeitskonstruktionen, die im Prinzip alle gleich gültig sind und nur revidiert werden, wenn sie ihre Unbrauchbarkeit erweisen" (Seifert 2000, 123). Ist das nun mit einem christlichen Menschen- und Wahrheitsverständnis vereinbar? „Eine unbefangene Hingabe des erkennenden Menschen an das Wirkliche (zu dem natürlich auch der Erkennende selbst gehört) als Voraussetzung jeder Wahrheitserforschung, also eine Haltung selbstloser Sachlichkeit, wird ausgeschlossen, weil als unmöglich angesehen" (Born 2003, 242).

Die Skepsis scheint also berechtigt zu sein. Monika Born formuliert deshalb bezüglich einer Vereinbarkeit zwischen Konstruktivismus und Theologie ganz entschieden: „Nein! Denn der christliche Glaube kennt Wahrheiten, Gewissheiten und Dogmen, und er ist eine Heilslehre. Der Christ ist davon überzeugt, dass der dreifaltig-eine Gott existiert und sich offenbart hat, dass der Mensch gewordene Sohn Gottes uns erlöst hat, dass wir berufen sind zu einem ewigen Leben in Gottes Nähe. Christen denken groß vom Menschen als Ebenbild Gottes und wissen zugleich um ihre Kleinheit angesichts der Größe Gottes und um ihre Begrenzungen" (Born 2003, 251).

Notabene: Was Kritiker dem Konstruktivismus zudem vorwerfen, ist die immanente Paradoxie, die in apodiktischen Aussagen wie der oben zitierten („die Zeit der endgültigen Wahrheiten ist vorbei", Siebert 1999, 192, zitiert und kommentiert bei Born 2003, 249; vgl. auch Nass 2003, 276) mitschwingt: Sind nach einem Verzicht auf Objektivität überhaupt allgemeine Aussagen in dieser Art möglich? Dieses Argument ist allerdings relativ leicht aus den Angeln zu heben. Die Antwort lautet: Stimmt. Ein Konstruktivist ist sich der Subjektivität und Relativität der eigenen Aussagen bewusst – er sollte es zumindest, wenn er sein Handwerk seriös betreibt; denn er geht davon aus, das ein „Missverstehen zwischen uns der Normalfall" (Siebert 1999, 5) ist, dass es auch andere Positionen geben wird. Das sollte als Grundhypothese immer mitschwingen. Nur wird man das „ich weiß, dass andere anders denken" bei der Entfaltung des eigenen Systems nicht bei jedem Satz explizit anfügen können und müssen.

1.2   Die Folge: Konstruktivismus unter Verdacht

Zurück zu den Hauptvorwürfen: Ist der Konstruktivismus mit dem christlichen Menschenbild und Offenbarungs- und Wahrheitsverständnis vereinbar?

Bevor im folgenden Kapitel aufgezeigt werden soll, inwiefern Theologie immer schon konstruktivistisch orientiert war und ist, soll zunächst nochmals auf die grundlegende Ausgangslage hingewiesen werden, von der aus sich die Autoren dieses Bandes mit konstruktivistischen Vorstellungen beschäftigen.

Die oben gestellte Anfrage ist insofern doppelt unsinnig, weil es weder „den" Konstruktivismus noch „das" christliche Wahrheitsverständnis gibt.

Ein Erstes: Wie im Einleitungskapitel angedeutet wurde, ist der Konstruktivismus keine einheitliche Theorie; er umfasst vielmehr zahlreiche unterschiedliche Denkansätze (vgl. Siebert 1999, 8). Die absolute Strukturdeterminiertheit des Subjekts wird nur innerhalb eines radikalen Konstruktivismus vertreten. Stärker sozialwissenschaftlich und weniger biologistisch ausgerichtete konstruktivistische Disziplinen gebrauchen das konstruktivistische Vokabular im analogen, nicht wörtlichen Sinn, weil die Übertragbarkeit biologischer

Strukturen (Entwicklung von Leben) auf psychische und soziale Dispositionen als unzulässiger Paradigmenwechsel („neuronaler Reduktionismus", Loichinger 2003, 260) gilt. Der gemäßigte Konstruktivismus ist also eher lerntheoretisch und weniger ontologisch geprägt. Dies gilt in besonderem Maße für den pädagogischen Konstruktivismus, der sich weniger „mit grundlegenden Prinzipien menschlicher Erkenntnis, sondern mit den Prozessen des Denkens und Lernens handelnder Subjekte" beschäftigt (Reinmann-Rothmeier / Mandl 2001, 615). Die kritische Bemerkung, je mehr der Begriff „Konstruktivismus" in den Dienst konkreter didaktischer Anstrengungen genommen werde, umso farbloser scheine er zu werden und seine subversive Kraft einzubüßen, ein „Konstruktivismus light" (vgl. Kucher 2002, 175), soll hier durchaus positiv gewendet werden. Gemäßigte Konstruktivisten leugnen weder die Existenz konkreter Wirklichkeit (z.B. dieses Buches oder des Stuhls, auf dem Sie sitzen!) noch die Gültigkeit gemeinsamer Glaubensüberzeugungen oder Wertesysteme innerhalb einer sozialen Gruppe (dazu weiter unten bezogen auf religiöse Konstruktionen mehr); sie denken aber einerseits über die Entstehung solcher gemeinsamer Konstrukte nach und andererseits besonders über die Möglichkeiten und Grenzen des Einzelnen, sich selber mit der Außenwelt so zu beschäftigen, dass sie für ihn Sinn und Bedeutung erhält. Auch wissenschaftstheoretisch erscheint es als legitim, Theorien nicht als Ganze ins eigene Denken zu integrieren, sondern Teiltheorien und Begründungszusammenhänge, die für die Weiterentwicklung des eigenen Denksystems inspirierend sind. Insofern können Eckdaten des christlichen Menschen- und Gottesbildes (z.B. das Priori der göttlichen Weltzuwendung vs. einer völligen Negation von bedeutungsvoller Wirklichkeit außerhalb des Individuums, die prinzipielle Offenheit des Menschen auf Offenbarung hin vs. einer absoluten geschlossenen Selbstreferentialität) durchaus mit den erkenntnistheoretischen Postulaten eines gemäßigten Konstruktivismus vereinbart werden, welcher gerade in der pädagogischen Praxis seine Plausibilität entfaltet. Dies erkennt beispielsweise auch Elmar Nass an, der einerseits auf der Ebene der Systemtheorie Sollbruchstellen zwischen christlichem Glauben und Konstruktivismus beschreibt und deshalb Grenzen der Rezeption besonders bezüglich der sozialen Verantwortlichkeit anmahnt, dann aber von einem Praxisbeispiel aus (einem Beispiel aus der Gedenkstättenpädagogik) durchaus die Bedeutung einer konstruktivistisch orientierten Religionspädagogik und den Mehrwert für die Konstituierung tiefergehender individueller Lernprozesse feststellt (vgl. Nass 2003).

Insofern empfiehlt sich im Gespräch mit Kritikern eines konstruktivistischen Ansatzes immer, nachfragend zu klären, auf welche Teiltheorie sich die Kritik denn bezieht; ideologieverdächtig erscheinen Angriffe immer dann, wenn sie sich auf „den" Konstruktivismus beziehen; diesen gibt es nicht. Dieser Vorwurf gilt selbstverständlich auch für die andere Seite: Plausibilität und Anschaulichkeit gewinnt die Entfaltung konstruktivistischer Lernprinzipien häufig über die apologetische Darstellung instruktivistischer Verfahren, eine Schwarz-Weiß-Malerei und den Aufbau extrem verzerrt dargestellter Gegner (vgl. Linneborn 2000, 56; Born 2003, 243; Schießl 2000, 118f).

In diesem Buchprojekt bemühen wir uns um eine Verbindung von instruktivistischen und konstruktivistischen Denklinien, also um eine pragmatische integrierte Position (vgl. auch Reinmann-Rothmeier / Mandl 2001, 604. 625-631), wie in den obigen Beiträgen deutlich geworden sein müsste. „Der" pädagogische Konstruktivismus stellt für uns eine Leittheorie dar, unter die verschiedene neuere Unterrichtsansätze gebündelt werden können, die freilich Lernen stringent vom lernenden Subjekt aus durchzubuchstabieren versucht. Vielleicht bedingt die Herkunft der Autoren aus der Theologie auch diese Rezeption eines „Konstruktivismus light", weil man einerseits an der transzendentalen Verwiesenheit des Menschen auf denjenigen, den wir in der jüdisch-christlichen Tradition „Gott" nennen, festhalten und andererseits aber respektvoll auch dessen großartigster Schöpfung und seinem Abbild, dem Menschen, gerade als lernendem Subjekt, gerecht werden will.

Ein Zweites: Ebenso wenig, wie es „den" Konstruktivismus gibt, gibt es „die" Theologie, ein einheitiges Offenbarungsverständnis unter Theologen oder eine eindeutige Bestimmung von „Wahrheit". Ein Blick in die einschlägigen Lexika (z.B. TRE, LThK) ergibt: man muss sich zunächst über den Fragehorizont (Voraussetzungen, Gültigkeit, Funktion oder Bedeutung von Wahrheit) vergewissern. Fehlt ein solches Problembewusstsein und wird einfach ein gemeinsamer Begriffshorizont suggeriert („denn der christliche Glaube kennt Wahrheiten, Gewissheiten und Dogmen, und er ist eine Heilslehre", Born 2003, 251) oder gesetzt („die Tatsache der göttlichen Offenbarung", Born 2003, 245), so ist dies keine vernünftige Ausgangsbasis für einen wissenschaftlichen Diskurs. Inwiefern sich aber innerhalb der Theologie Andockstellen für konstruktivistisches Denken ergeben, soll im Folgenden genauer dargestellt werden.

2. Theologie und Wahrheit

2.1 Kontextuelle Theologie

Vor allem aus der Dogmengeschichte können wir lernen, dass das Ringen um Wahrheit in der Gemeinschaft der Christen von Anfang an ein konstituierendes Merkmal christlicher Theologie war: Die dogmatischen Festlegungen zur Positionierung von Jesus Christus im Heilsgeschehen beispielsweise oder das Zueinander der drei göttlichen Personen erfolgten in einem jahrhundertelangen Prozess, der von den unterschiedlichen kulturgeschichtlichen Mentalitäten des sich ausbreitenden Christentums geprägt war. Man könnte die gesamte Kirchengeschichte hindurch Belege für die These einer kontextuellen Theologie finden, „dass jede Reflexion über das Offenbarungshandeln Gottes - sei sie existentieller, meditativer oder wissenschaftlicher Art - ihre Prägung und Eigenart aus dem Umfeld bezieht, in dem sie geschieht. Näherhin wird dieses Umfeld gebildet durch die sprachlichen, sozialen, sexuellen, geographischen, kulturellen, politischen, wirtschaftlichen, ortskirchlichen, weltanschaulichen Dimensionen, in denen das glaubende Individuum sich bewegt, die es nicht zuletzt als dieses Individuum mitgestaltet haben" (Beinert 1998, 151). Nicht umsonst sprach das Zweite Vatikanische Konzil von einer „Hierarchie der Glaubenswahrheiten" (Ökumenismus-Dekret „Unitatis redintegratio", Nr. 11), welche auch geschichtlich und kulturell bedingt ist: In verschiedenen Situationen und von unterschiedlichen Herausforderungen aus erscheinen je eigene Themen als besonders diskussionswürdig; auch das lehrt ein Blick in die Kirchengeschichte. Dass dieser Prozess einer Kontextualisierung und zeitgemäßen Konstruktion von (christlichem!) Glauben nicht völlig beliebig wird, dafür sorgt in der katholischen Kirche das komplizierte, manchmal autoritär anmutende Konstrukt eines Zusammenspiels von statischem kollektivem Systemdenken und dynamischer individueller Interpretation. Selbst ein umstrittenes Dokument wie der Katholische Katechismus aus dem Jahre 1993 („Weltkatechismus") ist nach dieser Logik kontextuell angelegt: er versteht sich als Generalnorm für örtliche Katechismen, und will die „unterstützen, die den verschiedenen Situationen und Kulturen Rechnung tragen" (Johannes Paul II, Apostolische Konstitution „Fidei Depositum", 11.10.92). Gegenüber dieser geschichtlichen Dynamik in der je zeitgemäßen Entfaltung theologischer Positionen wirkt das Insistieren auf eine geoffenbarte Wahrheit, die zu vermitteln sei (Born 2003) eigentümlich statisch. Zu jedem der Themen, die Monika Born (Born 2003, 245) anführt, aber leider nicht weiter erläutert, wären spannende weiterführende theologische Diskurse nötig, die aber sehr bald zeigen würden, wie unterschiedlich sie auch innerhalb einer Glaubensgemeinschaft verstanden werden können: die Existenz des trinitarischen Gottes, die Tatsache der göttlichen Offenbarung, die Erlösung. Selbst Papst Benedikt XVI. antwortete auf die Frage des Journalisten Peter Seewald, wie viele Wege es zu Gott gibt, weit differenzierter: „So viele, wie es Menschen gibt. Denn auch innerhalb des gleichen Glaubens ist der Weg eines jeden Menschen ein ganz persönlicher" (Ratzinger 1996, 35).

2.2 Theologie als Metatheorie der Glaubenskonstruktion

Die wissenschaftliche Theologie kann in diesem Gefüge als Metatheorie über die Art und Weise, wie Glaube und Realität konstruiert werden, gesehen werden (vgl. Kucher 2002, 174, der hier auf Norbert Ammermann verweist). Nochmals: Diese Position steht nicht im Widerspruch zum Vorrang der göttlichen Weltzuwendung; sie lenkt den Blick nur stärker auf die Art und Weise, wie innerhalb einer Glaubensgemeinschaft das Widerfahrnis von Offenbarung rezipiert wird. Unter diesem weltanschaulichen Vorbehalt ist jede Glaubens-Konstruktion letztlich eine Glaubens-Rekonstruktion. Wenn trotzdem von „Subjekten des Glaubens", der „Suche nach eigenem Glauben" (Schweitzer 1996) oder der Notwendigkeit, den eigenen Glauben zu konstruieren (vgl. Mendl 1997), gesprochen wird, so widerspricht diese Fokussierung nicht dem Apriori des Heilsangebots, welches eben nicht immer explizit angefügt wird, weil unter pädagogischen Prämissen stärker interessiert, wie Menschen inner- und außerhalb einer religiösen Gemeinschaft auf vorfindbare Sinnkonstrukte zugreifen und je eigene Glaubensspuren ausprägen. Vielleicht hilft zur Erläuterung dieses Zusammenhangs ein Vergleich mit der Computer-Welt weiter: Über das Betriebssystem braucht man sich (zumindest jenseits der Glaubenskriege z.B. zwischen Windows- und Linux-Gläubigen) keine Gedanken machen, da einem primär daran gelegen ist, dass die jeweilige Software funktioniert. Gerade Religionspädagogen ist an der Viabilität des eigenen Handelns gelegen – dass Lernprozesse „funktionieren". Und dies ist zuallererst dann der Fall, wenn es gelingt, Lernende zur aktiven Auseinander-setzung mit Glaubensfragen zu motivieren.

Die Rolle der Theologen besteht hier in dem, was im Konstruktivismus mit der Beobachtung zweiter Ordnung gemeint ist (vgl. Siebert 1999, 101-106): Wir reflektieren darüber, wie Glaube unter je eigenen Bedingungen von Menschen und Glaubensgemeinschaften, z.B. der katholischen Kirche, konstruiert wird.

Der Neutestamentler Peter Lampe beispielsweise hat Erkenntnisse eines epistemologisch und wissenssoziologisch geprägten Konstruktivismus auf die neutestamentliche Exegese übertragen (Lampe 1997). Da ich seinen Ansatz als innovativ für theologisches Denken empfinde, soll er im Folgenden knapp skizziert werden; zunächst einige allgemeine Ausführungen, dann die Applikation auf Theologie:

- Die Konstruktion von Sinn ist zunächst eine individuelle Leistung jedes Einzelnen; Objekten wird eine Bedeutung zugeschrieben.
- Der individuelle mentale Kontext wird zu einem intersubjektiven geweitet, wenn Individuen Sinnangebote veröffentlichen und sich im Diskurs gemeinsame verbindliche Konstrukte ergeben.
- Diese gemeinsam konstruierten Kontexte gründen auf axiomatischen Setzungen. In einem theologischen Kontext ist dies beispielsweise die Annahme eines sich selbst mitteilenden, wirkmächtigen Gottes; dieser Gott wird in der Geschichte Israels oder im Wirken des Nazareners erfahrbar.
- Solche Setzungen produzieren Evidenzien, die von vier Quellen (vgl. oben 15f.!) gespeist werden: der sinnlichen Wahrnehmung, der kognitiven Konstruktion, der sozialen Bestätigung und dem emotionalen Erleben.

Lampe wendet dieses Konstruktionsmuster auf das zentrale christliche Axiom „Gott erweckte Jesus von den Toten" an und reflektiert, wie dieser urchristliche soziale Sinnzusammenhang entstanden sein könnte: Verschiedene kognitive Bedeutungseinheiten (z.B. die große Dissonanzerfahrung: Jesus – der geschei-terte Verlorene; seine Botschaft einer Zuwendung Gottes gerade zu den Verlorenen; der Glaube an die Auferweckung der Toten) verbanden sich mit einer sinnlichen Wahrnehmung, die sich nach den Zeugnissen der Evangelien wiederholte: eine visionäre Schau des Auferstandenen durch verschiedene Personen. Im Sozialraum der Jüngergemeinde entwickelte allmählich die vierte Evidenzquelle, das positive emotionale Erleben, an der axiomatischen Grundlegung des neuen christlichen Kontextes ihre Kraft: „Trauer wandelt sich in Freude, Klage in Lobpreis" (Lampe 1997, 359).

Von einem solchen wissenssoziologischen Ansatz aus ließe sich nach Peter Lampe (ähnlich Stimpfle 2001, der für eine „konstruktionsgeschichtliche Exegese plädiert!) mancher theologischer Streit vermeiden, weil der Theologe als (interessegeleiteter!) Beobachter auch Grenzen des eigenen Beobachtens anerkennen muss: So ist beispielsweise der Streit, ob die christlichen Ostererfahrungen rezeptive oder produktive Visionen waren, ob also sich der Auferweckte selbst mitteilte oder die erste(n) Vision(en) innerpsychisch erklärt werden können, unsinnig. Auch bei der immer wieder diskutierten Frage, ob das Grab Jesus nach der Auferstehung leer war, handelt es sich zunächst um einen

Streit von Alltagsmenschen im nunmehr dritten Jahrtausend um das je eigene Wirklichkeitsverständnis. Zur jeweiligen ontischen Realität (die Vision, das Grab) haben wir als Wissenschaftler und Historiker keinen Zugang.

2.3 Vom Gehorsams- zum Verstehensglauben

Dürfen Theologen und Religionspädagogen so denken? Sie dürfen nicht nur, sie müssen es, wenn innerhalb eines aufgeklärten Christentums der mündige Christ Ausgangspunkt und Ziel theologischen Forschens darstellt.

Der Wandel in der Art zu glauben nach dem II. Vatikanischen Konzil wird zutreffend mit den Gegensatzpaaren vom Gehorsams- zum Verstehensglauben, vom Bekenntnis- zum Erfahrungsglauben und vom Leistungs- zum Verantwortungsglauben beschrieben (vgl. Kucher 2002, 172).

Innerhalb der Religionspädagogik und Katechetik wurde ein normativ-deduktiver Ansatz abgelöst von einem empirisch-induktiven, wie Norbert Ammermann pointiert vorträgt (vgl. Ammermann 2000). Die Zeit, in der versucht wurde, einen Glauben, „der als Summe von Sätzen aufgefasst wird" (Kucher 2002, 172), zu vermitteln, ist vorbei. Didaktik hatte in einem solchen deduktionistischen Denksystem lediglich eine akzidentielle Bedeutung – sie war für die optimale Vermittlung oder Verpackung bereits feststehender zu transportierender Wissens-Basics zuständig.

In der Auseinandersetzung um den Konstruktivismus scheint dieser Gegensatz zwischen deduktionistischer Wahrheits-Postulierung und einer vom Subjekt her gedachten (Re-)Konstruktion von Wahrheit wieder aufzuflammen. Der Wahrheits-Begriff der Konstruktivismus-Gegner wirkt, wie oben schon angemerkt wurde, eigentümlich hermetisch.

Aussagen wie „Von Gott, von göttlicher Offenbarung, von verbindlicher Moral, Gewissen und Schuld ist nicht die Rede" (Born 2003, 250) oder „Der Christ ist davon überzeugt, dass der dreifaltig-eine Gott existiert und sich offenbart hat, dass der Mensch gewordene Sohn Gottes uns erlöst hat, dass wir berufen sind zu einem ewigen Leben in Gottes Nähe" (Born 2003, 251) entsprechen einer Theologie, die postuliert, aber nicht erklärt und verstehen hilft; angesichts der modernen Pluralität und Individualisierung, die nach allen Erkenntnissen auch innerhalb von Glaubensgemeinschaften wirksam sind, erscheint eine solche Behauptungstheologie nicht tragfähig genug, um die Herausforderungen heutiger Zeit adäquat bewältigen zu können.

Der Ansatz, eine hermetisch vorgegebene Wahrheit könne einfach gelehrt, gelernt und geglaubt werden, missachtet zudem die Komplexität von Verstehensprozessen. Auslegung ist nach Gadamer nicht etwas, was zum Verstehensprozess hinzukommt; vielmehr ist Verstehen immer auch schon Auslegung. In einem existentiellen Akt der Erschließung von Inhalten in der Auslegung, im Verstehensprozess selbst, entsteht Wahrheit (vgl. Ammermann 2000, 53f). Religionspädagogisch gewendet: Eine Behauptungsdidaktik allein genügt nicht; nötig ist vielmehr eine „Ermöglichungsdidaktik" (vgl. Husmann 2004, 74; Siebert 1999, 104): „Für persönlich verantworteten Glauben ist Verständnis infolge Deutung der eigenen Lebenswirklichkeit, nicht kritiklose Übernahme gefragt" (Kucher 2002, 172).

Das Geschäft des Religionspädagogen und noch viel mehr jedes Religionslehrers vor Ort ist also weit anspruchsvoller als das eines Behauptungs-Dogmatikers. Das ist auch deshalb so, weil wir es in pädagogischen Zusammenhängen gerade unter den Vorzeichen eines Religionsunterrichts „für alle" nicht nur mit überzeugten Christen zu haben, sondern mit Getauften, die sich ganz unterschiedlich zu ihrer Religionsgemeinschaft positionieren: gläubig, suchend, fragend, zweifelnd, distanziert. Was Jugendliche über alle verschiedenen Einstellungen hinaus verbindet (evtl. mit Ausnahme der kleinen Gruppe der kirchlich-konfessionell gebundenen Jugendlichen) ist das „noch-nicht-gegebene Einverständnis" (Nipkow 1998, 215-263) zur Sache Jesu und der Kirche.

Abgrenzen muss man sich aber auch von theologischen Positionen, die ebenfalls mit Bezug auf den Konstruktivismus einen völligen Verzicht auf Didaktik postulieren und lediglich auf Emergenz hoffen – dass in der Begegnung mit fremden Welten etwas unvorhergesehen Neues entsteht (vgl. Ruster 2000, 201). Das „Hoffen auf Emergenz" entbindet nicht davon, sich über Aneignungs- und Verstehensbedingungen Gedanken zu machen und Lernwege vorzubereiten und auszugestalten, die konstruktive und emergente Prozesse ermöglichen.

Fazit: Religionslehrer werden den christlichen Glauben präsentieren, aber nicht blauäugig – als wären Präsentation und Aneignung identisch. Sie werden vielmehr die perturbierende Kraft christlicher Glaubenselemente nutzen, um individuelle Lernprozesse angesichts des Glaubens zu ermöglichen. Religionspädagogen sind auch hinsichtlich dessen, was im Kontext des Religionsunterrichts möglich ist, bescheidener – weil sie den Schulalltag und dessen vielfältige einschränkende Bedingungen und Rezeptionsstörungen kennen. Sie orientieren sich, was den Umgang mit Wahrheit betrifft, eher an der erkenntnistheoretischen Skepsis des ersten Korintherbriefs: „Jetzt schauen wir in einen Spiegel und sehen nur rätselhafte Umrisse, dann aber schauen wir von Angesicht zu Angesicht. Jetzt erkenne ich unvollkommen, dann aber werde ich durch und durch erkennen, so wie ich auch durch und durch erkannt worden bin" (1 Kor 13,12).

2.3 Wahrheit für mich

Das Erkenntnisinteresse hat sich also verschoben von der „Wahrheit an sich" zur „Wahrheit für mich". Dies wird beispielsweise im Elementarisierungs-Gedanken deutlich, welcher inzwischen auch in der religionsdidaktischen Ausbildung als Modell für die Unterrichtsvorbereitung Einzug gefunden hat (vgl. Schweitzer 2003; vgl. oben den Beitrag von Rudolf Sitzberger, S.83). Dort wird die zentrale Frage nach „elementaren Wahrheiten" zumindest schon als doppelköpfige, besser: in dreifacher Bedeutung gesehen: Es geht um den

> **Dreifache Bedeutung von Wahrheit**
> - Wahrheitszumutung (Sachebene)
> - Wahrheit „für mich" (für die Lehrerin / den Lehrer)
> - Wahrheit „für mich" (für die Schülerin / den Schüler)

Spannungsprozess zwischen der „Wahrheit an sich", dem elementaren Kern der Sache und der „Wahrheit für mich"; diese „Wahrheit für mich" muss nun in zweifacher Richtung gedacht werden: als Wahrheitszumutung für den Lehrenden, dann aber für die Schülerinnen und Schüler. Gerade in unterrichtlicher Hinsicht wird die entscheidende Frage diejenige sein, wie das, was Lehrende als jeweilige elementare Wahrheit bestimmt haben, produktiv und provokativ in konstruktive Lernprozesse eingebracht werden kann. Jürgen Werbick weist zu Recht darauf hin (Werbick 1995, 17): „Glaubwürdig ist nicht die Wahrheit, die wir haben, deren wir – oder irgendein Mensch oder irgendeine Institution – habhaft werden könnten; glaubhaft ist nur die Wahrheit, die uns hat und von der wir mit guten Argumenten behaupten dürfen, dass sie uns zu Recht ‚eingenommen' hat; die Wahrheit, der Gott, von dessen Herausforderung wir mit guten Gründen sagen können, dass sie verheißungsvoll ist." Bei diesem dynamischen Prozess reicht es also nicht nur aus, Wahrheitspostulate zu formulieren; mitüberlegt werden muss, wie sie sich zu den vorbefindlichen Wahrheitskonstrukten der Lernenden (und der eigenen!) verhalten, und ob die jeweiligen Perturbationen integriert werden können, zur Infrage-Stellung eigener Konstrukte führen oder abgelehnt werden.

Was Karl Rahner als „Wille zur Wahrheit" (Rahner 1971, 223) bezeichnet, wird somit zu einem sowohl individuellen als auch notwendigerweise dialogisch-kommunikativen Vorhaben; es nötigt zum Aushandeln der jeweiligen Wahrheitsansprüche, zu einem „Wahrheitstest" (Evangelii Nuntiandi, Nr.8), dem sich auch die eingebrachten Wahrheiten der jüdisch-christlichen Tradition nicht entziehen können. Nochmals: dieser Prozess einer je eigenen Konstruktion oder Dekonstruktion wird ablaufen, egal ob man der konstruktivistischen Theorie anhängt oder nicht.

Von einem solchen Ansatz aus wird man die Wahrheitsfrage anders angehen müssen; vier Wahrheits-Prinzipien (Wahrheit ist geordnet, kontextuell angelegt, produktiv und dynamisch, interessant und dialogfähig) gelten auch innerhalb einer Glaubensgemeinschaft

- Wahrheit begegnet uns als eine geordnete, um den Gedanken von der „Hierarchie der Glaubenswahrheiten" noch einmal aufzugreifen
- und als eine je kontextuell bestimmte und interpretierte.
- Insofern ist die Wahrheitsfrage zu allen Zeiten auf produktive Weise beantwortet worden und lädt ein zu dynamischen Prozessen einer Auseinandersetzung mit dem, was als jeweils wahr gilt.
- Schließlich ist deshalb ein Ringen um Wahrheit immer interessant und fordert zum Diskurs und Dialog heraus.

2.4 Menschenbild und Ethik des Konstruktivismus

Sind wir nach konstruktivistischer Vorstellung alle solipsistisch die eigene Welt konstruierende Individuen, reine Einzelwesen und Monaden, unfähig zur Kommunikation? Und es schließt sich die noch weitreichendere Frage an, die sich aufgrund des biologisch fundierten Zweigs des Konstruktivismus aufdrängt: Wenn das Auswahlkriterium für die Verarbeitung von Information die „Passung", „Brauchbarkeit" oder, um den konstruktivistischen Fachbegriff einzuführen, „Viabilität" ist, muss dann nicht dem Konstruktivismus jegliche soziale und ethische Verantwortlichkeit abgesprochen werden?

So lautet die letzte fundamentale Anfrage an die Vereinbarkeit von Konstruktivismus und Religionspädagogik.

Eine erste Antwort: Bereits Maturana und Varela verweisen auf die implizite Ethik des Konstruktivismus: Gerade die Erkenntnis, dass wir permanent an der Konstruktion der je eigenen Wirklichkeit arbeiten, „verpflichtet uns zu einer Haltung ständiger Wachsamkeit gegenüber der Versuchung der Gewissheit" (Maturana / Varela 1987, 262) und befähigt zu wachsamer Toleranz und Aufgeschlossenheit anderen gegenüber. „Wer weiß, dass seine Ansichten nicht einer naturgegebenen Wahrheit entsprechen, sondern seine eigenen Konstrukte sind, wird sich der Pflicht bewusst werden, seine Sicht der Dinge gegenüber denen, die die Dinge anders sehen, zu begründen" (Bornhauser 2000, 99; vgl. auch von Glasersfeld 1981, 58-60). Diese Moral der wechselseitigen Anerkennung (Siebert 1999, 44) als Basis für ein koordiniertes Zusammenleben verschiedener Individuen ist common sense unter den verschiedenen konstruktivistischen Richtungen: „Wer erfasst, dass seine Welt seine eigene Erfindung ist, muss dies den Welten seiner Mitmenschen zubilligen" (Watzlawick 1981, 311).

Kritisiert wird häufig von der Gegenseite der amoralische Begriff der „Viabilität" wegen seiner utilitaristischen Tendenz (Überlebensdienlichkeit als einziges Konstruktionsprinzip); dabei wird übersehen, dass dieser Zentralbegriff eines biologistischen Konstruktivismus übertragen auf psychische und soziale Systeme differenziert wurde und als reflexive „Viabilität zweiter Ordnung" (von Glasersfeld 1997, 197f) sowohl mit sozialer Verantwortung in Einklang gebracht als auch mit Vernunft ergänzt werden kann und muss. Wer eine eigene Wirklichkeit konstruiert, muss innerhalb einer sozialen Gemeinschaft auch die Verantwortung für diesen Konstruktionsprozess übernehmen (vgl. Bornhauser 2000, 99).

Die zweite Gegenantwort wird nochmals von der grundlegenden Position bestimmt, die die Autoren dieses Buches vertreten: Selbst wenn man Moralsysteme, z.B. Ethik und Moral einer christlichen Kirche, anerkennt, so bleibt die Frage, wie ethische bzw. moralische Erziehung heute gelingen kann. Wir wissen, dass Wertübertragungsmodelle (vgl. differenziert zur Leistungskraft verschiedener Modelle: Hilger / Leimgruber / Ziebertz 2001, 402-419) nicht „funktionieren". „Der Christ ... anerkennt den Dekalog, die Bergpredigt und die kirchliche Morallehre" (Born 2003, 252). Das ist ja gut und recht; nur ist eine solche Postulatstheologie aus zwei Gründen sehr problematisch: Erstens kann man nur anerkennen, was man versteht. Und um solche Verstehensprozesse geht es zunächst einmal im schulischen Religionsunterricht. Zweitens zeigt die Rezeptionsgeschichte gerade dieser „großen" Texte der christlichen Tradition – Bergpredigt und Dekalog –, wie unterschiedlich und kontrovers sie je nach gesellschaftlicher und kirchlicher Positionalität und Interessenlage ausgedeutet wurden – vom Geltungsbereich für unterschiedliche Gruppierungen bis zur konkreten Umsetzbarkeit der einzelnen Gebote im Alltag, wie nur an zwei Beispielen angedeutet werden soll: Das vierte Gebot des Dekalogs wurde in Zeiten bürgerlicher Moral vor allem als Erziehungspostulat interpretiert („den

Eltern gehorchen") und nicht im ursprünglichen Sinn als Anspruch, den das Familienoberhaupt den älteren Familienmitgliedern gegenüber zu erfüllen hat (Generationenvertrag); auch heute werden manche Aussagen der Bergpredigt (Ehescheidungsverbot) weit apodiktischer gehandhabt als andere (Verbot des Schwörens). Man könnte unschwer weitere Beispiele anführen.

3.   Fazit

Eine offizielle kirchliche Positionsbestimmung zum Konstruktivismus bleibt bislang noch aus. Was Kucher aus einer Predigt des Papstes herausliest (Kucher 2002, 175), muss nicht gegen den Konstruktivismus gerichtet sein; es handelt sich eher um eine Warnung vor Einseitigkeiten (vor einer reinen inhaltsleeren Selbstkonstruktion des Glaubens, eine nur subjektive Darlegung des Christentums durch die Lehrenden, eine Kontextualisierung ohne den Rückgriff auf Tradition); dem allen ist zuzustimmen: Auch ein konstruktivistisch orientierter Religionslehrer hat die Pflicht, die tradierten Lehren der Kirchen zu präsentieren; er verzichtet freilich auf den Mythos, dass die Präsentation allein didaktisch schon genüge, und wird komplexere und differenziertere Verstehens- und Aneignungsprozesse anstreben.

Impulse

1. Mein Doktorvater – ein promovierter Fundamentaltheologe – meinte immer halbernst, er traue es sich zu, mit einem Theologen über ein beliebiges theologisches Thema zu reden und nach spätestens fünf Minuten mindestens eine häretische Lehrmeinung zu entdecken. – Entscheiden Sie sich für eines der großen theologischen Themen des christlichen Tradition (z.B. Trinität / Jesus Christus – wahrer Mensch und wahrer Gott / Verhältnis des Christentums zu anderen Religionen / Erlösung / Heilige ...), formulieren Sie ihre Deutung des jeweiligen Sachverhalts, vergleichen Sie (falls Sie in der Gruppe arbeiten) diese Deutungen zunächst untereinander und anschließend mit offiziellen kirchlichen Aussagen (z.B. im Katholischen Erwachsenen-Katechismus oder im so genannten Weltkatechismus)!

2. Konkretisieren Sie die Aussage des II. Vatikanischen Konzils von der „Hierarchie der Glaubenswahrheiten" in einer individuellen Liste mit 10 theologischen Top-Wahrheiten und 10 unwichtigen Glaubens-Aussagen. Vergleichen und diskutieren Sie diese Liste!

3. Lassen sich konstruktivistische Theorieelemente und Glaube der Kirche miteinander vereinbaren? Sammelt Sie Argumente und verfassen Sie ein Positionspapier (das Sie gerne an den Herausgeber senden dürfen!)!

D. Konstruktivismus und Lehrerbildung

Irmi Heindlmeier

Konstruktivistische Lerntheorie in der religionspädagogischen Seminarausbildung

1. Konstruktivismus – das eigene Verständnis

Ich verstehe die konstruktivistische Lerntheorie so, dass neue Inhalte nur dann eine Bedeutung erlangen, wenn sie im lernenden Subjekt selbst konstruiert werden. Dies geht folgendermaßen vonstatten (vgl. Siebert 1994, 43):
- Ein Wissens-Angebot trifft auf Wahrnehmungs- bzw. Erkenntnisfilter.
- Was diese Filter durchlassen wird in die vorhandenen Erfahrungen integriert.
- Dies führt zu neuen Konstruktionen von Wirklichkeit.

Das impliziert die Annahme, dass der Lernprozess an bereits vorhandenen Konstrukten andocken muss, um gelingen zu können. Die vorhandenen Konstrukte bestehen aus dem Spektrum der Erfahrungen, des Wissens und der Sinnzusammenhänge, die ein Mensch im Laufe seines Lebens gesammelt und konstruiert hat.

Eine erste Folgerung lautet so: Problemorientierte Lernumgebungen bilden für einen Konstruktionsprozess die ideale Grundlage, weil auf diese Weise das lernende Subjekt in seiner Konstruktionsfähigkeit aktiviert wird.

Da außerdem der kognitive Konstruktionsprozess im Unterricht stark durch die emotionale Färbung beeinflusst wird (Siebert 1994), spielen die Lernbedingungen, sprich der äußere Rahmen, die Atmosphäre, die Beziehungsebene und die situative Verfasstheit des Lernenden eine wichtige und nicht zu unterschätzende Rolle im Prozess des Lernens.

Bevor ich im Folgenden beschreibe, inwiefern einzelne Elemente der eigenen Ausbildungskultur konstruktivistisch ausgerichtet sind, skizziere ich die Rahmenbedingungen der Seminarausbildung, weil nur so Chancen und Grenzen eines konstruktivistischen Arbeitens im Seminar verständlich werden können.

2. Aufgabenfeld Seminarausbildung

2.1 Die Konzepte der kirchlichen und staatlichen Seminarausbildung

In den Seminaren für kirchliche ReligionslehrerInnen haben die SeminarteilnehmerInnen eine Unterrichtsverpflichtung von 20 Stunden eigenverantwortlichem Religionsunterricht, sie haben Hospitationen zu absolvieren und müssen an ca. zehn Seminarveranstaltungen pro Ausbildungsjahr teilnehmen. Die Ausbildung im Seminar dauert zwei Jahre und endet mit der 2. Dienstprüfung.

Im staatlichen Bereich dauert die Seminarausbildung im Studienseminar ebenfalls zwei Jahre. Sie ist in zwei Ausbildungsabschnitte gegliedert. Im ersten Ausbildungsabschnitt liegt die eigenverantwortliche Unterrichtsverpflichtung derzeit bei 6-10 Stunden und im zweiten Ausbildungsabschnitt bei 15 Stunden.

Dazu kommen wöchentlich zwei Seminartage im Studienseminar, Hospitationen im ersten Jahr und Zeiteinheiten für Eigenstudium. Der eigenverantwortliche Religionsunterricht umfasst durchschnittlich zwei Stunden. Für das Fach katholische Religionslehre gibt es pro Ausbildungsabschnitt vier Seminarveranstaltungen und in der Regel zwei bis vier Unterrichtsbesuche im ersten Ausbildungsabschnitt, abhängig davon, ob Religion als nichtvertieftes Fach (Hauptfach) oder als Didaktikfach studiert wurde, und in der Regel zwei Unterrichtsbesuche im 2. Ausbildungsabschnitt.

Dieser äußere Rahmen verdeutlicht, dass in der Seminarausbildung im Fach Religion sehr komprimiert gearbeitet werden muss. Der größte Unterschied zwischen kirchlicher und staatlicher Seminarausbildung besteht darin, dass sich die kirchlichen Sonder-Seminare im staatlichen Bereich auf fachdidaktische und theologische Fragestellungen begrenzen, da allgemeindidaktische Fragen im Studienseminar behandelt werden. Dies gilt auch für Sonderseminare z.B. in Englisch.

In vielen Studienseminaren wird letztlich immer noch nach dem Münchner Methodenschema gearbeitet (Hinführung, Erarbeitung, Zusammenfassung, Transfer). In den einzelnen Fächern werden unterschiedliche Variationen dieses Artikulationsschemas verlangt. Viele SeminarteilnehmerInnen bringen aus der Universität das Berliner Interdependenz-Modell (in einigen Varianten) mit, welches die Überprüfung der Lernvoraussetzungen, Treffen der Entscheidungen innerhalb des Curriculums und Messen des Ergebnisses/Outputs zum Ziel hat. Die Lernzielbestimmung strebt weniger „harte" produktorientierte Ziele, sondern eher prozesshafte didaktische Schwerpunkte an, wobei beide wechselweise eingesetzt werden (vgl. den Beitrag oben von Eggerl / Schäble / van Vugt, S.63). Für die SeminarteilnehmerInnen entsteht bezüglich dieser Rahmenbedingungen didaktischen Handelns ein erstes Problem beim Einsatz moderner Unterrichtsmethoden wie Lernzirkel, Stationenlernen, kreatives Schreiben usw.: Diese lassen sich nicht oder nur schwer in das gelernte statische Schema einpassen, und ein enges gemeinsames Stundenziel kann per definitionem bei vielen dieser Methoden nicht erreicht werden.

Im Folgenden wird auf die Seminarausbildung im staatlichen Bereich Bezug genommen, da dort die eigenen theoretischen Ansätze ausprobiert wurden.

2.2 Die Ziele der Seminarausbildung

In der Zulassungs- und Ausbildungsordnung für das Lehramt an Grundschulen und das Lehramt an Hauptschulen (ZALGH) § 15 wird festgelegt, was in Bezug auf Fachdidaktik erlernt werden soll:

a	*Unterricht planen*	
	aa	*Auswahl bildungsrelevanter Fachinhalte und Lernziele auf der Basis amtlicher Lehrpläne,*
	bb	*Beitrag des Faches zu fächerübergreifenden Bildungsaufgaben und Schlüsselqualifikationen,*
	cc	*Feststellen der Lernausgangslage, auch als Grundlage für individualisierende und differenzierende Maßnahmen,*

dd   *Zuordnen schülergemäßer, ziel- und inhaltsgerichteter*
      Unterrichtsmethoden,

ee   *Berücksichtigen schüler-, fach- und sachgerechter Arbeits-*
      weisen, Lehr- und Lernformen,

ff   *Vermitteln von Methoden- und Medienkompetenz.*

b   *Unterricht gestalten*

aa   *Begleiten und Unterstützen von Lernprozessen auf*
      unterschiedlichen Lernwegen,

bb   *unterrichtlichen und erziehlichen Erfordernissen*
      gemäß handeln,

cc   *Einbringen der Lehrerpersönlichkeit,*

dd   *Gestalten von Lernumgebungen.*

c   *Unterricht reflektieren und evaluieren*

aa   *Reflektieren als Grundlage der weiteren unterrichtlichen Arbeit,*

bb   *differenziertes Beobachten und Analysieren des Lernfortschritts*
      und der Lernwege,

cc   *Lernerfolge kontrollieren,*

dd   *Messen, Beurteilen und Bewerten von Leistungen.*

d   *Unterricht entwickeln*

-    *Verantwortung für die Weiterentwicklung der Unterrichtsqualität.*

Angesichts des beschriebenen zur Verfügung stehenden Zeitdeputats stellt dies eine gehörige Stofffülle dar. „Und dann soll ich auch noch den Konstruktivismus behandeln!", könnte der Ausruf eines Ausbildenden lauten. Dies wäre freilich der falsche Ansatz – eine konstruktivistische Lerntheorie als „Additum" zu verstehen, anstatt die gesamte Ausbildung konstruktivistisch zu unterfüttern. Die in der ZALGH festgelegten fachdidaktischen Inhalte in der 2. Ausbildungsphase lassen einen konstruktivistischen Ansatz ohne weiteres zu. Man kann sogar davon ausgehen, dass er als Ansatz zur Thematisierung dieser Inhalte besonders gut geeignet ist.

Inhaltlich gefüllt werden die Grundlegungen der ZALGH durch das gemeinsame Seminarprogramm der bayerischen Diözesen. Es umfasst die Themen

- *Nach dem Sinn des Lebens fragen – für die Grunderfahrungen der Bibel offen werden.*
- *Sich nach gelingendem Leben sehnen – in der Begegnung mit Jesus Antwort finden.*
- *Bedürfnis nach Leben in Gemeinschaft haben – als Kirche auf dem Weg sein.*
- *Auf der Suche nach Orientierung sein – aus dem Geist Jesu leben.*

2.3 Die Erwartungen der SeminarteilnehmerInnen

Die festgelegten Ziele der Seminarausbildung sind die eine Seite, jedoch muss nun auch die Erwartungslage der „handelnden" Subjekte, der SeminarteilnehmerInnen, in Betracht gezogen werden.

Ihre Erwartungen werden einerseits bei Gesprächsrunden in den Veranstaltungen erfragt, sie lassen sich jedoch auch aus dem Feedback nach den Veranstaltungen erschließen:

An erster Stelle stehen Unterrichtsbeispiele, gefolgt von allgemein gültigen Artikulationsschemata. Ideen und Material für konkrete Unterrichtsstunden stehen bei den Wünschen der SeminarteilnehmerInnen an nächster Stelle. Theologische Inhalte und religionspädagogische Fragestellungen, die nicht sofort konkret umsetzbar sind, kommen im Erwartungsspektrum nicht vor.

Von ihrer Ausgangslage her ist eine Vermittlung angesagt, die eine möglichst hohe Eigenleistung der Lernenden und eine geringe vermittelnde Leistung der Lehrenden einfordert, wobei möglichst viele unterrichtsnahe Beispiele erarbeitet werden sollten. Die Wünsche nach allgemein gültigen Patentrezepten für den Religionsunterricht stellen eine große Herausforderung dar, denn gerade sie können nicht erfüllt werden. Insofern muss in den Seminaren ein Prozess in Gang gesetzt werden, der gerade Schülerorientierung in den Mittelpunkt stellt und die Unmöglichkeit von Patentrezepten deutlich macht. Allerdings ist hier von einem Prozess auszugehen, der vom religionspädagogischen Seminar nur begleitet werden kann.

3. Elemente einer konstruktivistischen Seminarkultur

3.1 Die Restrukturierung der Seminartage im Religionspädagogischen Seminar München

Im Religionspädagogischen Seminar in München begann vor einigen Jahren der Umbau von Seminarveranstaltungen von einer Themenzentrierung zu einer Seminarteilnehmerzentrierung, aber auch von einem instruktivistischen zu einem induktiven Vorgehen. Folgende Grundsätze sollten dabei umgesetzt werden:

- Mit angehenden Lehrern kann nicht mit Methoden gearbeitet werden, bei denen immer wieder gesagt werden muss, „mit Ihren Schülern dürfen Sie das aber nicht so machen". Dies stellt eine klare Absage an einen instruktivistischen Ansatz dar!
- Die SeminarteilnehmerInnen müssen sich selbst als Lernende erfahren können, um die Wahrnehmungskompetenz gegenüber unterschiedlichen Lernwegen ihrer SchülerInnen und damit auch Probleme und Chancen für den Unterricht ausbauen zu können.
- Es werden keine fertigen Konzepte präsentiert, sondern Impulse gegeben, die in den eigenen Erfahrungs-, Wissens- und Persönlichkeitshorizont eingebettet werden. Dadurch soll gleichzeitig zu einem eigenen kreativen Umgang mit Unterrichtsthemen und -methoden angeregt werden.

An sich war in der Planungsphase keine besondere „Schule" der Religionspädagogik im Blickfeld. Soweit es den Grundsätzen nicht widersprach, herrschte große Offenheit in alle Richtungen. Erst bei der Reflexion und Evaluation der ersten Seminartage wurde langsam klar, dass der pragmatische Ansatz sehr stark die Züge des Konstruktivismus trägt.

Bei der Planung wurde deutlich, dass es nicht sinnvoll ist, mit den SeminarteilnehmernInnen Schule zu spielen im Sinne eines „Dramas in Education". Sie sollen sich authentisch im Seminar erleben und nicht wahlweise die Rollen von SchülernInnen und LehrerInnen übernehmen. Außerdem sollte der Input in den Seminartagen von solcher Qualität sein, dass sie Lust bekommen das eine oder andere auszuprobieren und anschließend für sich weiterzuentwickeln. Ausgegangen wurde dabei von einer Aussage von Charles Handy, die impliziert, dass Veränderung eine unangenehme Sache ist und einen starken Impuls benötigt (vgl. Handy 1992, 23 „Many people prefer the hole they know to the one not yet dug", sinngemäß übersetzt: „Menschen fallen lieber in ein bekanntes Loch, als in eines, das erst noch gegraben werden muss."). Aus der Sicht des Konstruktivismus wäre es die nötige Verunsicherung, die zu einer Veränderung bzw. Konstruktion führt.

3.2   Die Vorbereitung der Seminartage

Diese Überlegungen hatten für die Vorbereitung der Seminartage einige Folgen:
- Materialien mussten so adaptiert werden, dass sie für die SeminarteilnehmerInnen auch eine Herausforderung darstellten. Ein Beispiel: Textpuzzle. Ein einfaches Textpuzzle, das für die 2. Klasse geeignet ist, stellt für einen theologisch vorgebildeten JunglehrerInnen keine Herausforderung dar. Wird jedoch ein bekannter Bibeltext nach der Einheitsübersetzung als Puzzle geliefert, dem nur eine Lehrererzählung vorausgeht, werden auch SeminarteilnehmerInnen gefordert sein. Die schülergeeignete Form könnte als Arbeitsauftrag selbst hergestellt werden, wozu allerdings oft einfach die Zeit nicht reicht.
- Eine thematische Einheit wird erst erlebt und dann in einem weiteren Schritt in Bezug gesetzt zu den SchülernInnen, zum Lehrplan und zu den impliziten Problemen und Chancen.
- Nach diesem Prozess der Erschließung einer thematischen Einheit, deren Reflexion und Bezug-Setzung auf die eigene Praxis müssen die neuen Erkenntnisse angewendet werden. Das Methodenspektrum in diesem Bereich bedarf noch einiger Überlegung. Bisher wurden Erstellung von Stundenideen, Überlegungen zu Stundensequenzen, lehrplanzentrierte Aufgaben und Überlegungen zum Einsatz einer bestimmten Methode oder eines Mediums ausprobiert. Das Ei des Kolumbus fehlt dabei noch.

3.3   Beispiel: Der Einstieg in einen Seminartag

Vielleicht werden konstruktivistische Nuancen auch deutlich am Beispiel des Einstiegs in einen Seminartag zum Thema Gebet. Es wird versucht, auf verschiedenen Wegen und auf unterschiedlichen Lernebenen jeder Seminarteilnehmerin und jedem Seminarteilnehmer einen Zugang zur Problematik zu bieten.

Insgesamt sollen in der Einheit erste Impulse geboten werden, die einen Weg zum Lernprozess eröffnen, indem zu einer Reflexion der eigenen Befindlichkeit, des Erfahrungsschatzes, der Gebetspraxis und dem situativ-subjektiven Erleben von unterschiedlichen Zugängen angeregt wird.

Phase 1: Eigene Erfahrung

Es wird mit einem meditativen Tanz begonnen. Darauf folgt eine Vorstellung von Jesusworten; jede Teilnehmerin/jeder Teilnehmer wählt sein Jesuswort für den Tag (vgl. Bürgermeister / Moser / Wirth 1998, 40); dies mündet in ein Gebet mit Symbolen. Alle Anwesenden können sich spontan zum Erlebten äußern. Dann folgt ein Schreibgespräch zum Thema Gebet in Kleingruppen, das entweder im Plenum vorgestellt wird oder anhand der Plakate angeschaut und nachvollzogen werden kann.

Phase 2: Didaktische Reflexion

Nun folgt eine Phase der Reflexion, in der das eigene Erleben im Seminarraum mit der Schülersituation verglichen wird. Sehr bald wird klar, dass bei den SchülerInnen ein ähnlich divergierendes Erleben erwartet werden kann. In der Auseinandersetzung mit den aufgeworfenen Fragen und Impulsen zu neuen Strukturen auf der Metaebene soll nun ein Prozess in Gang gesetzt werden, in dem die Wahrnehmungskompetenz erhöht, die Differenzierung durch unterschiedliche Angebote plausibel gemacht und eine konstruktions-reflektierende Kompetenz im Hinblick auf eigene erfahrungsbezogene Lernwege angebahnt wird.

3.4. Die Bedeutung der Emotionen

Im oben dargestellten Modell, das Hans Mendl mit Bezug auf Horst Siebert (Siebert 1994, 43) entwickelt hat, wird die emotionale Färbung als diejenige beschrieben, die sinnliche Wahrnehmung, soziales Setting und Gedächtnisprozesse im kognitiven Konstruktionsprozess beeinflusst. Dies erscheint auch für die Seminarausbildung als bedeutsam.

Die sinnliche Wahrnehmung wird von Erfahrungswerten bestimmt aus der Art der Atmosphäre, die in einem Haus herrscht, dem Raum, der Ästhetik und der Qualität der verwendeten Materialien. Das soziale Setting ergibt sich bereits aus den Funktionen im Seminarraum, der Rolle der SeminarteilnehmerInnen und des Seminarleiters, bzw. des Leiters des Religionspädagogischen Seminars. Außerdem zählt hierzu der Austausch mit den anderen SeminarteilnehmerInnen. Die Seminargruppe stellt eine ganz eigene Peergroup dar, in der die TeilnehmerInnen eine wechselseitige Kontrollfunktion haben. Eigenes Erleben, eigene Erfahrungen und der eigene Wissenshorizont werden hinterfragt und auch gespiegelt. Außerdem werden zusätzliche Informationen gegeben, die auf ähnliche Erfahrungen zurückgehen wie die eigenen, z.B. Informationen bezüglich der Unterrichtspraxis.

Die Gedächtnisprozesse, die an einem Seminartag initiiert werden, sind neben der emotionalen Färbung sicher auch von der Stärke der Impulse abhängig, die durch die Erfahrungs- und Wahrnehmungsfilter hindurchgehen. Die emotionale Färbung einer Seminarveranstaltung zeigt sich schon bei der Begrüßung und endet nicht mit dem Feedback, sondern bei der Verabschiedung.

3.5 Elementarisierung und Konstruktivismus

Gestaltet man das eigene Seminarkonzept um, so gibt es nach dem Trial-and-Error-Prinzip selbstverständlich auch viele Pannen. Gerade daraus lässt sich jedoch viel lernen. Dies soll an einem Beispiel erläutert werden.

Die SeminarteilnehmerInnen sollten das Modell der didaktischen Elementarisierung kennen lernen. Im Vorfeld des Seminartages wurde bereits festgestellt, dass die meisten Artikel zum Thema Elementarisierung relativ theoretischer Natur waren. So wollten wir nicht arbeiten, sondern vielmehr induktiv anhand einer eigenen Erfahrung mit dem Modell der Elementarisierung vertraut werden.

Umrisszeichnung von H.-J. Floß nach Sieger Köder

Für den Seminartag wurde die Zachäusgeschichte elementarisiert; wir wollten außerdem im selben Zug in die Prinzipien von Bild- und Textpräsentation plakativ einführen.

Die Teilnehmer sollten in einer ersten Phase eigene Erfahrungen mit der didaktischen Perikope machen. Den Einstieg dazu bot das Bild von Sieger Köder „Jesus und Zachäus". Dieses wurde mit den SeminarteilnehmerInnen elementarisiert erschlossen. Es wurde zunächst nur der untere Bildteil präsentiert. Die SeminarteilnehmerInnen sollten sich durch das Nachstellen einzelner Figuren ins Bild versetzen. Den Figuren wurden Aussagen in den Mund gelegt, die auf Sprechblasen in das Bild integriert wurden. Danach sollten sie Vermutungen zur Blickrichtung der Figuren anstellen. Schließlich wurde der obere Bildteil erforscht. Erst präsentierte die Leitung die Perikope als Lehrererzählung. Im Anschluss wurden Möglichkeiten der Texterschließung und später zu einem vertiefendem Umgang mit Bild und Text angeboten, teilweise ausprobiert und reflektiert. Im Rahmen der Reflexion des eben Erlebten präsentierten wir dann das Modell der Elementarisierung als religionspädagogisches Prinzip.

Der intendierte Lernprozess sollte den SeminarteilnehmernInnen durch ein plastisches selbsterlebtes Beispiel ein Verstehen des Elementarisierung-Modells im Religionsunterricht liefern. Wir wollten, dass alle als Kontrolle des Lernerfolges eine weitere biblische Perikope auf die eigene Lerngruppe hin elementarisierten. Das funktionierte nicht. Was war passiert? Wir vermuten Folgendes: Die Absicht, das Modell der Elementarisierung anhand eines

Beispiels zu zeigen, vollgepackt mit zwei grundlegenden religionspädagogischen Methoden (Textarbeit und Bilddidaktik!) überforderte die TeilnehmerInnen. Das Angebot – eigene Erfahrung, damit verknüpft eine doppelte Theorie, sollte als Ganzes übernommen werden – war als Paket zu groß und führte zu keiner aktiven Konstruktion. Es wurde zu wenig darauf Rücksicht genommen, dass die TeilnehmerInnen unterschiedliche Strukturen mitbringen, sie unterschiedlich lange für die Verarbeitung von Informationsteilen benötigen (ein gutes Beispiel für eine notwendige Differenzierung) und vielleicht das intendierte „Endprodukt" an dem Tag gar nicht erreichbar war.

Dieses Beispiel zeigt sehr deutlich, dass für die Entwicklung eines konstruktivistischen Ansatzes in der Seminararbeit viele Experimente nötig sind. Man lernt auch vieles über die eigene Beheimatung im Instruktivismus: Immer wieder tappt man in die Falle, dass man schnell und reibungslos Wissenspakete (in diesem Fall: Kenntnis des Elementarisierungs-Modells und seiner unmittelbaren Anwendung) weitergeben will. Die zu vermittelnden Inhalte sind aber nur eine Seite der Medaille, es kommt auch darauf an, wie sie aufbereitet werden, so dass sich die SeminarteilnehmerInnen aktiv und mit ihrem eigenen Vorwissen damit auseinander setzen können. Das „Was" der Vermittlung kann nicht vom „Wie" getrennt werden; die Vermittlung von wohlüberlegt geschnürten Paketen funktioniert nicht. Es geht darum, dass die SeminarteilnehmerInnen selbst aus den Angeboten eines Seminartages ihr Paket schnüren.

3.6 Beispiel: Seminartag zum Thema „Kirchenjahr und Symboldidaktik"

Ein anderes Beispiel, das zeigt, wie konstruktivistische Elemente zum Erfolg eines Seminartags beitragen können, ist ein Seminartag für die Grundschullehrer zu den Themen Kirchenjahr und Symboldidaktik. Das Thema ist interessant, weil die Praxisrelevanz sofort ersichtlich ist. Jede Teilnehmerin / jeder Teilnehmer bringt zu diesem Thema in irgendeiner Form Vorwissen mit.

Eine Batikdecke, auf der nur die geprägten und die nicht geprägten Zeiten des Kirchenjahrs farbig gekennzeichnet sind, lädt dazu ein, das Vorwissen über das Kirchenjahr zu aktivieren. So werden von den TeilnehmerInnen der Weihnachts- und Osterfestkreis identifiziert, und nach und nach entsteht auf der Batikdecke die Struktur des gesamten Kirchenjahrs. In einem weiteren Schritt wird das Symbol Licht eingeführt. Das Symbol wird erfahren, wahrgenommen, gedeutet vom eigenen Wahrnehmungshorizont her und auch theologisch. Die Ausdrucksphase bestand aus der Erarbeitung und Ausführung eines Tanzes zum Symbol. Das Symbol sollte nun in verschiedenen Festen des Kirchenjahres wieder gefunden werden. Der symboldidaktische Ansatz wurde dann auf der Metaebene reflektiert und auch hinterfragt. In einer weiteren Phase sollten die Teilnehmer weitere Symbole identifizieren, die im Kirchenjahr eine wichtige Rolle spielen. In einer Gruppenarbeit wurde für je ein Symbol ein symboldidaktischer Zugang im Unterricht entwickelt und vorgestellt.

Die Zufriedenheit der TeilnehmerInnen und LeiterInnen mit dem Seminartag war weit höher als beim zuvor beschriebenen. Warum wohl?

- Die Themen Kirchenjahr und Symbole sind bereits im eigenen Erfahrungshorizont mehrschichtig vorhanden. Jeder hat Zugang dazu. Das Thema konnte sehr unterrichtsnah vermittelt werden. Es gab weder einen Seminarteilnehmer, der nichts wusste, noch eine, die alles wusste. Alle bekamen neue Impulse und konnten neues Wissen erwerben oder zumindest neue Strukturen aufbauen.
- Die Struktur des symboldidaktischen Ansatzes war den meisten ein Begriff und mehr Wiederholung und Vertiefung als Neues. Außerdem hatten wohl schon alle eigene Unterrichtserfahrung mit Symbolstunden. So waren sie bei den Symbolen gefordert, erkannten aber die Aufgabe gleichzeitig als lösbar und praxisrelevant.
- Die Aufgaben für die eigene Erarbeitung waren so gestellt, dass ein Bezug zur Unterrichtspraxis sofort erkennbar wurde und man den Vorteil dieses Vorgehens erkannte – den Wert der Anstrengung zu etwas Neuem gegenüber der Bequemlichkeit des Bekannten (vgl. Handy 1992).
- Beim Konstruktionsprozess dieses Seminartages waren in allen Bereichen bereits viele Konstrukte vorhanden, es wurden problemorientierte Aufgaben gestellt und sicher hatten sowohl der meditativ gefärbte Umgang mit dem Symbol Licht als auch die vorhersehbare Lösbarkeit der gestellten Aufgaben einen positiven Einfluss auf die Atmosphäre des Seminartags.
- Die Wahrscheinlichkeit ist hoch, dass die SeminarteilnehmerInnen an die behandelten Themen in ihrer Unterrichtspraxis konstruktivistisch herangehen werden, da der Seminartag als gewinnbringend und wertvoll erlebt wurde.

Die konstruktivistische Lerntheorie scheint in der 2. Ausbildungsphase vor allem dann erfolgreich zu sein, wenn Methode und Inhalt eng verschränkt sind, eigene Erfahrungs- und Verstehenshorizonte intensiv aufgegriffen werden, sowie eine Praxisrelevanz sofort erkennbar ist.

3.7   Feedback zu den Seminarveranstaltungen

Wie wird das veränderte Seminarangebot von den SeminarteilnehmerInnen bewertet? Nach den einzelnen Veranstaltungen wurde jeweils um Feedback durch die SeminarteilnehmerInnen gebeten. Dies geschah meist durch eine anonymisierte Form (z.B. mit Plakaten, der Zwei-Zettel-Methode, als Festlegung der Einschätzung in den verschiedenen Phasen der Veranstaltung), weil so eher auch negatives Feedback zu erwarten ist. Die meisten Nennungen für „Wünsche nach mehr" galten mehr Unterrichtsmitschauen und mehr geeignetem Material zum Einsatz im Unterricht. Negative Nennungen gab es selten. Einmal kam ein Hinweis, dass nichts für die Praxis Relevantes dabei war, und zum anderen monierten Einige den Einsatz von Tänzen. Alle anderen Nennungen waren eindeutig positiv, besonders die Form der Vermittlung, die Nähe zur Praxis, das verwendete Material und die Atmosphäre wurden hervorgehoben.

Spannend ist die Frage nach dem Lernzuwachs vor dem Horizont einer konstruktivistischen Theorie: Es ist zu sehen, dass die ReferendarInnen die Angebote in die eigenen Konstrukte integriert hatten, wenn im eigenverantwortlichen Unterricht einzelne Elemente aufgegriffen und weiterentwickelt wurden oder die Stunde eher auf Konstruktion denn auf Instruktion hin angelegt war. Dabei merkte man eine Verlagerung zugunsten der Schülerorientierung, bei gleichzeitiger Aktivierung der SchülerInnen. Aufgegriffen aus den Seminartagen wurden hier vor allem biblische Geschichten, die eine Fülle von Identifikationsmöglichkeiten für die SchülerInnen eröffneten.

4. Grenzen und Probleme

Die Vorbereitung von Seminartagen ist sehr aufwändig, weil das Material nicht sofort einsetzbar ist, sondern für den Gebrauch im Seminar adaptiert werden muss. Gefährlich erscheint, dass in der Seminarausbildung die Theorie zu kurz kommen könnte. Diese Gefahr ist natürlich gegeben, wenn nur die praktischen Beispiele und das gemeinsame Tun zu einer Konstruktion führen, jedoch die Metaebene nicht mehr in die Konstrukte aufgenommen wird. Die Folge wäre, dass der Praktiker nach solchen Lehrprozessen weiß, wie es geht, aber nicht, warum. Von den Ausbildungszielen in der Seminarausbildung her muss sicherlich beides vermittelt werden – das „Wie" und das „Warum". Auch ein instruktivistisch angelegter Seminartag mit Referaten über die entsprechende religionspädagogische Theorie mit Hinweisen auf unterrichtsrelevante Beispiele kann nur indirekt in seinem Erfolg gemessen werden, d.h. an der Qualität des Religionsunterrichtes. Insofern müssen generell praktikable Wege zur Evaluierung von Unterricht gefunden werden.

Seminarveranstaltungen mit einem konstruktivistischen Ansatz sind sicher einen Versuch wert. Auch wenn es sich großteils noch um einen „Versuch im Irrtumsstadium" handelt, so sind doch die Lernchancen für die Seminar-teilnehmerInnen wesentlich höher als bei einem instruktivistischen Ansatz.

Folgende Aspekte stellen nun allerdings eine besondere Herausforderung dar:

Stofffülle

Ein konstruktivistischer Ansatz braucht Zeit. Deshalb ist es unumgänglich, eine Auswahl aus der Inhaltsfülle der didaktischen und inhaltlichen Vorgaben (siehe oben) zu treffen. Eine Lösungsmöglichkeit des Zeitdilemmas besteht darin, dass die vertiefenden Artikel im Skript zur Veranstaltung ausgehändigt werden. Allerdings ist nicht als sicher anzunehmen, dass diese Skripten auch durchgearbeitet werden. Eine Anfrage wird bleiben: Ist die Stofffülle unabdingbar oder ist vielleicht die Art der Vermittlung mindestens so wichtig wie die Inhalte selbst? Eine Überarbeitung des gemeinsamen Seminarpro-gramms der bayerischen Diözesen scheint hier eine Notwendigkeit zu sein.

Lernkultur

Es kann nicht davon ausgegangen werden, dass auch in den staatlichen Seminaren konstruktivistisch gearbeitet wird. Das führt zu großer Verunsicherung der Seminarteilnehmer. Nicht statistisch erfasste Erfahrungs-werte zeigen, dass ein ähnlicher Stil im Studienseminar die Übernahme konstruktivistischer Ansätze im eigenen Unterricht der SeminarteilnehmerInnen ermöglicht, wogegen es im anderen Fall kaum geschieht (vgl. Mandl 1999, 69).

Prüfungen

Bei den Lehrproben in Religion am Ende des zweiten Ausbildungsabschnitts werden die SeminarteilnehmerInnen von den zuständigen Schulräten, dem Seminarrektor und dem kirchlichen Beauftragten beurteilt. Bei Religion als Nebenfach hat der kirchliche Beauftragte nur beratende Funktion und keine notengebende Kompetenz. Es kann nicht automatisch davon ausgegangen werden, dass alle Prüfungskommissionen eine konstruktivistisch angelegte Prüfungsstunde angemessen bewerten.

5. Fazit

Der konstruktivistische Ansatz in der Seminarausbildung eröffnet Möglichkeiten im Hinblick auf die Teilnehmerorientierung und die praxisorientierte Vermittlung der Seminarinhalte, stellt allerdings hohe Anforderungen an die Lehrenden, da sich die eigene instruktivistische Beheimatung nicht so einfach ablegen lässt. Die Seminarveranstaltungen erfordern einen hohen Zeitaufwand in der Vorbereitung ebenso wie ein hohes Maß an Evaluierung und dementsprechend auch der Überarbeitung. Neben inhaltlichen Aspekten werden der Rahmen für einen Seminartag, emotionale Komponenten und nicht zuletzt SeminarteilnehmerInnen, die sich auf einen spannenden Konstruktionsprozess einlassen, zu wichtigen Voraussetzungen für eine gelungene Veranstaltung. Im regelmäßig eingeforderten Feedback zu den Seminarveranstaltungen zeigte sich eine gute Teilnehmerakzeptanz, in der Unterrichtsmitschau eine Tendenz zur Umsetzung der Impulse aus den Seminartagen im Unterricht der SeminarteilnehmerInnen. Auch wenn noch keine perfekten Seminarangebote entstanden sind, zeigt sich doch, dass ein konstruktivistischer Ansatz für Seminarteilnehmer, SchülerInnen und SeminarleiterInnen ein gewinnbringender Weg ist.

Impulse

1. Reflektieren Sie Ihren eigenen Bildungsprozess (z.B. Schule, Hochschule, Referendariat): Welche Situationen fallen Ihnen ein, in denen Sie sich selber als aktiv und konstruktiv Lernende wahrgenommen haben? Welche Impulse und Verhaltensweisen der Lehrenden bzw. welche kontextuellen Bedingungen waren für diese Lernsituation verantwortlich?

2. Wenn Sie bereits Religion unterrichten: Beschreiben Sie mit einem Schlagwort Ihr Konzept (z.B. Zielvorstellung oder dominante Lehrerrolle) von Religionsunterricht. Wodurch wurde dieses Konzept geprägt? Tauschen Sie sich über die verschiedenen Konzepte und ihre Quellen aus!

3. Wie müsste ein Seminartag bzw. eine Seminarveranstaltung gestaltet sein, der konstruktivistischen Lernvorstellungen entspricht? Formulieren Sie fünf Postulate und einigen Sie sich auf eine gemeinsame Fünfer-Liste!

4. Formulieren Sie als Lernende (Studierende, Referendare) konkrete Erwartungen an die Lehrenden! Mögliches Gliederungsraster: fachliche / didaktische / kommunikativ-interpersonelle / diagnostische Erwartungen.

5. Wenn Sie sich am Anfang einer Lerneinheit (Vorlesung, Seminar, Seminartag, Unterrichtsbesprechung) befinden, dann formulieren Sie konkrete Kompetenzen, die Sie nach dieser Einheit erworben haben sollten, z.B.: „Nach dem Seminartag möchte ich wissen, wie ich das Kirchenjahr so thematisieren kann, dass die SchülerInnen mit ihren Erfahrungen einbezogen werden" oder „Ich möchte nach der Unterrichtsbesprechung genauer wissen, wie meine Art, die Schüler zu aktivieren, von der Seminarlehrerin bewertet wird."

Joachim Sailer

Ressourcen nutzen - Kompetenzen stärken!
Aspekte einer ressourcenorientierten Seminarausbildung - ein Erfahrungsbericht

1. Ressourcenorientierte Seminararbeit - eine erste Betrachtung

Ressourcenorientierte Seminararbeit - was verbirgt sich hinter diesem Begriff? Geht man vom Wort „Ressource" aus, ergibt sich eine erste Annäherung. Ressourcen sind vorhandene materielle Güter als auch immaterielle Werte in Unternehmen oder Personen, die Handlungen ermöglichen (vgl. www.dieakademie.de/glossarbegriff.html). Ressourcenorientierung konzentriert sich im Gegensatz zur Defizitorientierung auf das Aufdecken und Aktivieren, das Stärken der Stärken, um gesteckte Ziele zu erreichen (vgl. Mendl / Freudenstein / Stollwerck 2002, 79f; Ziebertz / Heil / Mendl / Simon 2005, 140-145). Eine ressourcenorientierte Seminararbeit setzt demnach nicht beim Defizitären an, sondern bei dem, was an positiven Potentialen bei den Seminarteilnehmern vorhanden ist. Diese gilt es wahrzunehmen und weiterzuentwickeln hin zu Kompetenzen.

1.1 Ausgangsbedingungen der Ausbildungsgruppe: Worauf kann „aufgebaut" werden?

Die vorliegenden Reflexionen basieren auf Erfahrungen in einer Seminargruppe, in der Priester und Pastoralassistenten die zweijährige religionspädagogische Ausbildung absolvieren. Die Seminarteilnehmer (plus minus zehn Personen) treffen sich in dieser Ausbildungszeit dreizehnmal vier Stunden in Augsburg zu so genannten Seminartagen. Ziel dieser Ausbildungstage ist es, den kirchlichen Mitarbeitern das religionspädagogische Rüstzeug zu erlernen. Im Sinne Hartmut von Hentigs gilt es, die SeminarteilnehmerInnen (in ihren Ressourcen) zu stärken und die (religionspädagogische) Sache zu klären (von Hentig 1985): Neben einer fachlich-wissenschaftlichen Kompetenz geht es vor allem um den Erwerb von Handlungskompetenzen (weniger die „Kunst des Unterrichtens" als vielmehr das „Handwerkszeug des Unterrichtens"), Wahrnehmungskompetenzen (Wo stehen meine SchülerInnen?), diagnostische Kompetenz (Was ist ein „guter" Religionsunterricht?), Selbst- und Rollenkompetenz (Welche Rolle nehme ich als Priester oder als Pastoralreferent in der Schule ein?) (vgl. Mendl / Freudenstein / Stollwerck 2002, 72).

Die Ausgangssituation der SeminarteilnehmerInnen ist ganz unterschiedlich: Die angehenden Priester haben bereits in ihrer Studienzeit einschlägige Erfahrungen im Unterrichten an diversen Schularten machen können (Praktika), während dies bei den Pastoralassistenten nicht vorausgesetzt werden kann. Beide Berufsgruppen halten in ihrer Ausbildungszeit zunächst keinen eigenständigen Religionsunterricht, sondern hospitieren aktiv bei bewährten

Religionslehrkräften in einer Grund- und Hauptschulklasse. Nach der Ausbildung unterrichten die Priester und Pastoralreferenten acht Stunden in der Grund- und Hauptschule. In der Regel darf man davon ausgehen, dass die jungen Menschen die religionspädagogische Ausbildung ernst nehmen. Zwar bereitet das Unterrichten anfänglich Schwierigkeiten. Aber im Laufe der zweijährigen Ausbildung wird vielen Teilnehmerinnen und Teilnehmern bewusst, dass gerade die Schulausbildung ein Lernfeld für grundlegende pastorale Fertigkeiten sein kann und diese Ausbildung für sie daher von großem Nutzen ist. Insofern bildet dieser Ausbildungsteil eine grundlegende Ressource, auf die die pastoralen Kräfte in ihrer Arbeit immer wieder rekurrieren können.

Der überwiegende Teil dieser jungen Menschen besitzt vielfältige berufsorientierte Praxiserfahrungen. Die Mehrheit stammt aus der kirchlichen Jugendarbeit und hat daher, was die methodischen Voraussetzungen anbelangt, durchaus einschlägige Erfahrungen mit handlungsorientierten und ganzheitlichen Methoden in der Jugend- bzw. Bibelarbeit gemacht. Darauf lässt sich bei der religionspädagogischen Ausbildung aufbauen, und diese Erfahrungen gilt es auch im Sinne einer ressourcenorientierten Ausbildung immer wieder ins Spiel zu bringen. Diese Quellen müssen gerade bei den pastoralen Lehrkräften aktiviert, weiterentwickelt und ausgebaut werden.

Die Priesteramtskandidaten bringen, im Gegensatz zu den PastoralassistentInnen, einen weiteren Erfahrungswert mit ein: Viele sind erst auf dem zweiten Bildungsweg zum Theologiestudium gekommen und haben bereits eine abgeschlossene Berufsausbildung hinter sich, z.B. als Einzelhandelskaufmann oder in einem handwerklichen Berufsfeld. Auch diesen Erfahrungen gilt es in dieser Ausbildung Rechnung zu tragen.

Im Folgenden sollen diese Ausführungen an Elementen aus zwei Ausbildungstagen des Seminarjahres 2005 konkretisiert und einer abschließenden Reflexion unterzogen werden. Danken möchte ich in diesem Zusammenhang Herrn Ludwig Sauter, SR i.K., für den gemeinsam gestalteten Ausbildungstag und für informative Gespräche.

1.2 Seminartag 1: Produkt- oder prozessorientierter Religionsunterricht? Reflexionen – Unterrichtsideen – Bewertungskriterien

Konkretisiert wurde die Frage- und die Problemstellung dieses Ausbildungstages zu Beginn mit einem Impuls des griechischen Lyrikers Pindar: *„Wir sollten auf unsere Lebensreise vor allem solche Dinge mitnehmen, die bei einem Schiffbruch mit uns gerettet werden können"* (zitiert nach Raible 1993, 18). Die Seminarteilnehmer wurden ermutigt, über ihr Reisegepäck nachzudenken. In der Mitte des Stuhlkreises lag ein blaues Tuch mit dem Satz Pindars und einem Tonschiffchen. Ihr Reisegepäck legten die TeilnehmerInnen auf das blaue Tuch. Ziel dieser Übung sollte es sein, alle für das Thema des Ausbildungstages zu sensibilisieren und eine positive Bereitschaft zu Mitarbeit zu erzeugen. Das Reisegepäck der SeminarteilnehmerInnen war bunt und vielfältig. Genannt wurden u.a.: die Bibel, konkrete Menschen, Rettungsring, Hoffnung, schöne Erinnerungen, Glaube und eine ausreichende Kondition. Neben ganz konkreten Dingen gab es also auch immaterielle Werte, die für die SeminarteilnehmerInnen von Bedeutung waren. Auf diese Ergebnisse konnte im Verlauf des Seminartages immer wieder rekurriert werden, sie bildeten gleichsam die Ressourcen, die immer wieder ins Spiel gebracht werden konnten.

Nach einer kurzen Reflexion der Ergebnisse und einer Konkretisierung dieses Satzes auf das Thema des Ausbildungstages hin, wurde ein Unterrichtsversuch auf der Basis des curricularen Lehrplans präsentiert und problematisiert (Punktgenauigkeitsstreben, vorkonstruierter Kommunikationsprozess nach dem „Wenn-Dann"-Muster usw). Das Thema des Unterrichts lautete: „Wir feiern Feste" und besaß seinen „Sitz im Leben" im Rahmen der Kommunionvorbereitung der dritten Klasse Grundschule. Aufgabe der SeminarteilnehmerInnen sollte es sein, den produktorientierten Unterrichtsversuch zu „dekonstruieren" und daraus einen prozessorientierten Unterricht zu "konstruieren".

Die Diskussion der unterschiedlichen Stundenentwürfe im Plenum zeigte: Für einen Teil der angehenden Priester lautete das Ziel ihres Unterrichts: Kommunion ist eine besondere Form der „Gemeinschaft mit Gott". Zwar meinten sie dies nicht in einem ausschließlichen Sinne, gleichwohl betonten sie die Besonderheit und Einzigartigkeit dieses Festes: Gott spricht am Tag der Erstkommunion in „einzigartiger" und in „besonderer" Weise zu den Kindern. Den Einwurf einiger Pastoralreferenten, dass der Gemeinschaftsgedanke zentraler Inhalt eines jeden Festes sein kann und dass insofern jedes Fest religiös gedeutet werden und daher auch Gemeinschaft mit Gott ermöglichen kann, wiesen die Diakone zunächst zurück. Die Bezogenheit der Welt auf Gott verstanden „die Laien" in einem umfassenderen Sinne und reduzierten diese nicht in besonderer Weise auf den Tag der Erstkommunion (Punktgenauigkeitsstreben). Die Spannung zwischen einer mehr produkt- und einer eher prozessorientierten Didaktik war offensichtlich. Man kann dieses Spannungsverhältnis vielleicht mit den Begriffen „Theologie von oben" und „Theologie von unten" umschreiben. Der Rekurs auf den Anfangsimpuls des Seminartages machte deutlich, dass sich divergierende Positionen nicht ausschließen und widersprechen, sondern bereichern und ergänzen können. Der Versuch, dieses „theologische" Spannungsverhältnis in der Wahrnehmung zugunsten einer Position der Mitte zu relativieren, erwies sich daher als gewinnbringend. Beide Berufsgruppen erkannten in der kontrovers geführten Diskussion, wie notwendig sie sich für das Herausbilden der eigenen Identität brauchen können, gerade auch im Hinblick auf die gemeinsame pastorale Tätigkeit.

Dies zeigt: Beide Berufsgruppen, sowohl die angehenden Priester als auch die PastoralassistentenInnen, haben ihre je eigene Betrachtungsweise. Diese gilt es zunächst einmal stehen zu lassen, und zwar im Sinne einer positiven Voraussetzung. Aufgabe des Seminarleiters muss es sein, diese unterschiedlichen Sichtweisen miteinander in einen fruchtbaren Dialog zu bringen, damit die TeilnehmerInnen in der Vielfalt der Meinungen eine Chance sehen, Dialogbereitschaft und Kommunikationsfähigkeit einzuüben. Zugleich ist dieses Modell übertragbar auf den eigenen Unterrichtsalltag. Auch hier gilt es, die divergierenden Meinungen der Schülerinnen und Schüler nicht als eine negative Voraussetzung für einen gelingenden Unterricht zu sehen, sondern die Vielfalt einer Klasse als eine positive Ressource wahrzunehmen.

1.3 Seminartag 2: Religionsunterricht mit Schülerinnen und Schülern an der Hauptschule

Neben den oben beschriebenen zwei Ausbildungsgruppen nahmen an diesem Seminartag auch die kirchlichen ReligionslehrerInnen teil, die im ersten Jahr ihrer Ausbildung stehen. Dieser Tag wurde von zwei Ausbildungsleitern im Tandem veranstaltet. Bei der Konzeption des Seminartages war es Ludwig Sauter und mir wichtig, dass die beiden didaktischen Ebenen – Umgang der Auszubildenden mit den Schülern am Handlungsort Schule und Umgang der Referenten mit den Auszubildenden im Rahmen der Seminarausbildung – sich entsprachen, d.h. intentional und methodisch aufeinander bezogen waren. Die Teilnehmerzahl betrug ungefähr zwanzig Personen. Ausgangspunkt für den thematischen Schwerpunkt dieses Ausbildungstages war die Tatsache, dass viele SeminarteilnehmerInnen über Unterrichtsprobleme im Bereich der Hauptschule klagten. Mit „konventionellen" Methoden (Textarbeit, Lückentext, LSG ...), so die Meinung der SeminarteilnehmerInnen, seien die Schülerinnen und Schüler nicht mehr für die Themen des Religionsunterrichts ansprechbar und zu sensibilisieren. Darauf galt es im Seminar zu reagieren, und zwar in Form eines speziellen Seminartages, der sich ausschließlich dieser Thematik stellte.

Zu Beginn des Ausbildungstages sollten die SeminarteilnehmerInnen ihre Meinung in einer zweidimensionalen Punktewertung bekunden. Bewertet werden sollte folgender Frageimpuls: *„Die Situation des Religionsunterrichts an der Hauptschule sehe ich ... allgemein* und *persönlich ..."* Die Bewertung verlief „teilanonym", d.h. der Ausbildungsleiter schaute bei der Bewertung nicht zu. Ziel dieser Übung war es einerseits, die SeminarteilnehmerInnen selbst positionieren zu lassen und sie als handelnde Subjekte an diesem Tag ernst zu nehmen. Andererseits sollten die Wünsche und Erwartungen der Junglehrer zur Sprache gebracht werden, damit auf deren Schwierigkeiten an der Hauptschule individuell eingegangen werden konnte. Desiderabel war auch, die SeminarteilnehmerInnen auf einem eventuell eingeschlagenen Weg zu stärken oder sie zu motivieren, neue Wege bzw. Methoden auszuprobieren. Vielleicht lagen ja Ressourcen noch brach, die erst entdeckt und gefördert werden mussten?

Das Ergebnis dieser Befragung zeigte ein recht buntes Bild: Manche SeminarteilnehmerInnen sahen ihre persönliche Situation eher negativ. Sie hatten große Probleme mit ihrer Rolle als ReligionslehrerIn an der Hauptschule. Andere dagegen interpretierten die allgemeine (schulpolitische) Situation (M- und R-Zug ...) durchaus positiv. Sie suchten nach methodischen Formen der inneren Differenzierung beim gemeinsamen Unterrichten eines R- und M-Zuges. Wenige waren mit ihrer persönlichen Situation an der Hauptschule zufrieden, erwarteten daher methodische Hilfestellungen beim alltäglichen Unterrichten. Hier galt es an diesem Ausbildungstag den Hebel anzusetzen. Die TeilnehmerInnen sollten kreative Ressourcen entdecken und Kompetenzen entwickeln, als da wären: Wahrnehmungskompetenz, Urteilskompetenz, Methodenkompetenz, Persönlichkeitskompetenz ...

Nach einer kurzen Einführung in die Thematik dieses Ausbildungstages mit empirischen Daten und Fakten wurden die TeilnehmerInnen im ersten Teil des Tages mit folgenden Aufgabenstellungen konfrontiert:

„Hauptschüler/innen werden weitgehend defizitorientiert wahrgenommen. Ein adäquater Ansatzpunkt würde darin bestehen, positiv nach den spezifischen Fähigkeiten, Begabungen und Ausdrucksfähigkeiten zu fragen.

Welche spezifischen Fähigkeiten, Begabungen, Ausdrucksfähigkeiten fallen Ihnen an Hauptschüler(innen) auf?

Ein ressourcenorientierter Ansatz wird versuchen, die spezifischen Fähigkeiten, Begabungen und Ausdrucksfähigkeiten von Hauptschülerinnen und Hauptschülern zu berücksichtigen.

Welche unterrichtlichen Konsequenzen sind aus Ihrer Sicht geboten?"

Zunächst bearbeiteten die SeminarteilnehmerInnen beide Aufgabenstellungen in Einzelarbeit, anschließend in Gruppenarbeit.

Der spezifische Ansatzpunkt der Fragestellung des Seminartages, nicht am Defizitären anzusetzen, sondern bei den positiven Potentialen der Schülerinnen und Schüler, brachte sowohl für die TeilnehmerInnen als auch für den Seminarleiter interessante Erkenntnisse. Er bedeutete zunächst einmal einen Perspektivenwechsel in der Wahrnehmung ihrer Schülerinnen und Schüler: Nicht das „Negative" galt es aufzudecken, sondern das, was bereits an positiven Ressourcen bei den Schülerinnen und Schülern existiert, galt es wahrzunehmen, zu stärken und zu entfalten. Im Suchen nach Lösungen und Hilfen für den alltäglichen Unterricht an der Hauptschule waren die SeminarteilnehmerInnen die kompetentesten Ansprechpartner. Sie befinden sich täglich im Kontakt mit den Schülerinnen und Schülern. Ihre Fähigkeiten und Potentiale galt es zu nutzen, ihre bisherigen Unterrichtsversuche und Ansätze galt es weiterzuentwickeln und zu entfalten.

Das Stärken der Wahrnehmungskompetenz nimmt die SeminarteilnehmerInnen als lernende Subjekte ernst. Diese sollen nicht „Empfänger fertiger Interpretationen", sondern „Autoren von Interpretationen" (Ziebertz 2000, 38) sein. Eine Seminarausbildung, die Erfahrungen der SeminarteilnehmerInnen ernst nimmt und auf ihre Begabungen und Fähigkeiten baut, rückt ganz im Sinne der konstruktivistischen Didaktik die Selbsttätigkeit der TeilnehmerInnen in den Mittelpunkt. Lernen wird dabei nicht verstanden als Rezeption und Informationsverarbeitung, sondern primär als Selbst-Tätigkeit der Lernenden.

Das Suchen von Stärken bei Hauptschülerinnen und Hauptschülern motivierte die Teilnehmerinnen und Teilnehmer an diesem Tag, miteinander kontrovers zu diskutieren. Es provozierte geistige Bewegungen, d.h. Frage-Prozesse und Frage-Progresse, die dazu führten, dass die Auszubildenden begannen, Kritikfähigkeit zu entwickeln und Verständnis zu zeigen für die Positionen der anderen SeminarteilnehmerInnen. Das Fördern und Ausbilden von solchen Fertigkeiten, Fähigkeiten und Dispositionen, das Herausbilden von Kompetenzen im Seminaralltag ist modellhaft für die eigene unterrichtliche Praxis. Was an diesem Tag eingeübt wurde, gilt es, im Alltag zu praktizieren: bewusster Ressourcen wahrnehmen und entfalten, Fähigkeiten und Fertigkeiten fördern und ausbilden, stärker animieren statt belehren.

Im zweiten Teil des Ausbildungstages stellten die beiden Ausbildungsleiter einschlägige Unterrichtsbausteine vor, die die SeminarteilnehmerInnen befähigen sollten, bewusster als bisher ihre eigenen Ressourcen als auch die ihrer Schülerinnen und Schüler wahrzunehmen: Rekurriert wurde dabei zum einen auf die Inhalte der zurückliegenden Seminartage (Arbeit mit Texten, Bildern und Musik, Sozialformen ...). Diese Erfahrungen galt es nun zu vernetzen und nachhaltig einzuüben. Zum anderen wurde auf die spezifischen Wünsche der SeminarteilnehmerInnen rekurriert, die zu Beginn des Ausbildungstages artikuliert wurden. Dabei ging es nicht um fertige Interpretationen der beiden Ausbildungsleiter (im Sinne einer Abbilddidaktik), sondern um Deutungsangebote. Die erkenntnisleitenden Fragen dieser beiden Arbeitsgruppen lauteten: Was habe ich bereits in meinem Unterricht an Ideen und kreativen Methoden realisiert? Wo werde ich auf meinem eingeschlagenen Weg bestärkt? Wo gefördert? Wo möchte ich mich weiterentwickeln? Wo entdecke ich Neues? Gibt es in der Literatur oder im Internet Hilfen oder Adressen, die mir weiterhelfen und meine Sicht der Dinge in einem anderen Licht erscheinen lassen? Vielleicht wurden ja bei der anfänglichen positiven Betrachtung der Fähigkeiten von Hauptschülerinnen und Hauptschülern Entdeckungen gemacht, die jetzt für die eigene Unterrichtspraxis fruchtbar gemacht werden können und jetzt in einem anderen Licht erscheinen?

Dazu wurde die Seminargruppe halbiert. Ein Ausbildungsleiter legte bei der Präsentation der Praxisbeiträge in seiner Gruppe den Schwerpunkt auf den methodischen Bereich, der andere seinen Akzent stärker in das Finden der eigenen Rolle als Religionslehrer an der Hauptschule. Nach einer halben Stunde wurden die Gruppen gewechselt. Was in beiden Gruppen an methodischen Ideen und Vorschlägen präsentiert wurde, galt es praktisch einzuüben. Denn nur was am Ausbildungstag selbst ausprobiert und für gut oder weniger gut erachtet wurde, wird in die eigene Praxis umgesetzt. So können Ressourcen geweckt und gefördert und methodische Kompetenzen herausgebildet und eingeübt werden.

Abgeschlossen wurde der Ausbildungstag mit einer abschließenden Wertung. Wiederum erhielten die TeilnehmerInnen einen Selbstklebepunkt (allerdings in einer anderen Farbe) und sollten nochmals teilanonym werten. Die anschließenden Veränderungen waren nicht gravierend. Allerdings bestätigten die SeminarteilnehmerInnen im abschließenden Reflexionsgespräch an diesem Ausbildungstag, alte Ressourcen weiterentwickelt, neue entdeckt und aufgebaut zu haben. Sie fühlten sich ernst genommen, bestärkt und motiviert für den eigenen Unterrichtsalltag.

2.   Ressourcenorientierte Seminarausbildung – eine zweite Betrachtung

Die Religionspädagogik hat in der Reflexion über die Hinwendung zum Subjekt viele Modelle ausprobiert. Dieses Insistieren auf das Subjekt, auf seine Erfahrungen und Ressourcen, darf allerdings nicht zum „neuen Fetisch" (vgl. Ziebertz 2000, 42) in der Seminarausbildung werden. Eine ressourcenorientierte Ausbildung wird immer an Grenzen stoßen und von Seiten der TeilnehmerInnen kritisch angefragt werden. Allerdings darf es in der Religionspädagogik kein Zurück hinter den Subjektbezug geben. Den konkreten Menschen in den

Mittelpunkt der Überlegungen zu stellen heißt, die Errungenschaften der Aufklärung ernst nehmen. Grenzen einer ressourcenorientierten Seminarausbildung müssen gesehen und ernst genommen werden:

- Prägend für den eigenen Unterrichtsstil einer jeden Seminarteilnehmerin und eines jeden Seminarteilnehmers ist sicherlich der dreizehn Jahre lang erlebte eigene Religionsunterricht. Dieser war bei der überwiegenden Mehrheit der SeminarteilnehmerInnen ein lehrerzentrierter Frontalunterricht. Eine Ausbildung, die primär das lernende Subjekt in den Blick nimmt, die auf Konstruktion und weniger auf Reproduktion baut, die bei den SeminarteilnehmerInnen eine Fragehaltung intendiert, die Wirklichkeit deuten und interpretieren möchte, eine solche Ausbildung ist vielen Teilnehmerinnen und Teilnehmern noch fremd und muss daher „eingeübt" werden. „Lernen am Modell" gelingt nicht von Heute auf Morgen. Ich stelle in meiner Seminarausbildung bei den TeilnehmerInnen allerdings eine grundsätzliche Offenheit für diese Art von Lernen fest.

- Die Augsburger Ausbildungstage finden in der Regel freitags statt. Viele angehende Priester sind in Gedanken bei „ihrer" Predigt, andere SeminarteilnehmerInnen haben bereits eine „harte" Arbeitswoche in der Pfarrgemeinde oder der Schule hinter sich. Nicht immer wird es daher gelingen, an einem Ausbildungstag durchweg individuelle Lernwege zu erschließen oder die TeilnehmerInnen zum Selbst-Denken und „Konstruieren" zu motivieren. Daher existiert bei den SeminarteilnehmerInnen nach wie vor der Wunsch nach fertigen Stundenmodellen. Das ist verständlich. Solche Modelle werden an den Ausbildungstagen auch präsentiert, allerdings nicht im Sinne einer fertigen Musterlösung. Ziel ist es vielmehr, diese Modelle zu re- und dekonstruieren, um daran das eigens Unterrichtsprofil zu entwickeln und neue Ressourcen für den eigenen Unterricht zu entdecken. Denn nur was selbst er-fahren und rekonstruiert wurde, lässt sich auch nachhaltig im Gedächtnis sichern.

- Unabdingbar für eine ressourcenorientierte Seminararbeit ist eine langfristige und überschaubare thematische Planung der Ausbildungstage, damit die TeilnehmerInnen im Vorfeld einen inneren Bezug zum Thema herstellen können. So kann es gelingen, sogenannte „Experten" aus dem Teilnehmerkreis in den Ausbildungstag zu integrieren, die Ideen aus der eigenen unterrichtlichen Praxis einbringen. Solche Ressourcen gilt es vom Ausbildungsleiter wahrzunehmen und für die Seminararbeit fruchtbar zu machen. Viele Teilnehmer musizieren in einem Orchester, singen in einem Chor, besitzen Kompetenzen in der Bilderschließung oder der Bibeldidaktik. Dieses „Kapital" für ihre Ausbildung fruchtbar zu machen und einzusetzen, auf diese Ressourcen zurückzugreifen, ist ein entscheidender Faktor für ein erfolgreiches ressourcenorientiertes Arbeiten.

3.   Zusammenfassende Postulate

- Eine ressourcenorientierte Seminarausbildung stellt den konkreten Menschen mit seinen Fähigkeiten und Fertigkeiten, seinen Kompetenzen und Dispositionen in den Mittelpunkt ihrer Überlegungen.
- Vorhandene Ressourcen nutzen heißt, Kompetenzen der SeminarteilnehmerInnen stärken!
- Ressourcen wahrnehmen heißt, divergierende Meinungen der SeminarteilnehmerInnen zu akzeptieren!
- Ein ressourcenorientierter Seminartag ist ein Ort, an dem geistige Prozesse realisiert werden. Im Gegensatz zur Defizitorientierung geht es dabei um das Fördern und Ausbilden von Fähigkeiten und Fertigkeiten und das Aufbauen und Herausbilden von ganz unterschiedlichen Kompetenzen.
- Lernen wird nicht primär als Instruktion, sondern als Konstruktion von Wirklichkeit interpretiert.
- Die SeminarteilnehmerInnen sind nicht Empfänger von Informationen, sondern Interpreten ihrer eigenen Erfahrungen.
- Die Rolle der AusbildungsleiterInnen liegt stärker im Moderieren von Prozessen, Animieren und Motivieren der SeminarteilnehmerInnen.
- Eine ressourcenorientierte Seminarausbildung ist immer erfahrungsorientiert und der Methode der Induktion verpflichtet. Sie geht den Weg der kleinen Schritte.
- Eine ressourcenorientierte Seminarausbildung besitzt Modellcharakter für die eigene unterrichtliche Praxis.

Impulse

1. Denken Sie über Ihre eigenen Ressourcen nach! Wo liegen Ihre Stärken und Vorlieben? Erfassen Sie diese in einer Mind-Map; Sie können Ihre Suche z.B. differenzieren in methodische, kommunikative und thematische Felder.

2. Alternative für eine Lerngruppe: Sammeln Sie auf einem Wandplakat methodische Verfahren, die Sie kennen. Jede Teilnehmerin und jeder Teilnehmer kann die gesammelten Methoden mit Farbpunkten kommentieren (z.B. grün – meine Lieblingsmethoden; rot – eine Methode, mit der ich nichts anfangen kann; blau – eine Methode, die ich nicht beherrsche, die ich aber näher kennen lernen möchte). Unterhalten Sie sich über das Gruppenergebnis (Tendenzen, Auffälligkeiten)! Konkretisieren Sie „Bestimmte Grundmethoden sollte jede Religionslehrerin und jeder Religionslehrer beherrschen" und diskutieren Sie diese!

3. Wenn Sie bereits unterrichten oder ein Praktikum an einer Schule absolviert haben: Notieren Sie die Ressourcen der jeweiligen Lerngruppe, die Sie wahrnehmen konnten. Was sind ihre Stärken und Vorlieben? Diskutieren Sie die Folgen für bestimmte methodische Formen im Religionsunterricht!

4. Eine im Text geäußerte These lautet: Der am eigenen Leib erlebte Unterricht prägt die eigene Didaktik. Trifft das auch für Sie zu? Suchen Sie Beispiele für den Zusammenhang von eigenen Lernerfahrungen und dem eigenen didaktischen Handeln!

Hans Mendl / Rudolf Sitzberger

Konstruktivistisch unterrichten lernen

1. „Unterrichte konstruktivistisch"

1.1 Eine paradoxe Ausgangslage

Die These des Konstruktivismus, dass jedes Individuum seine eigene Wirklichkeit konstruiert, gilt selbstverständlich auch für Lehr-Lernprozesse an der Universität und in allen Phasen der Lehrerbildung. Von diesem Postulat aus ergibt sich ein spannungsreiches Paradox: Die in diesem Buch ausführlich dargestellte Grundüberzeugung, wie ein guter (Religions-)Unterricht nach den Maßgaben konstruktivistischer Lerntheorien aussieht, stellt eine normative Setzung dar; sie hat Folgen für das Rollenkonzept von Lehrenden, für die Unterrichtsplanung und die Gestaltung des Unterrichts. Ob und wie Studierende dies wahrnehmen, akzeptieren und internalisieren, entzieht sich aber weitestgehend der Steuerungsfunktion von Dozierenden. Von einem konstruktivistischen Paradigma aus wäre es geradezu widersinnig, davon auszugehen, dass eine gelehrte Theorie auf die lernenden Subjekte einfach übertragen werden könnte.

Dieses Dilemma darf nicht vorschnell aufgehoben werden; es beschäftigt nicht nur die Dozierenden an der Universität, sondern auch die Ausbildenden in der zweiten Phase der Lehrerbildung: Wie kann die eigene Grundüberzeugung, dass konstruktivistisches Lehren und Lernen die bessere Alternative darstellt, so bei der Interaktion mit Studierenden und Auszubildenden ins Spiel gebracht werden, dass man in seinem didaktischen Handeln nicht der eigenen Theorie widerspricht? Wie verhalten sich normative Rahmenbedingungen und subjektive Handlungsspielräume zueinander? Wie gelingt es, Lernsituationen so zu konstituieren, dass subjektive Konstruktionen nicht nur als wünschenswert, sondern sogar als unabdingbar erkannt werden?

Dass die Theorie des Konstruktivismus für Lernende an der Universität und im Referendariat eine Perturbation – eine Verstörung der eigenen Erwartungen bzw. mitgebrachten Konstruktions-Modalitäten darstellt, kann mit vielen Beispielen belegt werden:

- Schon der Studienbeginn stellt eine Herausforderung ganz besonderer Art dar, weil der Übergang vom geregelten Schulalltag zum ungeregelten und frei zu konstituierenden Studierendendasein nicht ohne Brüche vonstatten geht; viele Studierenden sehnen sich – instruktions-erfahren und -eingespurt – nach konkreten Handlungsanweisungen und einem vorgefertigten Stundenplan. Plötzlich sehen sie sich zur radikalen Erfindung des Alltags gezwungen. Von daher verwundert es nicht, wenn Patenschaftsmodelle (vgl. Mendl / Lugeder 2002), bei denen ältere Studierende die Studienanfänger beraten, dankbar angenommen werden. Ziel eines solchen Projekts ist aber zugleich, in eine Studienkultur einzuführen, die der Theorie des Konstruktivismus entspricht und einen wissenschaftlich-reflexiven Habitus (vg. Ziebertz / Heil / Mendl / Simon 2005, 41-64) anstrebt.

- Die Kritik am deutschen Bildungssystem kann man von der Warte der Universität aus insofern nachvollziehen, als die Mehrzahl der Studienanfänger doch instruktivistische Routinen an den Tag legt: Man bevorzugt gerade in Prüfungssituationen engmaschige Reproduktionsaufgaben. Studierende geben offen zu, dass dies die hauptsächliche Modalität der Leistungsfeststellung ist, die sie vom Gymnasium her kennen. Offenere Aufgabenstellungen, bei denen die Studierenden eigene Konstruktionswege einschlagen sollen, verunsichern.

- Nach wie vor besuchen Studierende zu viele Veranstaltungen, ohne diese auch konsequent nachzuarbeiten. Diese Beobachtung zielt nicht darauf, dass etwa der Stoff zu wenig eingepaukt würde, sondern dahingehend, dass zu wenig reflektiert wird, was gerade theologische Fragestellungen bei einem selber und bei anderen auslösen. Es ginge viel stärker darum, eine eigene Lernkultur zu entwickeln, sich selber zu Inhalten in Beziehung zu setzen und sich zu positionieren.

- Freilich wird diese Neigung der Studierenden zu einem möglichst raschen Abarbeiten der von ihnen verlangten Scheine auch durch ein Studiensystem gestützt, in dem die Eitelkeit von Dozierenden, die ihr Fach für den Omphalus der Lehrerbildung halten, zu einer Ausdehnung von Prüfungsordnungen (diverse Teil-Scheine als Vorbedingung für den eigentlich von der Prüfungsordnung verlangten Schein) führt. Der entstehende Druck verhindert ein selbstständiges Durchdringen von Lerngegenständen.

1.2 Die Zielvorstellung

Das Leitkonzept in der Lehrerbildung ist die Entwicklung eines professionstypischen Habitus (vgl. Ziebertz / Heil / Simon / Mendl 2005). Als zentrale Schlüsselkompetenz gilt hier die Ausbildung eines wissenschaftlich-reflexiven Habitus, welcher in der zweiten Phase in einen reflexiv-pragmatischen Habitus übergeführt werden muss. Eine solche Theorie ist zunächst einmal deskriptiv angelegt; sie beschreibt die vorbefindlichen Handlungsbedingungen (z.B. Rahmenbedingungen an der Universität, in Schule und Kirche, aber auch die eigene Lebens- und Glaubensbiographie) und auszubildenden Handlungsstrukturen (z.B. die Befähigung zum Umgang mit religiöser Pluralität, die Ausbildung religionspädagogischer Routinen). Dieses Modell kann nicht nur, es muss vielmehr individuell gefüllt werden. In Entsprechung zum konstruktivistischen Paradigma erfordert dies also Studierende, die nicht in alten Routinen erstarren und „so bleiben, wie sie waren" (Güth 2002, 45), sondern selbstreflexiv und selbstbewusst neue Routinen ausbilden. Hierzu zählt ein eigener Unterrichtsstil, der in Korrespondenz zur religionspädagogischen Konzeptbildung und der Entwicklung eines je eigenen Rollenprofils ausgeformt werden muss. Dieser Ansatz wird mit einem interessanten Ergebnis der groß angelegten Münchner Grundschulstudie („SCHOLASTIK"-Studie) bestätigt: Demnach gibt es nicht „den" optimalen Unterrichtsstil und Lehrertyp:

Erfolgreiche Klassen stehen in keinem Zusammenhang mit einem bestimmten Lehrertypus; das einzige durchgängige Muster ist die Klarheit in der Darbietung, ansonsten gibt es eine große Streuung in den einzelnen Merkmalen (Klassenführung, Strukturiertheit, Variabilität der Unterrichtsform etc.). Den Einheitslehrer oder einen Tugendkatalog des erfolgreichen Lehrers per se gibt es also nicht, sondern „ausgeprägte Persönlichkeiten, die sich gerade deshalb auch durch ganz unterschiedliche Merkmalskomplexe und Determinationslinien auszeichnen (können)" (Weinert / Helmke 1997, 257). Die Herausgeber folgern: „Erfolgreicher Unterricht kann auf sehr verschiedene, aber nicht beliebige Weise realisiert werden." (Weinert / Helmke 1997, 472).

Von den Dozenten und Ausbildern sind also kompetenzen- oder ressourcenanstatt defizit-orientierte Ausbildungsstrategien gefordert. Ansonsten erstarren Lernende in alten Routinen, die sich in der Regel in einer hochgradigen Außenorientierung („welchen Unterricht will der Praktikums- oder Seminarlehrer sehen?") und in der Ausbildung eines starren berufsprofessionellen Habitus niederschlagen (vgl. Ziebertz / Heil / Simon / Mendl 2005, 54. 133). Die Forderung der Terhart-Kommission, die Lehrerbildung in den Seminaren müsse sich „von einem reinen Lehr- und Lernbetrieb stärker hin zu einer Studienstätte entwickeln" (Terhart 2000, 17), gilt gleichermaßen auch für die Universität. Ein solches Postulat hat Konsequenzen für die Umgang zwischen Dozierenden und Lernenden, aber auch für die Ausgestaltung von Lehrveranstaltungen. Dies soll im Folgenden genauer betrachtet werden, in einem ersten Schritt mit Bezug auf die Phasen des Studiums, im zweiten bezogen auf konkrete Lernfelder und Studienelemente.

2. Konstruktivistisch studieren – im Zeitkontinuum des Studiums

2.1 Studienbeginn

Die Phase des Studienbeginns steht, wie oben bereits angedeutet wurde, in mehrfacher Weise in einem spannungsreichen Verhältnis zur Zielvorstellung einer konstruktivistisch angelegten Studienkultur. Verunsichert über die häufig unklaren Rahmenbedingungen in der neuen Lebenswelt sehnen sich die Studienanfänger nach Sicherheiten, greifen deshalb auf Routinen zurück, die sie von der Schule her kennen (vgl. Güth 2002, 39-46), und agieren außenorientiert. Unterstützt wird ein solches Verhalten auch durch Studienordnungen, die eine Fülle von Pflichtscheinen vorsehen, bzw. Studienkonstellationen, bei denen die Auflagen der Prüfungsordnungen durch vorgeschaltete graue Scheine auf das Mehrfache hin ausgedehnt werden.

Studierende müssen von Beginn an in eine konstruktivistisch orientierte Studienkultur eingespurt werden. Folgende Elemente, die an der Katholisch-Theologischen Fakultät in Passau entwickelt und erfolgreich erprobt wurden, können hier einen wichtigen Beitrag leisten:

- **Patenschafts-Modell** (vgl. Lugeder / Mendl 2002): Zwar dominiert bei dieser Veranstaltung, die auf große Resonanz stößt, zunächst der Studienpragmatismus; bedingt durch das partnerschaftliche Modell einer Beratung von Studierenden durch Studierende ergeben sich jedoch

215

Möglichkeiten, über unmittelbare Planungsfragen hinaus auch die Ebene der Selbstkonstruktion (Thematisierung der unausweichlichen Perturbationen: z.B. Gefühl des Überfordert-Seins in Veranstaltungen; professionelle Studienplanung) anzugehen. Dies erfordert aber professionelle Unterstützung durch das System. So wurden im Laufe der mehrjährigen Projektentwicklung Module konstruiert, die hier weiter Impulse geben. Die Auswertung des ersten Semesters unter dem Motto „Was macht Theologie mit mir?" wurde beispielsweise in den Orientierungskurs verlagert; Paten, die zeitlich verfügbar sind, unterstützen den Reflexionsprozess über die Erfahrungen im ersten Semester und den Berufswunsch „ReligionslehrerIn werden" in Kleingruppen.

- **Orientierungskurs**: Der nach der bayerischen Lehramtsprüfungsordnung (LPO I) geforderte Kurs „Einführung in elementare Theologie vor den Herausforderungen der modernen Gesellschaft" führt in eine gesellschaftsrelevante und die Teildisziplinen bündelnde Theologie ein. Als besonders kompetenzförderlich erweist sich die anspruchsvolle Aufgabe, eine thematisch frei wählbare Projektstudie zu einem gemeinsamen, bewusst recht allgemein angelegten Focus (z.B. „Menschenbild") anzufertigen; professionelles Handlungswissen (wissenschaftliche Arbeitsmodalitäten, Erstellung eines Exposes, Anfertigen einer inhaltlich und formal korrekten Seminararbeit) verbindet sich mit der Vorstellung, dass es beim Theologiestudium in erster Linie um die Entwicklung einer Fragehaltung, von Neugier und Interesse geht. Hier zeigt sich, dass sich instruktivistische Hilfestellungen sowie eine Einführung in normative Handlungskompetenzen und konstruktivistische Lernprozesse einander nicht widersprechen, sondern gegenseitig ergänzen. Der oft aufwändige und sich über mehrere Wochen hin erstreckende Prozess einer Themenfindung und -eingrenzung erfährt durch die verschiedenen Impulse (z.B. Formulierung eines eigenen Erkenntnisinteresses, Reflexion über die in der Arbeit angeschnittenen theologischen Disziplinen und über die Modalitäten der Bearbeitung, Erstellen einer ersten Gliederung) und Rückvergewisserungsmöglichkeiten über Gespräche mit den Dozierenden eine Unterstützung. Bei der Durchsicht der Themenformulierungen der letzten drei Jahre können wir folgende Tendenzen und Studientypen herauslesen:
  - Manche Studierende wählen - zumeist ethisch ausgerichtete - Themen, die sie bereits von der Schulzeit her kennen (z.B. Euthanasie, Todesstrafe). Erst die Ausarbeitung der Projektstudie zeigt, ob sie nur mitgebrachte Routinen reaktivieren oder bereits anspruchsvollere Modalitäten wissenschaftlichen Arbeitens anwenden können.
  - Andere entscheiden sich für Fragestellungen, die einen Bezug zur eigenen Biographie und Lebenswelt haben; hier besteht die spannende Herausforderung darin, ob es gelingt, eigene Erfahrungen in einen wissenschaftlichen Kontext zu bringen.
  - Eine dritte Gruppe schließlich entwickelt ihre Themen inspiriert durch neue Impulse am Handlungsort Universität, greift Fragestellungen aus

den theologischen Vorlesungen oder unmittelbar aus dem Orientierungskurs auf.

- **Vorlesung „Grundfragen religiöser Erziehung"**: Wenn in dieser Veranstaltung Fragen nach der Bedeutung und dem Stellenwert von Religion in der postmodernen Gesellschaft gestellt und in diesem Zusammenhang die entsprechenden empirischen Daten, z.B. Studien zur Religion von Jugendlichen, präsentiert oder religionspsychologische Studien zu Phasen der religiösen Entwicklung erläutert werden, dann ist das nicht nur Lernstoff, sondern dient auch der persönlichen Reflexion über die eigene Positionierung und Entwicklung im Glauben; wenn dies in diskursiven Phasen erörtert wird, so stellen die unterschiedlichen Positionierungen der verschiedenen Populationen (Diplom-Studierende, Fachstudierende, „reine" EWS-Studierende ohne Bezug zum Fach Religion) wechselseitige Perturbationen dar. Die abschließende Klausur ist nicht als reine Reproduktion angelegt; sie verbindet vielmehr nach den oben beschriebenen Modalitäten konstruktivistischer Evaluation die Notwendigkeit, sich eigenständig und evtl. bereits mit persönlichen Entscheidungen verbunden mit instruktivistischem Material auseinander zu setzen, mit der Notwendigkeit, eigene Bearbeitungsmodalitäten einzuschlagen.

2.2 Hauptstudium

Bedingt durch die bereits erwähnte Überfülle von verpflichtend zu erwerbenden Scheinen in den verschiedenen Fachgebieten und Didaktiken ist es verständlich, wenn Studierende zunächst möglichst viele Scheine „abarbeiten". Die ersten Semester sind deshalb meist geprägt von einem übervollen Stundenplan und zahlreichen Klausuren und Hausarbeiten. Hier wäre eine Reduktion und Konzentration sinnvoll; die neu zu entwickelnden modularisierten Studiengänge müssten dies berücksichtigen und durch die vorgegebenen Wahlalternativen, mit denen credit points erworben werden können, subjektive Studienverläufe ermöglichen. Die Quadratur des Kreises dürfte darin bestehen, einzelne Module so zu entfalten, dass notwendige Basics (Instruktionen!) verbunden werden mit individuellen Möglichkeiten der Vertiefung.

Insgesamt erweist sich auch heute schon die (schmale) Zeit zwischen Studienbeginn und -ende, hier einfach „Hauptstudium" genannt, als diejenige Phase, in der am ehesten eine konstruktivistische Studienkultur ausgeprägt werden kann. Von unserem eigenen Fach her nehmen wir besonders diejenigen Studierenden wahr, die vertiefende Studien in der Religionspädagogik und -didaktik absolvieren, unsere freiwillig angelegte Lernwerkstatt konsequent besuchen oder gar mitgestalten, mehrmals an Seminarveranstaltungen auch über die erforderlichen Scheine hinaus teilnehmen, sich im Patenschaftsmodell engagieren, bei aktuellen Unterrichtsprojekten mitwirken oder / und eine Zulassungsarbeit in Angriff nehmen. Andere Studierende setzen Schwerpunkte in anderen Fachgebieten in der Theologie, den Erziehungswissenschaften oder in Fachdidaktiken. Wie eine eigene Untersuchung ergab, die mit anderen Untersuchungen zu Studienverläufen (z.B. Güth 2002) übereinstimmt und auch durch die Rückmeldung von Studierenden gedeckt ist, kann man eine dritte Gruppe identifizieren, die einen ganz eigenen Konstruktions-Modus entwickelt: das sind diejenigen sehr pragmatisch Studierenden, die ohne große Schwerpunktbildung zügig das Studienende ansteuern und für die bei zahlreichen Entscheidungen das extrinsische Motiv „den einfachen Weg beschreiten" handlungsleitend ist (vgl. Mendl / Freudenstein / Stollwerck 2002, 57f). Dies stellt freilich eine nicht erwünschte Konstruktion dar und entspricht nicht der oben skizzierten Zielvorstellung bei der Entwicklung eines wissenschaftlich-reflektierten Habitus. Unterstützt wird dieser Typus durch die aktuelle Lehramtsprüfungsordnung, die das Studium in einen verpflichtenden und einen prüfungsrelevanten Teil dichotomisiert; dies führt dazu, dass Studierende häufig ein regelrechtes „Scheinstudium" absolvieren, sich mit den Studieninhalten, bei denen kein Scheinerwerb nötig ist, nicht wirklich auseinander setzen, sondern sich damit erst unmittelbar bei der Prüfungsvorbereitung beschäftigen. Auch hier könnte ein durchdachter, modularisierter Studienaufbau förderlich sein, wenn es tatsächlich gelingt, Basisinstruktionen und den Zwang zur eigenständigen Konstruktion miteinander zu verbinden.

Zu den Studienelementen, die am ehesten dem konstruktivistischen Paradigma entsprechen, gehört sicher neben der intelligenten Seminargestaltung (Näheres dazu weiter unten!) die Anfertigung einer Zulassungsarbeit; hier investieren Studierende häufig weit mehr Zeit als von der Prüfungsordnung vorgesehen, wählen interessante Themen und entwickeln diese sehr eigenständig und auf hohem Niveau.

2.3   Studienende

Je nach Studienmodalität wird das Studienende zu einem riesigen Berg anzueignender Instruktionen oder zur Chance inmitten des nicht kleinzuredenden Stresses der Prüfungszeit, Lernfelder zu vernetzen. Was diese Phase zu einer konstruktivismus-feindlichen werden lässt, ist die Vielzahl der abzuleistenden Prüfungen und deren dominanter reproduzierender Charakter. Die Konferenz der Religionspädagogen an Bayerischen Universitäten (KRBU) hat sich für die von ihr verantworteten Teilgebiete der Religionspädagogik und -didaktik darauf geeinigt, dass bei den zentralen schriftlichen Aufgaben eine reine Reproduktion von Wissensbausteinen nicht genügt; die Tektonik der Themenstellung ist jeweils so gestaltet, dass religionspädagogische oder -didaktische Problemfelder erkannt und beschrieben, aber auch kritisch reflektiert und auf zum Teil frei wählbare Konkretionsfelder religionspädagogischen Handelns hin übertragen werden müssen.

3. Lernfelder und Elemente einer konstruktivistischen Studienkultur

3.1 Vorlesungen

Für jemanden, der von der Plausibilität der konstruktivistischen Lerntheorien überzeugt ist, erscheint der Typus „Vorlesung" an sich als suspekt. Von der Grundausrichtung her handelt es sich um eine monologische Unterrichtsform; sie dient der Präsentation eines fachwissenschaftlichen Teilgebiets, welches dann auch bei den entsprechenden Prüfungen thematisiert wird. Das grundsätzliche Setting entstammt dem instruktivistischen Paradigma. Andererseits gibt es nicht nur in Massenfächern, sondern auch bei ganz normalen Vorlesungen für Lehramtsstudierende, an denen Teilnehmerzahlen von 60, 100 oder noch mehr üblich sind, und angesichts der personellen Engpässe und den ungünstigen Betreuungsfaktoren kaum eine Alternative.

Wie bereits oben beschrieben neigen auch die Studierenden dazu, Vorlesungen nach dem instruktivistischen Modus zu rezipieren: Sie stürzen aus der einen in die andere Vorlesung, ohne sich gedanklich groß darauf einzustellen, verfolgen die Vorlesung mehr oder weniger aktiv mit, machen sich häufig zu umfangreiche Notizen, die sie allerdings nach dem pünktlichen Verlassen des Hörsaals höchstens nochmals zur Hand nehmen, um sie für einen Kommilitonen zu kopieren. Nur dann, wenn Prüfungen anstehen, erfolgt eine intensivere Auseinandersetzung. Ein solches Studierverhalten aufzubrechen ist nicht einfach. Dennoch sollen im Folgenden einige Module benannt werden, die auch im Rahmen eines konventionellen Vorlesungsstils einem konstruktivistischen Paradigma entsprechen (großräumigere Alternativen wie z.B. ein virtuelles Studium an der Virtuellen Hochschule Bayern, VHB, werden ausgeblendet):

- Das Motto „Was macht Theologie mit mir" kann auch als studienkulturelles Element in Vorlesungen eingeführt werden. Viele religionspädagogische oder religionsdidaktische Fragestellungen ermöglichen biographische Reflexionen oder eigene Standortbestimmungen, wie bereits oben angedeutet wurde und an einigen weiteren Beispielen erläutert werden soll: Die Darstellung von empirischen Studien zur beruflichen Professionalität von Religionslehrern führt zum Nachdenken über die eigenen Lehrer zur Schulzeit und zur Frage, welches Rollenprofil man selber präferiert; moralpsychologische Diskussionen, z.B. von Kohlbergs Heinz-Dilemma, sind auch in einem großen Hörsaal möglich; kirchenraumpädagogische Impulse ziehen unweigerlich die Frage nach der eigenen Kirchenerfahrung und Beheimatung nach sich, das Thema „Sakramentenkatechese" nötigt nicht nur zur Reflexion, wie man selber in einer Kurzformel „Eucharistie" beschreiben würde, sondern auch, in welchen Worten man das dann einem Kind oder Jugendlichen erklären könne.
- Wie Franz Weinert aufgezeigt hat, sind entgegen dem Feindbild des „Frontalunterrichts" intelligente Formen der direkten Instruktion tatsächlich am effektivsten, wenn es um die Präsentation intelligenten (vs. trägen) Wissens geht (Weinert 1998). Insofern kann man auch in einem

Auditorium, das die Größe einer Schulklasse übersteigt, von der direkten Instruktion aus Einzelarbeit, Partnerarbeit und Kleingruppengespräche inszenieren, zur Bearbeitung von Fragestellungen über die Vorlesung hinaus ("Hausaufgabe"!) oder zur sonstigen Mitarbeit anregen (z.B. Auswertung von Fragebögen im Rahmen einer Feldstudie in der Vorlesung selbst und Präsentation der Ergebnisse).

- Wir achten darauf, dass das jeweils angebotene Hauptseminar Querverbindungen zur Hauptvorlesung aufweist. Dies ermöglicht den Einbezug der Seminarteilnehmer als aktive Referenten, was dem Modell "Lernen durch Lehren" (LdL) entspricht. Auch sonst sollten möglichst viele Vernetzungen ("Synapsenbildung"!) hergestellt werden: z.B. zu anderen Vorlesungen und Seminaren, zu den Themen der Lernwerkstatt oder sonstiger laufender Projekte, aber auch zu aktuellen Themen in den Medien. Bevorzugt sind hier jeweils diejenigen Studierenden, die diese Veranstaltungen auch besuchen; die anderen erhalten aber zumindest einen Hinweis, auf welchen Ebenen Fragestellungen verknüpfbar sind.

- Ein Kolloquium zur Vorlesung ermöglicht eine Vertiefung und die Klärung individueller Anfragen.

- Die Reflexion von Veranstaltungen (vgl. Mendl 2004, 92-103) sollte nicht nur das Ziel haben, das Lehrpersonal zu evaluieren. Wir haben an unserem Lehrstuhl eine entsprechende Evaluationskultur entwickelt, die die Studierenden veranlasst, sich selbst Rechenschaft über die besuchten Veranstaltungen abzulegen. Die Studierenden sollen zum Beispiel über den Zuwachs von fachlicher, methodischer, beruflicher und sozialer Kompetenz nachdenken und dies auch schriftlich zum Ausdruck bringen. Wenn Studierende lernen, über eigene Konstruktionswege zu reflektieren, dann stellt dies die Grundlage für eigenes professionelles Handeln dar, das dann auch beim Rollenwechsel hin zum Lehrenden weiterentwickelt werden kann.

3.2 Seminare

Seminarveranstaltungen bieten eine große Chance, konstruktivistische Lernprozesse zu arrangieren und bei den Studierenden eine intensive Auseinandersetzung mit dem Thema des Seminars anzuregen, weil der Typus "Seminar" andere Gestaltungsformen als Vorlesungen bietet und die Teilnehmerzahl begrenzt (oder per Anmeldung begrenzbar) ist.

An unserem Lehrstuhl sind wir schon seit langem dazu übergegangen, die klassischen Seminarsitzungen mit einem oder zwei monologischen Referaten pro Sitzung nicht mehr zuzulassen. Es macht wenig Sinn, Studierende, die sich auf ein Thema spezialisiert haben, ausführlich referieren zu lassen, während der Rest des Seminars gelangweilt zuhört. Dies ist nicht nur aus lernpsychologischer Sicht geboten. Es entspricht vor allem nicht den konstruktivistischen Ansätzen einer universitären Lehr-Lern-Kultur. Dies bedeutet nicht, dass "instruktivistische" Phasen nunmehr gänzlich verpönt wären. Insgesamt sollte aber versucht werden, eine Lernlandschaft zu gestalten, die eigene Lernwege zulässt und nachhaltiges Lernen fördert.

Studierende sollen nicht referieren, sondern die Seminarsitzung moderieren. Dazu müssen sie ihre eingespurten Bahnen verlassen und sich auf eine völlig andere Form der Seminargestaltung einlassen. Dies kostete die Studierenden anfangs zum Teil erhebliche Überwindung, findet aber nach einer Eingewöhnungszeit mittlerweile breite Akzeptanz. Die Studierenden wissen über die studentischen Erzähltraditionen in der Regel, was in einem religionspädagogischen Seminar auf sie zukommt bzw. was von ihnen erwartet wird. Im Hinblick auf ihr Berufsziel erkennen die meisten, dass dies Verknüpfungen zur späteren Tätigkeit herstellt und wichtige Kompetenzen, besonders die didaktische und methodische sowie die Rollenkompetenz fördert (vgl. Mendl 2002, 71-77).

Dieses Modell verlangt eine intensivere Vorbereitung als bei einem klassisch instruktivistisch gehaltenem Referat. Die Studierenden müssen nicht nur ihr gewähltes Thema für sich durchdringen, sondern auch überlegen, wie sie dieses Thema für die anderen aufbereiten und mit ihnen im Seminar gemeinsam bearbeiten können. Sie benötigen also neben dem fachlichen Wissen auch ein methodisch-didaktisches Know-how. Eine Hilfe dazu kann das Elementarisierungsmodell in abgewandelter Form sein, um das Thema zu erschließen und für die Sitzung richtig aufzubereiten (vgl. den Beitrag von Rudolf Sitzberger in diesem Buch, S.83).

Für die Dozierenden bedeutet dies, dass sie die Studierenden bei der Vorbereitung der einzelnen Seminareinheiten intensiv begleiten und unterstützen müssen. Gerade die Frage nach dem didaktischen Vorgehen innerhalb der Sitzung ist für viele eine ungewohnte Perspektive. Dieser Blickwinkel ist aber notwendig, damit die Studierenden eine Lernlandschaft gestalten, in der konstruktivistische Lernprozesse ermöglicht werden.

Allerdings entsteht auch im Modell einer moderierenden Sitzungsgestaltung wiederum die Gefahr einer zu starken Routinenbildung, wenn eingeführte Grundmethoden monomethodisch kopiert werden: So stellen wir fest, dass nunmehr häufig in den Sitzungen Gruppenarbeiten verwendet werden, in denen die TeilnehmerInnen einen Text auf Folie exzerpieren und dann den anderen Studierenden vorstellen dürfen. Hier gilt es entgegenzusteuern und immer wieder die Frage an die Moderatoren zu stellen, welchen Zweck diese Gruppenarbeit haben soll und ob dies der angemessene Umgang mit dem Thema ist. Denn allzu häufig wird diese Methode deswegen gewählt, weil sie bekannt, überschaubar und leicht anwendbar zu sein scheint. Es fehlt aber die Reflexion, ob diese Arbeitsweise überhaupt Sinn macht.

Dazu ein Beispiel, wie konstruktivistische Lernprozesse besser in Gang gebracht werden können:

- In einem Seminar zur Reformpädagogik und ihren Auswirkungen auf den Religionsunterricht ging es in einer Sitzung zu Beginn um die in vielen Konzepten vorhandenen „Morgenkreise". Dies ließe sich mit oben genannter Gruppenarbeit einfach gestalten. Eine Beschreibung der Methode wird für vier Gruppen kopiert, und die Gruppen sollen nun den Text exzerpieren und in eigenen Worten den anderen vorstellen. Die Fragwürdigkeit eines solchen Vorgehens liegt auf der Hand. Welchen Nutzen ziehen die TeilnehmerInnen aus einer didaktischen Aufbereitung dieser Art, außer dass sie sich scheinbar selbsttätig mit dem Thema auseinander setzen?

- Anstatt nun *allein* die *Theorie* eines solchen den anderen vorzustellen, wurde im Seminar selbst ein solcher Morgenkreis inszeniert und was besonders wichtig ist, in einer anschließenden Reflexion auf der Meta-ebene hinterfragt bzw. bewertet.

Hierbei zeigten sich mehrere Vorteile: Zum einen werden in der praktischen Durchführung die Kompetenzen derjenigen geschult, die diese Einheiten zu gestalten haben. Andererseits gewinnen die TeilnehmerInnen an methodischem Wissen auf der Ebene des eigenen Mitmachens und erhalten so den wichtigen Einblick in das, was durch einen Morgenkreis bei den SchülerInnen ausgelöst bzw. von ihnen verlangt wird. Für die eigene Vorbereitung und Anwendung von Methoden im späteren Schulalltag ist diese Reflexion auf die lernenden Subjekte äußerst wichtig.

Sowohl bei der Durchführung als auch bei der Reflexion werden individuelle Lernprozesse nicht nur zugelassen, sondern vielfach von den Moderatoren eingefordert. Seminarveranstaltungen gewinnen durch diese Gestaltung an persönlicher Tiefe. Die Ebene der eigenen Persönlichkeit wird in solchen Momenten stark tangiert und mit in die thematische Auseinandersetzung hineingenommen. Dieses Vorgehen ist in lernpsychologischer Sicht bedeutsam, weil wir wissen, dass eine emotionale Bindung an den Lerngegenstand zu einer tieferen Beschäftigung führt und nachhaltigeres Lernen begünstigt (vgl. Ciompi 1997, 93ff.).

Durch die aktive Auseinandersetzung mit einem Thema, durchaus auch in multisensorischer Weise, wird schließlich die Nachhaltigkeit des Gelernten weiter gefördert. Auf den verschiedenen Intensitätsstufen des Lernens kann so eine Verinnerlichung im Sinne horizont- und identitätserweiternder Aneignung erreicht werden (vgl. Siebert 2002, 65-72, bes. 67).

Ein weiteres Moment wird in den Seminarsitzungen immer wieder nach Möglichkeit umgesetzt: die Veranschaulichung eines Themenbereiches anhand konkreter Unterrichtsbesuche und zum Teil auch durchgeführter Unterrichts-versuche. Im oben genannten Fall war es selbstverständlich, dass nicht nur über Reformpädagogik gesprochen wird, sondern dass in verschiedenen reformpäda-gogischen Schulen hospitiert und das Gesehene in das Seminar integriert und dort reflektiert wurde. Diese Erfahrungen führen zu einer weiteren individuellen Vernetzung der Themen und einer Zuordnung von Theorie und Praxis. Dies kann in einem ersten Schritt dazu anleiten, die eigene Unterrichtstheorie mit der eigenen Unterrichtspraxis immer wieder in Bezug zu setzen und einen religionspädagogisch-professionellen Habitus auszubilden fördern.

Schließlich gibt es die Möglichkeit, das Seminar selbst von den TeilnehmerInnen strukturieren und inhaltlich füllen zu lassen. Dies bietet sich jedoch nicht bei jeder Veranstaltung an. Thema, Zielgruppe und Rahmen-struktur des Seminars müssen gewährleisten, dass diese Herausforderung gemeistert werden kann. Gelingt dies, so können dabei Lernprozesse in Gang gebracht werden, die sich durch große Nachhaltigkeit und Intensität aus-zeichnen. So wurde ein Blockseminar zur Kirchenraumpädagogik stark von den TeilnehmerInnen inhaltlich geprägt und strukturell so organisiert, dass aus den laufenden Lernprozessen gemeinsam die nächsten Schritte generiert wurden. Die Zuordnung von erreichtem Lernfortschritt und weiteren anstehenden Lernschritten wird damit soweit wie möglich optimiert.

Deutlich wird, dass bei einem solchen vielschichtigen Seminarmodell die Studierenden zu permanenten Rollenwechseln veranlasst werden – in konstruktivistischem Vokabular gesprochen: sie konstruieren Wirklichkeit, sie nehmen die Beobachter-Rolle ein und reflektieren und antizipieren Konsequenzen ihrer Konstruktionsprozesse für eine spätere berufliche Praxis.

3.3 Praktika

Die Praktika bilden innerhalb des Lehramts-Studiums für die meisten Studierenden ein Highlight, da sie dem Berufsziel am nächsten zu stehen scheinen und dort endlich selbst Praxis erlebt werden kann. An unserem Lehrstuhl versuchen wir die Praktika mit weiteren Veranstaltungen zu vernetzen, um die erlebte Praxis mit der gelernten Theorie nachhaltig zu verbinden. In diesem Zusammenhang ließe sich besser von „schulpraktischen Studien" sprechen, in denen die Vernetzung von wissenschaftlicher Theorie, beruflicher Praxis und reflexiver Persönlichkeitsbildung angestrebt wird.

Neben den Vorlesungen und fachdidaktischen Seminaren, die das theoretische Basiswissen vermitteln, stehen weitere (Pflicht-)Module zur Verfügung, die dem angestrebten Ziel einer umfassenden Ausbildung und Vernetzung dienen. Dabei werden in den einzelnen Bausteinen unterschiedliche Schwerpunkte gesetzt, was die drei Bereiche von Wissenschaft, Berufsfeld und Person angeht (Vgl. Ziebertz / Heil / Mendl / Simon 2005).

Besonders bedeutsam ist deswegen die enge Vernetzung der einzelnen Module (siehe Grafik nächste Seite), die die Studierenden im Semester des studienbegleitenden Praktikums belegen.

- **Praxis-Workshop:** Zu Beginn des Semesters wird mit den TeilnehmerInnen ein Workshop durchgeführt, in dem Methoden modernen Religionsunterrichts vorgeführt und von den Studierenden selbst ausprobiert werden. Damit erhalten diese ein erstes Repertoire an Methoden, die sie im Praktikum möglichst gleich verwenden können. Ziel ist es, ähnlich wie in den Seminaren, durch eigenes Handeln und dessen Reflexion Konstruktionsprozesse (z.B. bezüglich der mitgebrachten methodischen Routinen sowie besonderer didaktischer Vorlieben, aber auch bezüglich der Methoden, zu denen sie – noch – keinen Zugang haben) anzubahnen.
- **Begleitseminar:** Parallel zum studienbegleitenden Praktikum wird für die Studierenden das Seminar „Analyse, Planung und Durchführung von Religionsunterricht" platziert. In diesem Seminar steht vor allem das Modell der Elementarisierung im Mittelpunkt (vgl. in diesem Buch S.83). In den einzelnen Sitzungen werden die Themen der Unterrichtsversuche gezielt besprochen und das Elementarisierungsmodell auf diese hin angewandt. Zusätzlich werden konkrete didaktische Fragestellungen, die zu den jeweiligen Stundenthemen passen, angegangen. Dabei wird Theorie, die aus den Vorlesungen schon bekannt ist, noch einmal kurz

erläutert und dann in konkreten praktischen Übungen erprobt und reflektiert.

Selbstverständlich gelten die allgemeinen Modalitäten der Seminargestaltung (siehe oben) auch für das Begleitseminar zum Praktikum. Die Besonderheit des Begleitseminars liegt in der zusätzlichen Verzahnung mit der konkreten Praxis, die parallel jede Woche vor Ort erlebt wird.

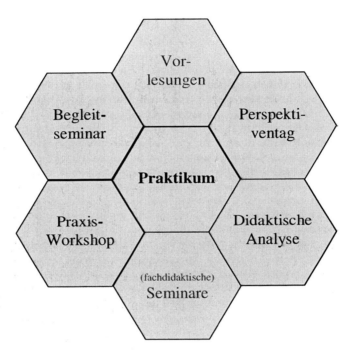

Innerhalb des Seminars werden die Erfahrungen der Studierenden mit ihren gehaltenen Stunden aufgegriffen und nochmals diskutiert. So können die „Visionen" vom Unterrichtsverlauf, die vor der Durchführung der Unterrichtsstunde explizit formuliert oder implizit vorhanden waren, kritisch hinterfragt und auf ihre Tragfähigkeit hin untersucht werden. Damit wird die vorab im Seminar konstruierte Wirklichkeit vor dem Hintergrund der nachträglich subjektiv erfahrenen Wirklichkeit im Austausch mit anderen Wahrnehmungen in ein produktives Spannungsverhältnis gebracht und auf ihre Viabilität für weitere Stundenentwürfe hin begutachtet. Wer in der Unterrichtsberatung tätig ist, weiß um die emotionale und kommunikative Problematik dieses sensiblen Feldes der Reflexion von Unterricht, wo naturgemäß unterschiedliche Wahrnehmungen regelmäßig zu wechselseitigen Perturbationen führen. Diese konstruktiv aufzulösen ist die anspruchsvolle Kunst der Unterrichtsberatung!

Erfahrungen aus den im Seminar durchgeführten Methoden und didaktischen Überlegungen werden auf die Schulsituation übertragen, vor Ort zeitnah erprobt und einer Praxistauglichkeitsprüfung unterzogen. Dabei stellt sich oft heraus, dass bestimmte Methoden nicht „an sich" schlecht sind, sondern dass jede Studentin / jeder Student eben bestimmte Methoden besonders gut oder eben weniger gut einsetzen kann, weil sie dem eigenen Persönlichkeitsprofil mehr oder weniger entsprechen. Demzufolge gilt es für die Dozenten auch, die Ressourcen der Studierenden in dieser Hinsicht zu stärken, und Defizite zwar zu benennen und zu beheben, aber nicht in das Zentrum der Kritik zu stellen.

- **Didaktische Analyse:** Als weiterer Baustein gibt es am Lehrstuhl die Veranstaltung „Didaktische Einzelfall-Analyse", in der die Unterrichtsversuche der Studierenden in einem Einzelgespräch an Hand des Elementarisierungsmodells besprochen werden. Hier kann im Dialog mit dem Dozenten auf die individuellen Fragen und Probleme der Studierenden bei der Unterrichtsvorbereitung eingegangen werden. In diesem Modul werden die drei Komponenten von wissenschaftlicher Fundierung, praktischer Berufsvorbereitung und persönlicher Auseinandersetzung mit der eigenen Rolle als Lehrkraft am intensivsten zusammengeführt. Konkrete Probleme oder Anliegen der Studierenden haben hier einen geschützten Raum, in dem sie zur Sprache gebracht werden können. Ressourcenorientiert werden die Studierenden angeleitet, eigene Lernprozesse zu erkennen, sie zu beurteilen und positiv für das weitere Praktikum bzw. gesamte Studium zu nutzen. An dieser Stelle hilft eine entscheidende Erkenntnis des Konstruktivismus: „»Verstehen« bedingt nicht die Gleichheit, sondern lediglich die vermeintliche Kompatibilität von Begriffen und Vorstellungen." (Glasersfeld 1999, 17) Vieles, was in unserem Lehr-Lern-Kontext vorausgesetzt wird, und von dem wir fraglos ausgehen, bedeutet für unsere Studierenden etwas mehr oder weniger abweichend anderes, als wir damit verknüpfen. Eine intersubjektive Anpassung ist aber entscheidend, um zu Lernfortschritten zu kommen. Insofern kommt dieser individuellen Beratung und gemeinsamen Auseinandersetzung mit einzelnen Unterrichtsstunden eine hohe Bedeutung zu. Über das gemeinsame Suchen und Finden von optimierten Unterrichtsverläufen betrachten und reflektieren die Studierenden ihre eigene Stundenvorbereitung und konstruieren für sich brauchbare Wege der Erschließung von Lernlandschaften für Schülerinnen und Schüler.

Dabei kommt natürlich auch zur Sprache, welche Rolle die Studentin / der Student als angehende Lehrkraft für sich anstrebt und wie sie / er dies im Praktikum bisher erlebt (hat). Die Beziehung von Person und Berufsfeld ist mit ein zentrales Anliegen dieser Veranstaltung. Die Konstruktion der eigenen Zukunft als Lehrer wird im Praktikum durch die Selbstreflexion der gehaltenen Stunden forciert.

Die verschiedenen Module focussieren je eigene Schwerpunkte, sind aber verbunden unter der gemeinsamen Zielmarkierung, einen wesentlichen Beitrag zur Ausgestaltung einer beruflichen Professionalität zu leisten. Dabei unterstützt

die Fremdbeobachtung und Rückmeldung durch Kommilitonen, Praktikums-
lehrerIn und Dozent die eigene Wahrnehmung von sich und kann im Diskurs zu
hilfreichen Korrekturen für das weitere Gestalten des Studiums führen. Ein
zusätzliches Modul, das hier nur angedeutet werden kann, ist der so genannte
„Perspektiventag": Im Gespräch mit bereits im Schuldienst tätigen jüngeren
Lehrkräften bekommen die Studierenden im Praktikumssemester gleichsam
einen Spiegel für eigene Entwicklungspotentiale vorgehalten.

Der Konstruktivismus betont zwar die These, dass Lernen ein selbstgesteuerter Prozess ist, dass das Wissen nur selbst erworben, sich angeeignet
werden kann, aber er „plädiert jedoch keineswegs für eine Abschaffung der
Schule und der institutionalisierten Erwachsenenbildung. Auch autopoietisches
Lernen benötigt Lernumwelten, Lerngelegenheiten, Lernanregungen, Lernhilfen" (Siebert 1999, 174). Und diese Lernhilfen werden im beschriebenen
Veranstaltungskomplex auf eine sehr individuelle und konstruktive Weise
eingesetzt, um möglichst optimale Lehr-Lern-Prozesse anzubahnen.

4.   Persönlichkeitsbildung

Die Theorie des Konstruktivismus versucht, dem einzelnen Subjekt und seiner
Konstruktion der Wirklichkeit möglichst gerecht zu werden.

Bei der Ausbildung eines professionellen wissenschaftlich-reflexiven Habitus
als zentraler Schlüsselkompetenz spielen die Anknüpfungspunkte zur Persönlichkeitsbildung, die in den dargestellten Modulen beschrieben wurden, eine
entscheidende Rolle. Ein Studium, das an der Person der Studierenden vorbei
konzipiert wird und *nur* auf der Ebene der Wissenschafts*vermittlung* basiert, ist
letztlich zum Scheitern verurteilt.

Im Sinne einer konstruktivistischen Lehr-Lern-Kultur werden die Ebenen der
Wissensdarbietung und -konstruktion konsequent integriert. Individuelle Lernprozesse und Wirklichkeitskonstruktionen können zudem nicht losgelöst von
der Persönlichkeitsbildung gedacht werden. Sie fordern die Studierenden (und
Dozierenden) durch Perturbationen immer wieder heraus, über eigene
Ansichten, Einstellungen und Lernfortschritte nachzudenken und sich selbst
inmitten der pluralen Gegebenheiten zu positionieren.

In diesem Sinne muss „Lehrerbildung (...) immer im Blick haben, woraufhin
ausgebildet wird. Ziel der Lehrerbildung ist die Bewältigung des späteren
Berufes. Ziel ist also die Ausbildung eines berufsspezifischen Habitus" (Ziebertz / Heil / Mendl / Simon 2005, 101). Dies bedeutet, dass sich die Studierenden über ihre spätere Rolle und die eigene Person im Verlauf des Studiums
Klarheit verschaffen sollen. Die Reflexion des eigenen Lebens- und Lernprozesses im Studium und darüber hinaus, soweit dies für die berufliche Profession
von Bedeutung ist, ist integrativer Bestandteil einer qualitativ hochwertigen
Bildung, wie sie von allen Seiten eingefordert wird.

Impulse:

1. Erinnern Sie sich an ein besonders gelungenes Seminar? Warum war diese Veranstaltung so gut? Versuchen Sie die Frage auf den verschiedenen Ebenen „Themen", „Personen" und „didaktische Konzeption" zu beantworten.

2. Erinnern Sie sich an eine besonders gelungene Vorlesung? Warum war diese Veranstaltung so gut? Versuchen Sie die Frage auf den verschiedenen Ebenen „Themen", „Personen" und „didaktische Konzeption" zu beantworten.

3. Stichwort „Berufsfeldorientierung": Wo haben Sie in Ihrem Studium bereits berufsfeldbezogen gearbeitet oder Veranstaltungen besucht? Welche Auswirkungen hatten die Erfahrungen, die Sie in der Praxis gesammelt haben, auf Ihr weiteres Studium?

4. Überlegen Sie sich, welche Impulse Sie aus dem vorliegenden Konzept für die eigene Vorbereitung bzw. Durchführung von Veranstaltungen (als StudentIn „Referate", als DozentIn „Konzeption der Veranstaltung") aufgreifen und bei nächster Gelegenheit umsetzen könnten?

5. Wie erleben Sie selber die unterrichtspraktische Ausbildung? Mögliche Polaritätsprofile für die Bearbeitung dieser Impulse können sein:

ressourcenorientiert .... defizitorientiert

individualisierend .... absolut normierend

partnerschaftlich .... autoritär

beratend .... beurteilend

kreativ .... monomethodisch

unterstützend .... angsteinflößend

Hans Mendl

Die Wahrnehmung verändert das Handeln.
Konstruktivismus und die Folgen für die Lehrerbildung

1. Herausforderung Konstruktivismus

Der pädagogische Konstruktivismus fordert ohne Zweifel heraus. Das zeigen die Aufmerksamkeit und das kontroverse Echo, die in den letzten Jahren in verschiedenen Fachdisziplinen ausgelöst wurden und zu den entsprechenden Fachpublikationen geführt haben. Auch das vorliegende Buch entspringt dem Interesse, die Konsequenzen des konstruktivistischen Denkansatzes für verschiedene Felder religionsdidaktischen Handelns durchzudenken. Dass vor allem die Dozierenden in der zweiten Phase der Lehrerbildung hier Handlungsbedarf anmelden, verwundert nicht: Sie sind es, die am unmittelbarsten eine Lerntheorie in eine berufliche Professionalität hinein umzusetzen haben. Zudem verspüren sie das Dilemma zwischen Instruktivismus und Konstruktivismus in einer Kommunikationssituation mit den Referendaren: Bedingt durch problematische Grundkonstellationen in der Lehrerbildung (z.B. die Bündelung der Rollen von Ausbildern und Bewertern in einer Person) fordern Referendare im Sinne einer Abbilddidaktik häufig genaue Handlungsanweisungen ein, anstatt eigene Lernwege zu entwickeln. Sie tun das, was sie meinen, das von ihnen verlangt wird (vgl. dazu Bürgermeister 2002, 119; Ziebertz / Heil / Mendl / Simon 2005, 130-135. 140) – natürlich ein krasser Widerspruch zu einem konstruktivistischen Lernansatz.

2. Briefumfrage

Die Beiträge in diesem Buch sind ein Beleg für den entstandenen Reflexionsprozess in den religionspädagogischen Referaten der bayerischen Diözesen in der Auseinandersetzung mit dem Theorie-Gebäude des Konstruktivismus. Gleichzeitig erscheint es als noch zu früh, bereits Gesamtkonzepte einer konstruktivistisch ausgelegten Referendariats-Kultur zu skizzieren. Wir befinden uns in der Phase des Experimentierens, zum Teil in gemeinsamen Prozessen, auf jeden Fall jeder persönlich. In den voranstehenden Beiträgen wurden solche Versuche, das eigene didaktische Handeln konstruktivistisch zu orientieren, beschrieben. Um einen breiteren Einblick in Veränderungstendenzen zu erhalten, wurden alle religionspädagogischen Referate angeschrieben und um eine schriftliche Stellungnahme gebeten; dabei dienten die folgenden Fragen als Impuls:

1. Inwiefern schlägt sich die Beschäftigung mit einer konstruktivistischen Unterrichtstheorie in der konkreten Seminararbeit nieder?
Welche kleinere oder größere Projekte können Sie benennen (bitte Kurzbeschreibung!)?

Evtl. auch: Inwiefern hat sich bei gleich gebliebenen Strukturen die innere Dynamik von Seminarveranstaltungen verändert?

2. Inwiefern haben sich Ihre Sicht vom Ziel der Ausbildung und der Umgang mit den ReferendarInnen verändert?

3. Können Sie beschreiben, ob und, falls ja, wie sich auch persönliche Sichtweisen (eigene Rolle im Ausbildungsbetrieb, Ziel und Gestalt der Ausbildung, konzeptionelle Vorstellungen vom Religionsunterricht) verändert haben?

Aus fast allen religionspädagogischen Seminaren in Bayern erfolgten Rückmeldungen. Die Kurzdarstellungen zeigen, dass die Entstehung dieses Buchprojekts in der KoBayRep kein Zufall war, sondern im Kontext der hohen Qualitäts-Standards innerhalb der zweiten Ausbildungsphase dieses Kreises begründet liegt: Wie auch empirischen Studien zeigen (vgl. Mendl / Freudenberg / Stollwerck 2002, 64-67), kommt die Ausbildung für ReligionslehrerInnen vielerorts der von der Terhart-Kommission geforderten Umgestaltung von der Lehranstalt zur partnerschaftlich organisierten Studienstätte (vgl. Terhart 2000, 117) nahe. So verwundert es nicht, dass die dort tätigen ReferentInnen über eine hochgradig entwickelte Reflexionskompetenz bezüglich des eigenen Rollenverständnisses und des eigenen pädagogischen Handelns verfügen. Insofern bedeutete das Aufgreifen der Theoreme des Konstruktivismus für diesen Personenkreis keinen Bruch mit der eigenen Lehrtradition, sondern eher eine Bestätigung für bereits eingeschlagene Wege und eine zusätzliche Sensibilität und Wachheit für didaktisches Handeln.

2.1 „Eine beständige Gewissenserforschung": Folgen für die persönliche Wahrnehmung

„Die Beschäftigung mit dem didaktischen Konstruktivismus ist für mich wie eine beständige Gewissenserforschung bei der Planung meiner Seminarveranstaltungen", schreibt ein Dozent. Wer sich länger mit dem Konstruktivismus beschäftigt, wird ein ständiger Beobachter des eigenen didaktischen Handelns. Die kritische Wahrnehmung bezieht sich besonders auf die eigene Planungskultur; Kriterien für eine konstruktivismus-nahe Gestaltung bestehen z.B. darin,

- ob die Seminartage so variabel gestaltet sind, dass individuelle Lernwege eingeschlagen und die Teilnehmenden aktiviert werden können,
- dass die Schulbesuche und die Unterrichtsbesprechung eher ressourcen- denn defizitorientiert erfolgen, die Referendare also in ihrem eigenen Lernweg unterstützt werden,
- dass insgesamt die Referendare stärker von ihrer eigenen Persönlichkeit her wahrgenommen werden („LehramtsanwärterInnen durch Werte wie ,Autonomie, Wertschätzung, Neugierde und Eigenverantwortung' sensibilisieren").

Liest man die brieflichen Dokumente, so entsteht der Eindruck, dass sich durch die konstruktivistische Überzeugung, man könne andere nicht belehren, sie seien vielmehr Konstrukteure der je eigenen Wirklichkeit, besonders die Wahrnehmung der SeminarteilnehmerInnen verändert. Ihnen wird mehr Respekt entgegengebracht, sie gelten als Lernpartner und weniger als Belehrte (vgl. Ziebertz / Heil / Mendl / Simon 2005, 143). Ihnen wird „mehr Verantwortung für ihre Ausbildung zugestanden bzw. übertragen". Sie werden immer wieder aufgefordert, „eigene Ideen / Konzepte zu entwickeln, sich in Gruppen mit Themen / Angeboten oder Materialien auseinander zu setzen, also selbst aktiv tätig" zu sein.

2.2 „Meine eigene Selbsteinschätzung als Moderatorin": Folgen für das eigene Rollenverständnis

Das verändert auch das eigene Rollenverständnis der Dozierenden: „Meine eigene Selbsteinschätzung als ‚Moderatorin', als diejenige, die Impulse gibt, aber auch nicht letztverantwortlich dafür ist, was tatsächlich ankommt, verstanden und auch umgesetzt wird, hat sich für mich noch mehr herauskristallisiert. Ich persönlich empfinde diese Rolle als ‚Impulsgeberin' auch als spannend und persönlich entlastend." Ein anderer Dozent schreibt, er verstehe sein Geschäft eher als „Hebamme", nicht so sehr als „Wissenshüter". Das kommt dem Modell sehr nahe, welches Reinhard Voß mit „Supervision als Inter-Vision" bezeichnet: Erwachsene treten „in einen gemeinsamen lösungs- und kompetenzorientierten Erfahrungsaustausch" (Voß 1999a, 275).

Angesichts der vielfältigen Formen eines „Organisations-Paradoxons" (von Lüde 1999, 285) unseres Bildungssystems, hier der problematischen Verquickung von Ausbildung und Beurteilung (auch wenn dies in den so genannten „Sonderseminaren" etwas abgemildert ist – vgl. Mendl / Freudenstein / Stollwerck 2002, 64f), löst eine solche veränderte eigene Positionierung durchaus auch Irritationen aus: „Diese Rolle der Ausbilder ist von Seiten vieler Lehramtsanwärter nicht die gewünschte, dort möchte man vielfach nur die ‚Musterlösung' hören und versucht, diese auch einzufordern." Solange sich unser Bildungssystem nicht auf breiterer Basis von der Dominanz des Nach-Denkens (was andere vor-denken!) hin zur Befähigung zum Selbst-Denken entwickelt, wird es in konstruktivistischen Lehr-Lern-Paradigmen immer wieder zu solchen Irritationen kommen, weil dort die einfache Erwartung „sagen *Sie* uns, was richtig ist und wo's langgeht" nicht mehr erfüllt werden kann und darf.

Schließlich trägt die intensive Auseinandersetzung mit der Theorie des Konstruktivismus auch zur Klärung der eigenen Wandlungsprozesse hin zu einer stärker individualisierten Vorstellung von religiösem Lernen bei. Man darf nicht vergessen, dass die Mitarbeiter der religionspädagogischen Seminare kirchlich angestellt sind und sich genötigt fühlen bzw. es von außen werden, über die Legitimität des eigenen Tun und Handelns nachzudenken und Rechenschaft abzulegen; denn: trotz des beschriebenen Wandels „vom Gehorsams- zum Verstehensglauben" (vgl. meinen Beitrag oben, S.183) schwingt in kirchlichen Dokumenten und Äußerungen z.B. von der „Weitergabe des Glaubens" immer noch das instruktivistische Transportmodell religiösen Lernens mit.

2.3 „Freiheit und Raum zur eigenen individuellen Entwicklung": Folgen für die Seminararbeit

Die Dozierenden sehen durchaus die Notwendigkeit, den ReferendarInnen „gewisse Grundmuster des Unterrichtens" mitzugeben. Als ebenso wichtig erscheint es aber, „ihnen Freiheit und Raum zur eigenen individuellen Entwicklung zu geben. Nicht die ‚richtige' Stunde ist das Ziel, sondern die Kompetenz des Unterrichtens (welche bei unterschiedlichen Lehrkräften eben unterschiedlich aussehen muss)".

Dass der Konstruktivismus nicht nur die eigene Haltung prägt, sondern auch einer konkreten Umsetzung im Seminar bedarf, ist für die Dozierenden selbstverständlich. Sie beschreiben deshalb zahlreiche Module, die ihrer Meinung nach konstruktivistisch angelegt sind:

- In einer Lernwerkstatt sollen die SeminarteilnehmerInnen selber Materialien erproben und reflektieren, um so Methodenkompetenz und ein besseres Gespür für die eigenen methodischen Vorlieben zu erhalten.
- Die Ausbildungs-Einheiten werden eher cluster- oder workshop-artig organisiert: Durch die Bereitstellung eine Wahlangebots z.B. in einem Lernzirkel will man individuellen Präferenzen der Teilnehmenden stärker Rechnung tragen. Die Referendare sollen selber direkte Erfahrungen machen und diese reflektieren, um sie dann selbstbewusst auf didaktische Situationen zu übertragen.
- Man ermittelt verstärkt das Vorwissen, geht auf Unsicherheiten ein, fördert die Fragehaltung der Referendare und schneidet die Angebote nach ihren Bedürfnissen zurecht.
- Bei Unterrichtsbesuchen wird stärker darauf geachtet, dass die Referendare eigenständiges didaktisches Handeln an den Tag legen, aber auch, dass sie Unterricht so durchführen, dass er konstruktivistischen Paradigmen entspricht.
- Die Referendare werden zur reflektierten und selbstbewussten Gestaltung eigener Lernwege motiviert. Das Projekt „Weg-Buch" stellt ähnlich wie die bekannten Portfolio-Modelle einen solchen Versuch dar, die Studierenden mit Impulsen zur Reflexion des eigenen (Aus-)Bildungsprozesses anzuregen; dieses „Weg-Buch" (vgl. die Darstellung unten) wurde bereits in mehreren Diözesen eingeführt.
- Damit die Referendare selber stärker darüber nachdenken, „was die Ausbildung mit ihnen macht", und lernen, dies zu artikulieren, werden sie zum permanenten Reflektieren, z.B. auch während der Seminartage, eingeladen.
- Die Theorie des Konstruktivismus, von der die meisten Referendare inzwischen in irgendeiner Form bereits im Studium etwas gehört haben, ist auch explizites Thema der Seminarsitzungen in konkreten Feldern (Gestaltung einer „Lernlandschaft", Zielformulierung, Aufbau einer Stunde, Dynamik eines „vom Eindruck über den Ausdruck zum Aus-

tausch") und dient damit auch dem expliziten Verständnis für die implizit vorhandene Seminarkultur.

- Auch bei Abschluss-Klausuren wird diese Lerntheorie thematisiert: „Selbst verantwortetes Lernen ist das Anliegen einer Lernwerkstatt. Erörtern Sie anhand eines konkreten Themenbeispiels die Auswirkungen des Besuchs der Lernwerkstatt auf die didaktisch-methodische Planung offener Unterrichtsformen."

Was allen diese Modulen gemeinsam ist: Sie sind allesamt auf eine Förderung der Eigenaktivität der SeminarteilnehmerInnen hin ausgerichtet. Die Dozierenden achten stärker darauf, die Kompetenzen der SeminarteilnehmerInnen aufzuspüren und zu fördern, ihre Eigeninitiativen (z.B. Internet-Didaktik, Bibliotheks-Besuche, Lernwerkstatt-Aktivititäten) zu unterstützen und mehr Wert auf die individuelle und differenzierte Betreuung der Referendare zu legen.

Weg-Buch
Individueller Begleiter durch die Seminarzeit
*Der Weg durch die Seminarzeit ist sehr erfahrungsreich, dicht, intensiv und lehrreich. Dieser Weg ist keine vorgefertigte Schiene, auf der jeder und jede inhaltlich dieselben Orte, Wegstrecken und Zwischenetappen in der gleichen Art und Weise und in derselben Intensität zu absolvieren hat. Eher trifft das Bild eines Wegesystems zu, das unzählig viele Weggabelungen aufweist und die Möglichkeit bietet, neben den Pflichtstationen auch an **den** Stellen vorbeizuwandern und zu verweilen, an denen der individuell größtmögliche Entwicklungszuwachs zu erwarten ist. Das Ziel aller Wege ist es, im Einklang mit sich selbst „guten" Religionsunterricht für heutige Schülerinnen und Schüler erteilen zu können.*
Das Weg-Buch will helfen, sich der eigenen individuellen Ausgangslage bewusst zu werden, den Prozess des kognitiven, emotionalen, spirituellen ... Lernens und Erfahrens zu reflektieren und von daher eine echte Lehrerpersönlichkeit zu entwickeln.
Gliederungsvorschlag:

1. Auf dem Weg als Lehrerin und Lehrer

- *Eigener Unterricht: z.B. Mitschrift beim Schulbesuch, Schulbesuchsberichte, Selbstreflexion des täglichen Unterrichts ...*
- *Hospitation: z.B. Reflexionsmitschriften, Anregungen, Ideen, Fragen etc. bei der Unterrichtsmitschau ...*
- *Seminartage: z.B. ausgeteilte Paper, Artikel, eigene Mitschriften, Exzerpte ...*
- *evtl. Methoden- und Ideen-Sammlung*
- *uvm.*

2. Auf dem Weg als Theologin und Theologe

- *evtl. unterteilt in die vier Seminartagsthemen (s. Seminarprogramm)*
- *Skripten, Exzerpte, Literaturvermerke, Mitschriften, Artikel, etc.*

3. Auf dem Weg als Glaubende und Glaubender

- *angeregt durch die entsprechenden Phasen in Seminar- und Ausbild-ungstagen*
- *eigene Wege praxistauglicher Spiritualität beginnen, probieren oder weiterführen*
- *Gedanken, Bilder, Gebete, Übungen, Texte etc.*

4. Auf dem Weg als Person

- *individuelle Stärken und Schwächen, persönliche Ziele, Wünsche, Hoffnungen, Befürchtungen ...*

5. Ideen & Gedanken

6. Sonstiges

2.4 „Die innere Dynamik hat sich verändert": Der konzeptionelle Wandel

Wenn Dozierende schreiben, „das Ziel der Ausbildung ist gleich geblieben", könnte man vermuten, dass tatsächlich nur die vorhandenen Strukturen mit einem „Konstruktivismus light" aufgepeppt würden. Man muss solche Aussagen unter den Vorzeichen des eingangs Gesagten deuten: Die Dozierenden der religionspädagogischen Seminare sind bereits seit längerem die Vorreiter hin zu einer veränderten Seminarkultur. „Ich glaube, dass ich schon vor der intensiven Beschäftigung mit dem Konstruktivismus grundsätzlich in diese Richtung gearbeitet habe." Die Konstruktivismus-Debatte erweist sich diesbezüglich als „Qualitätsschraube". Man achtet in allen Teilsegmenten – vom Umgang mit den Referendaren über die Gestaltung der Seminartage bis hin zu den Unterrichtsbesuchen – stärker auf Aktivierung und Individualisierung, auf Prozesse der Aneignung und des kreativen Umgangs mit Wissens-Angeboten. Zugleich sind die Dozierenden Realisten im Alltagsge-schäft angesichts des geringen Zeitdeputats und der allenthalben auftretenden Rollenkonflikte, so dass sie versuchen, die Theorie des Konstruktivismus mit den Erfordernissen des Bildungsbetriebs zu verbinden. Insofern muss man die eigenen Handlungsmöglichkeiten als Dozierender im systemischen Kontext relativieren; konstruktivistisch- und problemorientierte Formen des Lehrens und Lernens werden widerständig sein und im gesamten Ausbildungsbetrieb auch für Irritationen sorgen, „wenn die Prüfungsstrukturen nicht diejenigen Qualitäten des Lernens honorieren, die mit den neuen konstruktivistisch geprägten Unterrichtskonzepten gefördert werden" (Mandl / Reimann-Rothmeier 1999, 64).

Impulse

1. Wie erleben Sie das Verhalten übergeordneter Personen (Lehrer, Dozent, Seminarlehrer, Schulleiter, Schulrat ...): ressourcen- oder defizit-orientiert?

2. Falls Sie selber in der Rolle des Lehrenden sind: Notieren Sie eigene Verhaltensweisen, die einer konstruktivistischen Lernkultur entsprechen und solche, die im Widerspruch dazu stehen!

3. Falls Sie die Ausbildung bereits hinter sich haben: Welche Verhaltensweisen und Interventionen der Dozierenden haben sie als hilfreich, welche als lähmend oder einschränkend empfunden, wenn es um die Beobachtung und Bewertung Ihres eigenen didaktischen Handelns ging?

4. Notieren Sie fünf Haltungen, die einen Lehrenden auszeichnen, der sich um eine konstruktivistische Lernkultur müht. Vergleichen und diskutieren Sie die verschiedenen Listen!

5. Legen Sie für sich ein „Weg-Buch" an – als Studierende, Referendare oder altgediente Lehrkraft.

E. Ausblick

Hans Mendl

Konstruktivismus und die Folgen.
Leistungen, Stand, weitere Arbeitsfelder

Die Beiträge dieses Bandes zeigen: Wer sich mit konstruktivistischen Vorstellungen, wie Lernen funktioniert, beschäftigt, forciert die eigenen Bemühungen um einen subjektorientierten Religionsunterricht. Deutlich wird auch, dass das damit zusammenhängende Postulat „Im Mittelpunkt der Mensch" nicht in die manchmal vermuteten Einseitigkeiten und Sackgassen führt: Weder kippt die Balance beim Prozess des Lernens hin zu einer solipsistischen Nabelschau („mich selber bilden, wie ich bin"), noch bedeutet ein subjektorientierter Ansatz einen Verzicht auf die Auseinandersetzung mit Inhalten.

Wer sich mit konstruktivistischem Gedankengut vertraut macht, der wird vielmehr zuallererst skeptischer bezüglich der Mythen traditionellen Lernens, die vom Vermittlungsgedanken durchdrungen waren. Eine konstruktivistische Religionspädagogik postuliert diesbezüglich ein ganz anderes „Ende der Beliebigkeit": Entgegen der Vorstellung, als hätten Lehrende ihre Pflicht (auch bezüglich der „Weitergabe des Glaubens"!) schon getan, wenn sie den Lehrstoff optimal präsentieren würden, erstreckt sich die pädagogische Verantwortlichkeit auch auf eine differenzierte individualisierte und kollektive Auseinandersetzung mit und Aneignung von Bildungsgütern, eben auf die professionelle Ausgestaltung von Lernlandschaften – ein Begriff, der in diesem Buch häufig verwendet wurde. Solche Aneignungsprozesse müssen an allen hier reflektierten religionspädagogischen Lernorten – im Religionsunterricht, an der Universität und im Referendariat – ausgestaltet werden. Das erfordert neue Kompetenzen und Rollenkonzepte von den Ausbildenden.

Wie eingangs erwähnt, betraten wir mit diesem Buchprojekt innerhalb des religionspädagogischen Diskurses Neuland. Insofern müssen zwangsläufig Fragen offen bleiben bzw. bei der intensiveren Auseinandersetzung mit konstruktivistischen Postulaten erst entstehen. Vielleicht erweisen sich auch die Impulse im Arbeitsteil eines jeden Kapitels als weiterführend, weil dadurch die Leserinnen und Leser dazu motiviert werden, sich an der Diskussion um eine konstruktivistisch orientierte oder gar konstruktivistisch fundierte Religionspädagogik zu beteiligen. Auf den entsprechenden Veranstaltungen oder über Rückmeldungen an die Mitarbeiter und Herausgeber kann ein solches Ringen um einen je zeitgemäßen Religionsunterricht vertieft werden.

239

Anstehende Arbeitsfelder ergeben sich auf der Ebene der Theorie-Diskussion, aber auch in den konkreten Bereichen der Lehrerbildung und in didaktischen Detailfragen.

1.   Theorie-Diskussion

1.1   Pädagogik im Focus des Konstruktivismus

Die Bildungslandschaft befindet sich derzeit in Bewegung wie seit langem nicht mehr. Die Umgestaltung der Hochschulen gemäß den Vorgaben des „Bologna-Prozesses" (vgl. Ziebertz / Heil / Mendl / Simon 2005, bes. 15-20) nach dem Bachelor- und Master-Modell ist im Gange. Landauf-landab werden „post-PISA" die schulischen Bildungssysteme umorganisiert; dies reicht von kosmetischen Veränderungen über die Hinzufügung neuer Bildungselemente (z.B. die nachträgliche Einforderung von Grundwissenskatalogen) bis hin zu völlig neuen Lehrplanlogistiken (z.B. nach dem Modus der Bildungsstandards, die nach der Kultusministerkonferenz verbindlich und flächendeckend eingeführt werden sollen).

Das Verhältnis dieser Reformvorhaben zu einer konstruktivistischen Vorstellung von Bildungsprozessen ist als ambivalent zu bewerten (vgl. auch Mendl 2006):

Gerade die ökonomische Triebfeder dieser Bildungspolitik lässt sich in vielen Facetten nicht mit einem subjektorientierten Bildungsideal vereinbaren (vgl. Mendl 2004, 42-45): Das Konzept und die Logistik der Bildungsstandards gründen auf dem Leitbild der neuen Ökonomie (Deregulierung, Autonomisierung, Qualitätssicherung, Evaluation); das lernende Individuum kommt hier nur als Faktor im Dienste der Vergleichbarkeit und Konkurrenzfähigkeit von Bildungssystemen ins Spiel. Auch die Umgestaltung der Hochschulstudiengänge auf das Bachelor- und Master-System bedeutet zunächst einmal eine größere Reglementierung des Studiums und eine inhaltliche wie zeitliche Einengung von Studienverläufen. Das bedeutet: die Rahmenbedingungen erscheinen zunächst einmal als konstruktivismus-feindlich, weil die normierenden Eckdaten im Vergleich zu aktuellen Bildungsstrukturen weniger individualisierende und differenzierende Momente enthalten. Andererseits lassen sich aber die kritischen Ausgangsthesen bezüglich eines doch recht beliebigen und wenig zielgruppen-orientierten Zustands unserer Bildungseinrichtungen (vgl. Terhart 2000) durchaus konstruktivistisch unterfüttern. Gerade konstruktivistisch orientierte (Religions-)Pädagogen können und müssen an einer pädagogisch verantwortbaren Umgestaltung von Lehrplan-Logistiken, Hochschulstudiengängen und Ausbildungssystemen für die zweite Phase der Lehrerbildung mitwirken. Bezogen auf die Bildungsstandard-Diskussion wurden im Grund-satzbeitrag oben (vgl. in diesem Buch: Mendl, Konstruktivistische Religionsdidaktik, Kap. 3.3) bereits entsprechende Postulate formuliert, die hier nur in ihrem zentralen Motiv nochmals wiederholt werden sollen:

- Die Kompetenzbeschreibungen müssen offen genug vorgenommen werden, um individuelle Füllungen zu ermöglichen; damit wird das Augenmerk vom reinen „outcome" stärker auf die je eigenen Lern-prozesse innerhalb einer gemeinsamen Lernlandschaft mit den verschie-denen individualisierenden und kollektiven Phasen gelenkt.
- Bei der Ausgestaltung von neuen, modularisierten Studiengängen muss man von einer konstruktivistischen Position aus beispielsweise dafür sorgen, dass innerhalb eines Wissens-Kanons inhaltliche Wahlmöglich-keiten bestehen. Die Module sollten inhaltlich komplex und lernpsycho-logisch so differenziert ausgestaltet werden, dass unterschiedliche Lern-aktivitäten von den Studierenden eingefordert, sie zum vernetzenden Denken angeregt und bei der Vergabe von Leistungspunkten („credit points") nicht nur reproduzierende Aufgabenstellungen erfolgen, sondern vor allem eigenaktive Lernfortschritte gemessen werden.

1.2 Theologie im Focus des Konstruktivismus

Die Ausgangslage müsste entgegen der Überschrift ja zunächst lauten: „Konstruktivismus im Focus der Theologie". Wie im einleitenden Beitrag (Mendl in diesem Buch, S.9, hier: 21) geschildert wurde, würde man sich gerade von Theologen der systematischen Disziplinen, aber auch der prak-tischen Fächer eine stärkere Auseinandersetzung mit den verschiedenen Strömungen des Konstruktivismus erhoffen. Die im eigenen „Zwischenruf" (Mendl in diesem Buch, S.177) angeschnittene Frage zur Vereinbarkeit von Theologie und Konstruktivismus sollte differenzierter angegangen werden, als dies ein Religionspädagoge von seiner Disziplin aus zu tun in der Lage ist.

Der Blickwinkel des Konstruktivismus erfordert aber von allen theologischen Disziplinen immer auch eine stärkere Hinwendung zur empirischen Forschung, weil nur so die faktische Konstruktion von Religion erforscht werden kann. Insofern richtet sich der Konstruktivismus als kritisches Korrektiv gegen eine Theologie im Elfenbeinturm, die ihr Geschäft ausschließlich selbstreferentiell und kontextlos betreibt. Um es nur an wenigen Beispielen zu verdeutlichen: Eine Rezeptionsstudie zu liturgischen Vollzügen, beispielsweise zur emotio-nalen Beteiligung von Gläubigen bei einem Gottesdienst, könnte Aufschluss darüber geben, wie die Theologien der Liturgie einerseits zum Vollzug und zur Akzeptanz von Liturgie andererseits passen. Wie heute verantwortlich von Gott gesprochen werden und wie der (?) christliche Gott an den verschiedenen Handlungsorten (von Hirtenbriefen über Predigten bis hin zur Katechese) produktiv thematisiert werden kann, muss im Kontext empirischer Untersuchungen und der Frage, wie Menschen in der Postmoderne heute Gott denken und fühlen, reflektiert werden.

Letztlich geht es insgesamt um die Viabilität von Theologie und Kirche innerhalb einer Gesellschaft, die sich rasant wandelt. Man hat den Eindruck, dass das Bemühen um die Enkulturierung des christlichen Glaubens in den Kontext moderner Lebenswelten – z.B. seine Anschlussfähigkeit an (Jugend-) Kulturen, Zeitrhythmen, Lebensstile, Sprachformen – derzeit stagniert. Wie kann der christliche Glaube aber hier so ins Spiel gebracht werden, dass er von Menschen als plausible Wahrheitszumutung be- und ergriffen werden kann?

2.   Lehrerbildung

Im gesamten Bildungsbereich erscheint eine Blickveränderung hin von einer Defizit- (was kann ich noch nicht?) hin zu einer Ressourcen- (was bringe ich mit?) und Kompetenz-Orientierung (was möchte ich können?) angebracht; dies verändert nicht nur die Qualität von Lernprozessen, sondern auch die Rolle der Lehrenden, wie in den anschaulichen Beiträgen zu einer konstruktivistischen ReligionslehrerInnen-Bildung in diesem Buch deutlich geworden ist.

Solche erstrebenswerte Zielvorstellungen werden freilich durch systemische Bedingungen erschwert. So ist zu befürchten, dass ein kleinschrittigeres Prüfungsverfahren bei den modularisierten Studiengängen zu einer stärkeren Abhängigkeit vom Prüfenden einerseits und zu einer Zunahme reproduzierender Prüfungen, die sich noch dazu auf kleinräumige Lernsegmente beziehen, führt, so dass ein Denken in Zusammenhängen eher verhindert wird. Und solange in der zweiten Phase der Lehrerbildung nicht Ausbildung und Beurteilung personell stärker entkoppelt werden, besteht die Gefahr, dass Viabilität doch mehr oder weniger auf eine Abbilddidaktik reduziert wird: man führt Stunden in der Art vor, wie dies von den Ausbildenden erwartet wird.

Gerade vom Projektpartner dieses Buches, den Religionspädagogischen Seminaren in Bayern, geht hier ein innovativer Impuls aus, der die gesamte zweite Phase inspirieren könnte.

Aber auch für die erste Phase der Lehrerbildung an der Universität steht eine konsequente Einlösung konstruktivistischer Postulate noch aus; sowohl das System Universität mit seinen standardisierten Lehrformen als auch die Lernpartner – Dozierende wie Studierende – erweisen sich gelegentlich arg traditionsbewusst und beharren auf bekannten Lehr- und Lernformen.

242

3.   Didaktische Teilfragen

Seit der Reformationszeit dominieren pädagogische Tradierungsformen des Glaubens: Religion geht in die Schule. Dieser Prozess einer Pädagogisierung von Katechese, welcher selber ja durchaus als ambivalent bewertet wird, bedeutet immer auch eine Abhängigkeit von je zeitaktuellen Konzepten von Schule und Lernen. Diese erweisen sich im Rückblick mehr oder weniger angemessen gegenüber dem Gegenstand „Religion". So wird im Nachhinein deutlich, dass die Umsetzung der Curriculumtheorie für das Fach Religionsunterricht nicht nur Vorteile, sondern auch massive Nachteile (z.B. die Fixierung auf kognitive, weil abprüfbare Lerngegenstände) mit sich brachte. Demgegenüber erscheint der pädagogische Konstruktivismus als passgenauer zu dem, was man heute als Ziel religiösen Lernens in der Schule begreift: der Erwerb von religiöser Kompetenz. Wie bereits oben angedeutet (vgl. Mendl, Zwischenruf, 2.3. S.183) entspricht der Ansatz des Konstruktivismus durchaus dem Wandel in der Art zu glauben nach dem II. Vatikanischen Konzil, der zutreffend mit den Gegensatzpaaren, vom Gehorsams- zum Verstehensglauben, vom Bekenntnis- zum Erfahrungsglauben und vom Leistungs- zum Verantwortungsglauben, beschrieben (vgl. Kucher 2002, 172) wird. Wenn es um Verstehensprozesse geht, dann können solche mit der konstruktivistischen Brille und den entsprechenden Instrumenten tatsächlich gefördert und unterstützt, provoziert und kontextualisiert, individualisiert und kollektiven Diskursen ausgesetzt werden.

Im Detail besteht freilich noch Klärungsbedarf; die in diesem Band vorgelegten Entwürfe verstehen sich hier als Vorarbeiten:

- Bewähren müssen sich in der Praxis die entsprechenden Modelle der Evaluation, um, wie Christian Herrmann so treffend mehrdeutig formuliert, konstruktivistisch(en) Unterricht zu bewerten. Neben prüfungsrechtlichen Fragen scheint von einem pädagogischen Ethos aus hier ein besonders neuralgischer Punkt darin zu bestehen, wie sich persönlich bedeutsame Lernprozesse mit der Bewertung von außen vertragen (vgl. Schaper 2001).

- Die beschriebene konstruktivistische Unterrichtsdynamik bedeutet für viele Lehrende, aber auch für Studierende Neuland, weil man selber eine ganz andere Unterrichtskultur erlebt hat. So wirkt eventuell die These, ein für alle Schüler verbindlicher zusammenfassender Schlusssatz (Tafelanschrieb, Hefteintrag) sei nicht das Non-plus-ultra einer „guten" konstruktivistischen Religionsstunde, im Studium faszinierend; in der eigenen Praxis tauchen dann Bedenken auf, ob nicht doch auch gemeinsam

Festzuhaltendes zu benennen sei (vgl. Ziebertz / Heil / Mendl / Simon 2005, 129).

- Die Auswirkungen konstruktivistischen Religionsunterrichts bzw. seines Gegenteils müssen über qualifizierte Modelle der Lehr-Lernforschung genauer untersucht werden; die Feldstudie in diesem Band (vgl. Mendl, S.121) deutet die Richtung des Desiderats an: Wir benötigen mehr empirische Studien zur Wirkung von Unterricht!

- Der pädagogische Konstruktivismus könnte die religionsdidaktische Diskussion insofern auch forcieren, weil in vielen Beiträgen eine Ungleichzeitigkeit deutlich wurde: Zwar passt, wie mehrmals beschrieben wurde, der Konstruktivismus zu einer veränderten Kultur des Religionsunterrichts, die stärker auf Individualisierung und Subjektorientierung Wert legt. Diese individual-konstruktivistische Sicht geht aber noch auf den ersten Schub des Konstruktivismus in den 80er Jahren zurück. Sie sollte durch einen stärker sozial-konstruktivistischen Blickwinkel ergänzt werden, von dem aus man sich deutlicher auf die gemeinsame Auseinandersetzung mit Sinnfragen und individuellen Sinnkonstruktionen fokussiert. Hierzu müssen entsprechende Lernformen entwickelt oder weiterentwickelt werden, die jenseits einer Plaudermentalität „über Religion" diskursive Prozesse eines Austauschens unterschiedlicher Konstruktionen ausgestalten.

Dies entspricht wiederum der Vorstellung von religiöser Kompetenz als Ziel des Religionsunterrichts: Lernende werden in unserer pluralen Gesellschaft „in Sachen Religion" kompetent, wenn sie in Auseinandersetzung mit den religiösen Konstruktionen anderer und unterstützt mit dem Deutungsangebot christlicher Tradition urteilsfähig in Fragen der Religion werden sowie je eigene religiöse Spuren entwickeln.

Literaturverzeichnis:

Ammermann, Norbert (1994), "Verum ipsum factum - Das Gemachte ist das Wahre". Versuch einer Positionsbestimmung der Theologie in der wissenschaftstheoretischen Diskussion um den Konstruktivismus, in: Pastoraltheologie 83 (1994), 351-364.

Ammermann, Norbert (2000), Wahrheit und Sinn als Konstruktdimensionen des Religionsunterrichts, in: Religionspädagogische Beiträge 44/2000, 51-66.

Arnold, Rolf / Harth, Thilo / Schüßler, Ingeborg (1999), Konstruktivistische Impulse für Lehren und Lernen, in: Außerschulische Bildung 30 (1999), Heft 4, 372-376.

Aufschnaiter, Stefan von / Fischer, Hans E. / Schwedes, Hannelore (1992), Kinder konstruieren Welten. Perspektiven einer konstruktivistischen Physikdidaktik, in: Schmidt, Siegfried J. (Hg.), Kognition und Gesellschaft. Der Diskurs des Radikalen Konstruktivismus, Frankfurt, 380-424.

Aufschnaiter, Stefan von (1998), Konstruktivistische Perspektiven zum Physikunterricht, in: Pädagogik 50 (1998), 52-57.

Bahr, Matthias (2001), Religionsunterricht planen und gestalten, in: Hilger, Georg / Leimgruber, Stephan / Ziebertz, Hans-Georg, Religionsdidaktik. Ein Leitfaden für Studium, Ausbildung und Beruf, München, 489-524.

Bee-Schroedter, Heike (1998), Neutestamentliche Wundergeschichten im Spiegel vergangener und gegenwärtiger Rezeptionen. Historisch-exegetische und empirisch-entwicklungspsychologische Studien, Stuttgart.

Beinert, Wolfgang (1998), Kontextualität als Struktur der Theologie. Der Einzelne in der Gemeinschaft der Kirche, in: Pastoraltheologische Informationen 18 (1998), 151-173.

Berger, Peter / Luckmann, Thomas (1969), Die gesellschaftliche Konstruktion der Wirklichkeit. Eine Theorie der Wissenssoziologie, Frankfurt a. M.

Bildungsplan 2004. Grundschule, hg. v. Ministerium für Kultus, Jugend und Sport in Baden-Württemberg, Stuttgart (www.bildungsstandards-bw.de).

Born, Monika (2003), Konstruktivismus in der Pädagogik und „im Trend" der Zeit, in: Katholische Bildung 104 (2003), 241-254.

Bornhauser, Thomas (2000), Gott für Erwachsene. Ein Konzept kirchlicher Erwachsenenbildung im Zeichen postmoderner Vielfalt, Stuttgart u.a.

Breuer, Elmar / Aufschnaiter, Stefan von (1999), Physikdidaktik unter konstruktivistischer Perspektive. Beobachtungen in einem Leistungskurs Elektrostatik, in: Voß, Reinhard (Hg.), Die Schule neu erfinden. Systemisch-konstruktivistische Annäherungen an Schule und Pädagogik, 3., durchgesehene Auflage, Neuwied u. Kriftel, 302-312.

Brügelmann, Hans (1997), Rose 1 ist Rose 2 ist Rose 3 ist ... Offene Bedeutungen durch geschlossene Gehirne, in: Voß, Reinhard (Hg.), Die Schule neu erfinden. Systemisch-konstruktivistische Annäherungen an Schule und Pädagogik, Neuwied 2. A., 179-184.

Bürgermeister, Konrad (2002), Handlungskompetenzen – Qualitätskriterien – Rollenprofilierung. ReligionslehrerInnenbildung in der Phase des Referendariats, in: Mendl, Hans (Hg.), Netzwerk ReligionlehrerInnen-Bildung, Donauwörth, 116-119.

Bürgermeister, Konrad / Moser, Marieluise / Wirth, Andrea (1998), Bei Sinnen sein ... Ganzheitliche Wege persönlichen Betens in Schule und Gemeinde. Ein Praxisbuch.

Büttner, Gerhard (2000), Wie kommen Glaubensvorstellungen in unsere Köpfe? Religionspädagogische Überlegungen zum sogenannten Radikalen Konstruktivismus, in: Entwurf 2000/1, 30-33.

Büttner, Gerhard (2002), Wie könnte ein „konstruktivistischer" Religionsunterricht aussehen?, in: Zeitschrift für Pädagogik und Theologie 54 (2002), 155-170.

Büttner, Gerhard (2006), Lernwelten im Religionsunterricht (in Planung).

Cachay, Klaus / Thiel, Ansgar (1999), Erziehung im und durch Sport in der Schule. Systemtheoretisch-konstruktivistische Überlegungen, in: Voß, Reinhard (Hg.), Die Schule neu erfinden. Systemisch-konstruktivistische Annäherungen an Schule und Pädagogik, 3., durchgesehene Auflage, Neuwied u. Kriftel, 333-351.

Ciompi, Luc (1997), Die emotionalen Grundlagen des Denkens, Göttingen.

Diesberger, Clemens (2000), Radikal-konstruktivistische Pädagogik als problematische Konstruktion. Eine Studie zum Radikalen Konstruktivismus und seiner Anwendung in der Pädagogik, Bern.

Dubs, Rolf (1993), Stehen wir vor einem Paradigmenwechsel beim Lehren und Lernen?, in: Zeitschrift für Berufs- und Wirtschaftspädagogik 89 (1993), 449-454.

Dubs, Rolf (1995), Konstruktivismus: Einige Überlegungen aus der Sicht der Unterrichtsgestaltung, in: Zeitschrift für Pädagogik 41 (1995), 98-903.

Duit, Reinders (1995), Zur Rolle der konstruktivistischen Sichtweise in der naturwissenschaftlichen Lehr- und Lernforschung, in: Zeitschrift für Pädagogik 41 (1995), 905-923.

Elsenbast, Volker / Fischer, Dietlind / Schreiner, Peter (2004), Zur Entwicklung von Bildungsstandards. Positionen, Anmerkungen, Fragen, Perspektiven für kirchliches Bildungshandeln, Münster.

Entwurf 2004, Heft 2: Prüfet alles, das Gute behaltet.

Etzold, Eckard (1992), Schafft sich der Glaube seine Wirklichkeit selbst? Religiöse Phänomene in konstruktivistischer Weltsicht, in: Praktische Theologie 81 (1992), 429-442.

Foerster, Heinz von (1995), Das Konstruieren einer Wirklichkeit, in: Watzlawick, Paul (Hg.), Die erfundene Wirklichkeit. Wie wissen wir, was wir zu wissen glauben?, München, 39-60.

Foerster, Heinz von (1999), Lethologie. Eine Theorie des Erlernens und Erwissens von Unwißbarem, Unbestimmbarem und Unentscheidbarem, in: Voß, Reinhard (Hg.), Die Schule neu erfinden. Systemisch-konstruktivistische Annäherungen an Schule und Pädagogik, 3., durchgesehene Auflage, Neuwied u. Kriftel, 14-32.

Foerster, Heinz von / Renk, Herta-Elisabeth (1999), Neue Prüfungen braucht das Land, in: Renk, Herta-Elisabeth (Hg.), Lernen und Leben aus der Welt im Kopf. Konstruktivismus in der Schule, Neuwied, 19-42.

Fowler, James W. (1991), Stufen des Glaubens, Gütersloh.

Gerstenmaier, Jochen / Mandl, Heinz (1995), Wissenserwerb in konstruktivistischer Sicht, in: Zeitschrift für Pädagogik 41(1995), 867-888.

Glasersfeld, Ernst von (1981), Einführung in den radikalen Konstruktivismus, in: Watzlawick, Paul (Hg.), Die erfundene Wirklichkeit. Wie wissen wir, was wir zu wissen glauben? Beiträge zum Konstruktivismus, München u.a., 16-38.

Glasersfeld, Ernst von (1997), Radikaler Konstruktivismus, Frankfurt.

Glasersfeld, Ernst von (1999), Konstruktivistische Anregungen für Lehrer, in: Renk, Herta-Elisabeth (Hg.), Lernen und Leben aus der Welt im Kopf. Konstruktivismus in der Schule, Neuwied, 5-18.

Gudjons, Herbert (1997), Handlungsorientiert lehren und lernen, Bad Heilbrunn / Obb. 5. A.

Gudjons, Herbert (2003), Frontalunterricht – neu entdeckt, Bad Heilbrunn.

Güth, Ralph (2002), „... und dann halt mich so damit beschäftigt, wie es halt irgendwo anscheinend von mir erwartet wurde ..." Betrachtung einer Studienbiographie aus religionspädagogischer Perspektive, in: Mendl, Hans (Hg.), Netzwerk ReligionslehrerInnen-Bildung, Donauwörth, 35-46.

Handy, Charles (1992), The age of unreason. London.

Hentig, Hartmut von (1985), Die Menschen stärken, die Sachen klären: Ein Plädoyer für die Wiederherstellung der Aufklärung, Stuttgart.

Hilger, Georg / Leimgruber, Stephan / Ziebertz, Hans-Georg (Hg.) (2001), Religionsdidaktik. Ein Leidfaden für Studium, Ausbildung und Beruf, München.

Husmann, Bärbel (2004), Religionspädagogik und Konstruktivismus, in: Religionsunterricht an höheren Schulen 47 (2004), 72-78.

Janich, Peter (1996), Konstruktivismus und Naturerkenntnis, Frankfurt.

Jendorff, Bernhard (1992), Religion unterrichten – aber wie?, München.

Katechetische Blätter 126 (2001), Heft 2: Elementarisierung.

Klieme, Eckhart u.a. (2003), Zur Entwicklung nationaler Bildungsstandards. Eine Expertise, Berlin.

Kösel, Edmund (1993), Die Modellierung von Lernwelten. Ein Handbuch zur Subjektiven Didaktik, Elztal-Dallau.

Krüssel, Hermann (1993), Konstruktivistische Unterrichtsforschung. Der Beitrag des Wissenschaftlichen Konstruktivismus und der Theorie der persönlichen Konstrukte für die Lehr-Lern-Forschung, Frankfurt a.M. u.a.

Kucher, Felix (2002), Katechismus, Korrelation, Konstruktivismus, in: Christlich-pädagogische Blätter 115 (2002), 172-176.

Lampe, Peter (1997), Wissenssoziologische Annäherung an das Neue Testament, in: New Test. Stud. 43 (1997), 347-366.

Lay, Rupert (1995), Nachkirchliches Christentum. Der lebende Jesus und die sterbende Kirche, Düsseldorf.

Lehmann, Christine (1997), Freiarbeit - ein Lern-Weg für den Religionsunterricht? Eine Untersuchung von selbständigem Lernen im Horizont kritisch-konstruktiver Didaktik, Münster.

Lehrplan für das bayerische Gymnasium (1991). Fachlehrplan für Katholische Religionslehre. Jahrgangsstufen 5 mit 13, 1991.

Lindemann, Holger / Vossler, Nicole (1999), Die Behinderung liegt im Auge des Betrachters. Konstruktivistisches Denken für die pädagogische Praxis, Neuwied.

Linneborn, Ludger (2000), Zur Kritik der konstruktivistischen Didaktik, in: Das Seminar 2000, Heft 4, 52-64.

Loichinger, Alexander (2003), „Ich habe dich beim Namen gerufen" (Jes 43,1). Christliches Menschenbild und moderne Hirnforschung, in: Religionsunterricht an höheren Schulen 46 (2003), 259-267.

Lüde, Rolf von (1999), Konstruktivistische Handlungsansätze zur Organisationsentwicklung in der Schule, in: Voß, Reinhard (Hg.), Die Schule neu erfinden. Systemisch-konstruktivistische Annäherungen an Schule und Pädagogik, 3., durchgesehene Auflage, Neuwied u. Kriftel, 282-299.

Lugeder, Josef / Mendl, Hans, (2002), „Gemeinsame Unsicherheit verbindet": Patenschaftsprojekt, in: Mendl, Hans (Hg.), Netzwerk ReligionslehrerInnen-Bildung, Donauwörth, 136-139.

Mandl, Heinz / Reinmann-Rothmeier, Gaby (1999), Implementation konstruktivistischer Lernumgebungen – Revolutionärer Wandel oder evolutionäre Veränderung?, in: Renk, Herta-Elisabeth (Hg.), Lernen und Leben aus der Welt im Kopf. Konstruktivismus in der Schule, Neuwied, 61-78.

Maturana, Humberto (1982), Erkennen. Die Organisation und Verkörperung von Wirklichkeit. Wiesbaden u. Brauschweig.

Maturana, Humberto / Varela, Francisco (1987), Der Baum der Erkenntnis. Die biologischen Wurzeln des menschlichen Erkennens, 2. A. Bern u.a.

Meier, Uto (1989), Zwölf Jahre curricularer Lehrplan in Bayern. Eine kritische Revisio auf den gymnasialen CuLp für katholische Religionslehrer, St. Ottilien.

Meixner, Johanna (1996), Produktive Semantisierung im Unterricht ‚Deutsch als Zweitsprache', in: Müller, Klaus (Hg.), Konstruktivismus. Lehren – Lernen – Ästhetische Prozesse, Neuwied.

Meixner, Johanna (1998), Lernen durch Imagination, in: Köppel, Gerhard (Hg.), Lehrerbildung im Wandel, Augsburg, 263-282.

Mendl, Hans (1997), Religionsunterricht als Hilfe zur Selbstkonstruktion des Glaubens, in: Religionspädagogische Beiträge 40/1997, 13-30

Mendl, Hans (2000), Religiöses Lernen als Konstruktionsprozess. Schülerinnen und Schüler begegnen der Bibel, in: Porzelt, Burkard / Güth, Ralph (Hg.), Empirische Religionspädagogik. Grundlagen – Zugänge – Aktuelle Projekte, Münster, 139-152.

Mendl, Hans (2001), Streit um die „deduktive Katechetik" – vom Umgang mit Tradition in der Religionspädagogik, in: Mendl, Hans / Schiefer Ferrari, Markus (Hg.), Tradition – Korrelation – Innovation. Trends der Religionsdidaktik in Vergangenheit und Gegenwart. Festschrift für Fritz Weidmann zum 65. Geburtstag, Donauwörth, 52-72.

Mendl, Hans (2002), Konstruktivismus und Religionspädagogik. Replik auf Büttner, in: Zeitschrift für Pädagogik und Theologie 54 (2002), 170-184.

Mendl, Hans (2002a), Elementarisieren lernen, in: Jahrbuch für Religionspädagogik 18 (2002), 63-73.

Mendl, Hans (2003), Religiöses Wissen – was, wie und für wen?, in: KatBl 128 (2003), 318-325.

Mendl, Hans (2004), Im Mittelpunkt der Mensch. Prinzipien, Möglichkeiten und Grenzen eines schülerorientierten Religionsunterrichts, Winzer.

Mendl, Hans (2006), Konstruktivistische Religionspädagogik im Kontext der Diskussion um Bildungsstandards, in: Büttner, Gerhard, Lernwelten im Religionsunterricht, Stuttgart (in Planung).

Mendl, Hans / Freudenstein, Peter / Stollwerck, Christiane (2002), Spurensucher. Religionspädagogische Profilbildung von LehrerInnen. Ergebnisse einer Feldstudie, in: Mendl, Hans (Hg.), Netzwerk ReligionlehrerInnen-Bildung, Donauwörth, 47-83.

Mitterer, Josef (1999), Realismus oder Konstruktivismus? Wahrheit oder Beliebigkeit?, in: Zeitschrift für Erziehungswissenschaft 2 (1999), 485-498.

Möring-Plath, Burkhard (2004), Bildungsstandards im Religionsunterricht, in: Religion heute 2004, Heft 3, 170-173.

Montada, Leo (1998), Die geistige Entwicklung aus der Sicht Jean Piagets, in: Oerter, Rolf / Montada, Leo (Hg.), Entwicklungspsychologie, 4. A. Weinheim, 518-560.

Müller, Klaus (Hg.) (1996), Konstruktivismus. Lehren – Lernen – Ästhetische Prozesse, Neuwied.

Nass, Elmar (2003), Christlicher Konstruktivismus? Grenzen und Chancen ‚postmoderner' Systemtheorie für religiös begründete Pädagogik, in: Lebendige Seelsorge 54 (2003), 275-278.

Nipkow, Karl Ernst (1998), Bildung in einer pluralen Welt. Bd. 2: Religionspädagogik im Pluralismus, Gütersloh.

Nipkow, Karl Ernst (2002), Elementarisierung, in: Neues Handbuch religionspädagogischer Grundbegriffe, 451-456.

Nüse, Ralf u.a. (1991), Über die Erfindungen des Radikalen Konstruktivismus. Kritische Gegenargumente aus psychologischer Sicht, Weinheim.

Oberthür, Rainer (2001), Wie hältst du's mit der Leistung? Bewertungskriterien im Religionsunterricht, in: ru. Ökumenische Zeitschrift für den Religionsunterricht 1/2001, 10-12.

Oerter, Rolf / Montada, Leo (1998), Entwicklungspsychologie. 4. Auflage, Weinheim.

Oser, Fritz / Gmünder, Paul (1988), Der Mensch - Stufen seiner religiösen Entwicklung, Gütersloh.

Overmann, Manfred (2000), Konstruktivistische Prinzipien der Lerntheorie und ihre didaktischen Implikationen, Siegen.

Pädagogik 50 (1998), H. 7-8: Konstruktivistische Didaktik.

Palincsar, Annemarie Sullivan / Brown, Ann L. (1984), Reciprocal Teaching of comprehension-fostering and comprehension-monitoring activities, in: Cognition and Instruction 1, 117-175.

Parsons, Michael (1987), How we understand art. A cognitive developmental account of aesthetic experience, Cambrigde.

Rahner, Karl (1971), Über die Wahrhaftigkeit, in: Schriften zur Theologie Bd. VII: Zur Theologie des geistlichen Lebens, Einsiedeln u.a. 2. A., 223-251.

Raible, Wolfgang (1993), Spiel mir das Lied vom Leben, Köngen.

Ratzinger, Joseph (1996), Salz der Erde: Christentum und katholische Kirche an der Jahrtausendwende; ein Gespräch mit Peter Seewald, 3. A. Stuttgart.

Reich, Kersten (1996), Systemisch-konstruktivistische Pädagogik. Einführung in Grundlagen einer interaktionistisch-konstruktivistischen Pädagogik. Neuwied, Kriftel u. Berlin.

Reinmann-Rothmeier, Gabi / Mandl, Heinz (2001), Unterrichten und Lernumgebungen gestalten, in: Krapp, Andreas / Weidenmann, Bernd (Hg.), Pädagogische Psychologie. Ein Lehrbuch, Weinheim 4. A., 601-646.

Renk, H. Elisabeth (1998), Der neue Literaturunterricht. Die Eroberung der eigenen Geschichten – imaginierte Welten im Kopf und unter den Füßen, in: Köppel, Gerhard (Hg.), Lehrerbildung im Wandel, Augsburg, 237-252.

Renk, Herta-Elisabeth (Hg.) (1999), Lernen und Leben aus der Welt im Kopf. Konstruktivismus in der Schule, Neuwied.

Renkl, Alexander (1996), Träges Wissen: Wenn Erlerntes nicht genutzt wird, in: Psychologische Rundschau 47 (1996), 78-92.

Rosenshine, Barak / Meister, C. (1994), Reciprocal teaching. A review of research, in: Review of education research 64 (1994), 479-530.

Rothgangel, Martin / Fischer, Dietlind (Hg.) (2004), Standards für religiöse Bildung? Zur Reformdiskussion in Schule und Lehrerbildung, Münster.

Rupp, Hartmut / Müller, Peter (2004), Bedeutung und Bedarf einer religiösen Kompetenz, in: entwurf 2/2004, 14-19.

Ruster, Thomas (2000), Die Welt verstehen „gemäß den Schriften". Religionsunterricht als Einführung in das biblische Wirklichkeitsverständnis, in: Religionsunterricht an höheren Schulen 43 (2000), 189-203.

Sander-Gaiser, Martin (2003), Lernen mit vernetzten Computern in religionspädagogischer Perspektive. Theologische und lernpsychologische Grundlagen, praktische Modelle, Göttingen.

Schaper, Carolin (2001), "Wie konnten Sie Malte eine Vier geben?". Noten für persönlich bedeutsame Lernergebnisse?, in: Zeitschrift für Pädagogik und Theologie 53 (2001), 359-368.

Schießl, Otmar (2000), Grundlinien künftiger Lehrplanarbeit im ISB im Zusammenwirken von Lehrplantheorie und Praxis, in: Staatsinstitut für Schulpädagogik und Bildungsforschung (Hg.), Jahresbericht 1999, München, 112-127.

Schmid, Bruno (2004), Bildungsstandards – Lehrpläne der Zukunft?, in: Katechetische Blätter 129 (2004), 290-296.

Schröder, Bernd (2004), Mindeststandards religiöser Bildung und Förderung christlicher Identität. Überlegungen zum Zielspektrum religionspädagogisch reflektierten Handelns, in: Rothgangel, Martin / Fischer, Dietlind (Hg.), Standards für religiöse Bildung? Zur Reformdiskussion in Schule und Lehrerbildung, Münster 13-33.

Schwager, Raymund (1987), Selbstorganisation und Theologie. Skizze eines Forschungsprojekts, in: Zeitschrift für katholische Theologie 109 (1987), 1-19.

Schwanitz, Dietrich (1999), Bildung. Alles, was man wissen muss. Frankfurt a.M.

Schweitzer, Friedrich u.a. (1995), Religionsunterricht und Entwicklungspsychologie, Gütersloh.

Schweitzer, Friedrich (2000), Elementarisierung als religionspädagogische Aufgabe: Erfahrungen und Perspektiven, in: Zeitschrift für Pädagogik und Theologie 52 (2000), 240-252.

Schweitzer, Friedrich (2003), Elementarisierung im Religionsunterricht. Erfahrungen, Perspektiven, Beispiele, Neukirchen-Vluyn.

Seifert, Heribert, Lehren und Lernen in der Schule. Orientierungsversuche im Labyrinth der Zeitgeist-Pädagogik, in: Das Seminar 2000, Heft 4, 123-134.

Das Seminar 2000, Heft 4: Konstruktivismus.

Siebert, Horst (1994), Lernen als Konstruktion von Lebenswelten. Entwurf einer konstruktivistischen Didaktik, Frankfurt a.M.

Siebert, Horst (1999), Pädagogischer Konstruktivismus. Eine Bilanz der Konstruktivismusdiskussion für die Bildungspraxis, Neuwied u. Kriftel.

Siebert, Horst (2000), Didaktisches Handeln in der Erwachsenenbildung. Didaktik aus konstruktivistischer Sicht, 3. A., Neuwied u. Kriftel.

Siebert, Horst (2002), Der Konstruktivismus als pädagogische Weltanschauung, Frankfurt a. M.

Sitzberger, Rudolf (2003) Unser tägliches Geld gib uns heute. Erfahrungsbezogene Religion unterrichten?, in: Sitzberger, Rudolf / Brockmöller, Katrin (Hg.), Gott – Geld – Globus. Exegetische, kirchenrechtliche, moraltheologische und religionspädagogische Perspektiven, Hamburg, 87-121.

Staatsinstitut für Schulpädagogik und Bildungsforschung (ISB) (Hg.) (1995), Der Bildungs- und Erziehungsauftrag der Schule. Handreichung zu neuen Lehrplänen für bayerische Schulen, München.

Stadlmeier, Anton (1989), Religiöser Glaube und Systemische Therapie, in: Zeitschrift für systemische Therapie 7 (1989), 41-47.

Steinwede, Dietrich (1981), Biblisches Erzählen, Göttingen.

Stimpfle, Alois (2001), Fremdheit und Wirklichkeit. Überlegungen zu Joh 6,16-21 aus konstruktivistischer Perspektive, in: Frühwald-König, Johannes, Steht nicht geschrieben? Studien zur Bibel und ihrer Wirkungsgeschichte, Regensburg, 265-282.

Synodenbeschluss (1974), Der Religionsunterricht in der Schule, hg. von der Deutschen Bischofskonferenz, Bonn.

Terhart, Ewald (Hg.) (2000), Perspektiven der Lehrerbildung in Deutschland, Weinheim u. Basel.

Vorstand des Deutschen Katechetenvereins e.V. (Hg.), Leistungsbewertung und Notengebung in Schule und Religionsunterricht. Neun Thesen, München 2003. Siehe: www.katecheten-verein.de

Voß, Reinhard (Hg.) (1999), Die Schule neu erfinden. Systemisch-konstruktivistische Annäherungen an Schule und Pädagogik, 3., durchgesehene Auflage, Neuwied u. Kriftel.

Voß, Reinhard (1999a), Lebenserfahrung passiert, wenn Geschichten zu Personen passen. Supervision mit berufs- und lebenserfahren LehrerInnen, in: Ders. (Hg.), Die Schule neu erfinden. Systemisch-konstruktivistische Annäherungen an Schule und Pädagogik, 3., durchgesehene Auflage, Neuwied u. Kriftel, 272-281.

Watzlawick, Paul (1976), Wie wirklich ist die Wirklichkeit? Wahn, Täuschung, Verstehen, München 1976.

Watzlawick, Paul (Hg.) (1981), Die erfundene Wirklichkeit. Wie wissen wir, was wir zu wissen glauben? Beiträge zum Konstruktivismus, München u. Zürich.

Weidhas, Roija Friedrich (1993), Konstruktion - Wirklichkeit - Schöpfung. Das Wirklichkeitsverständnis des christlichen Glaubens im Dialog mit dem Radikalen Konstruktivismus unter besonderer Berücksichtigung der Kognitionstheorie H. Maturanas, Frankfurt a.M. u.a.

Weidmann, Fritz (Hg.) (1997), Didaktik des Religionsunterrichts. Neuausgabe, Donauwörth 7. A.

Weinert, Franz E. (1997), Lernkultur im Wandel, in: Beck, Erwin / Guldimann, Titus / Zutafern, Michael (Hg.), Lernkultur im Wandel, St. Gallen, 11-29.

Weinert, Franz E. (1998), Neue Unterrichtskonzepte zwischen gesellschaftlichen Notwendigkeiten, pädagogischen Visionen und psychologischen Möglichkeiten, in: Bayerisches Staatsministerium für Unterricht, Kultus, Wissenschaft und Kunst (Hg.), Wissen und Werte für die Welt von morgen. Dokumentation zum Bildungskongress des Bayerischen Staatsministeriums für Unterricht, Kultus, Wissenschaft und Kunst. 29./30.4.1998 in der Ludwig-Maximilians-Universität München, München, 101-125.

Weinert, Franz E. / Helmke, Andreas (Hg.) (1997), Entwicklung im Grundschulalter, Weinheim.

Wendt, Michael (1996), Konstruktivistische Fremdsprachendidaktik. Lerner- und handlungsorientierter Fremdsprachenunterricht aus neuer Sicht, Tübingen.

Werbick, Jürgen (1995), Vom Wagnis des Christseins. Wie glaubwürdig ist der Glaube, München.

Wiater, Werner (1997), Unterrichten und lernen in der Schule, Donauwörth 2. A.

Wildt, Michael (1998), Ein konstruktivistischer Blick auf Mathematikunterricht, in: Pädagogik 50 (1998), 48-61.

Wittmann, Erich Ch. (1999), Mathematikunterricht zwischen Skylla und Charybdis, in: Voß, Reinhard (Hg.), Die Schule neu erfinden. Systemisch-konstruktivistische Annäherungen an Schule und Pädagogik, 3., durchgesehene Auflage, Neuwied u. Kriftel, 313-323.

Wolff, Dieter (1994), Der Konstruktivismus: Ein neues Paradigma in der Fremdsprachendidaktik?, in: Die Neueren Sprachen 93 (1994), 407-429.

Wyrwa, Holger (1997), „Wenn die Schule erst 'mal laufen lernt, gibt es kein Halten mehr!" Systemisch-konstruktivistische Perspektiven zur Zukunft der Schule. Ein Überblick, in: System Schule 1997, Heft 1, 20-24.

Zeitschrift für Erziehungswissenschaft 2 (1999), H. 4: Konstruktivismus in der Erziehungswissenschaft.

Zeitschrift für Pädagogik 41 (1995), H. 6: Konstruktion von Wissen.

Zeitschrift für Pädagogik und Theologie 52 (2000), Heft 2: Elementarisierung.

Ziebertz, Hans-Georg (2000), Im Mittelpunkt der Mensch? Subjektorientierung in der Religionspädagogik, in: Religionspädagogische Beiträge 45/2000, 27-42.

Ziebertz, Hans-Georg / Heil, Stefan / Mendl, Hans / Simon, Werner (Hg.) (2005), Religionslehrerbildung an der Universität. Profession – Religion - Habitus, Münster.

Verzeichnis der Mitarbeiterinnen und Mitarbeiter

Eggerl, Hans-Peter, Seminarrektor i.K., Religionspädagogisches Seminar / Schulreferat der Diözese Passau

Heindlmeier-Bauer, Irmi, Seminarleiterin i.K., Religionspädagogisches Seminar der Erzdiözese München-Freising

Herrmann, Christian, Seminarrektor i.K., Religionspädagogisches Seminar der Diözese Regensburg

Kraus, Josef, Dr., Schulrat i.K., Religionspädagogisches Seminar der Diözese Regensburg

Mendl, Hans, Prof. Dr., Lehrstuhl für Religionspädagogik und Didaktik des Religionsunterrichts an der Universität Passau

Rieß, Wolfgang, Schulrat i.K., Katechetisches Institut der Diözese Würzburg

Sailer, Joachim, Dr., Schulrat i.K., Hauptabteilung Schulischer Religionsunterricht der Diözese Augsburg

Schäble, Claudia, Seminarrektorin i.K., Religionspädagogisches Seminar der Diözese Eichstätt

Schrödl, Winfried, Schulrat i.K., Bischöfliches Ordinariat – Schulreferat der Diözese Würzburg

Sitzberger, Rudolf, Akademischer Rat, Lehrstuhl für Religionspädagogik und Didaktik des Religionsunterrichts an der Universität Passau

Vugt, Thomas van, Schulamtsdirektor i.K., Religionspädagogisches Seminar der Erzdiözese Bamberg

Gilberto da Silva
Am Anfang war das Opfer
René Girard aus afroindiolateinameri-
kanischer Perspektive
Das Opfer spielt eine zentrale Rolle in der
Geschichte Lateinamerikas. Die Menschen-
opfer der antiken Hochkulturen, der Erobe-
rungskriege und des ungerechten wirtschaftlichen Systems malen ein Bild von Gewalt
und Leid in diesem Kontinent. Diese konti-
nuierliche Erfahrung mit dem Opfer eröffnet
eine Perspektive, die dazu fähig ist, die latein-
amerikanische Realität zu interpretieren. Aus
dieser Perspektive analysiert die vorliegende
Studie die Mimesistheorie René Girards, die
eine umfassende Erklärung für das Opferphä-
nomen darbietet, aber unzulänglich ist, die
Komplexität dieses Themas in Lateinamerika
zu untersuchen.
Bd. 16, 2002, 360 S., 35,90 €, br.,
ISBN 3-8258-5469-8

Clemens Gütl
Johann Ludwig Krapf
"Do' Missionar vo' Deradenga" zwischen pietistischem Ideal und afrikani-
scher Realität
Obwohl oft in einem Atemzug mit dem be-
rühmten schottischen Missionar David Li-
vingstone genannt, fehlte bisher eine wissenschaftliche Untersuchung von Leben und
Werk des württembergischen Missionars Johann Ludwig Krapf (1810 – 1881). Geprägt
von der bedeutendsten Frömmigkeitsbewe-
gung des Protestantismus nach der Reforma-
tion, versuchte er in Gebieten des heutigen
Äthiopien und Kenya das Christentum zu
verbreiten. Unter Einbeziehung von Original-
quellen aus den Archiven der Basler Mission
und der Church Missionary Society liefert der
Autor erstmals eine fundierte biographische
Studie im Kontext der historischen Situation
und geht dabei auf alle Bereiche ein, in denen
Krapf tätig war.
Bd. 17, 2001, 184 S., 20,90 €, br.,
ISBN 3-8258-5525-2

Rufus Okikiolaolu Olubiyi Ositelu
African Instituted Churches
Diversities, Growth, Gifts, Spirituality
and Ecumenical Understanding of African Initiated Churches
One of the striking features of the changed
demography of world Christianity has been
the emergence and growth of the African
Instituted Churches (AICs). This book is
therefore provided for those who desire to
study the African initiatives in Christianity.
The book is intended to serve as a valuable
material to teachers and students of African
Instituted Churches. The customs, culture
and traditions of the African or any other
peoples of the world are to serve as beautiful
compliments to the Christian faith and belief,
and not diametrically opposed to it.
Bd. 18, 2002, 232 S., 25,90 €, br.,
ISBN 3-8258-6087-6

Johannes C. G. Ottow; Helga Ottow
**Im Namen Gottes betreten wir dieses
Land**
Die ersten Missionare Carl Wilhelm
Ottow und seine Frau Auguste un-
ter den Kannibalen auf Neu Guinea
(1855 – 1862). Mit CD (unveröffentlichte
Briefe)
Bd. 19, 2004, 272 S., 24,90 €, br.,
ISBN 3-8258-7924-0

Christine Keim
**Frauenmission und Frauenemanzipati-
on**
Eine Diskussion in der Basler Mission
im Kontext der frühen ökumenischen
Bewegung (1901 – 1928)
Bd. 20, 2005, 280 S., 19,90 €, br.,
ISBN 3-8258-8348-5

LIT Verlag Münster – Berlin – Hamburg – London – Wien
Grevener Str./Fresnostr. 2 48159 Münster
Tel.: 0251 – 62 032 22 – Fax: 0251 – 23 19 72
e-Mail: vertrieb@lit-verlag.de – http://www.lit-verlag.de